알리 쇼크

Alibaba Shock

일러두기

중국 기업명은 중국어 발음으로 표기하는 것을 원칙으로 하되 일부 기업은
대중적인 글로벌 기업명으로 표기했습니다.

(예) : 시인 → 쉬인, 더우인 → 틱톡, 텅쉰 → 텐센트 등)

어떻게 시장을 점령하는가

알리 쇼크
Alibaba Shock

김숙희 지음

매일경제신문사

"중국 플랫폼이 대단하다고 하는데, 앞으로 뭘 준비하고 있나요?"

"알리바바는 어떤 방식으로 개인화 디지털 마케팅을 구사하고 있나요?"

"최근 한국 기업들이 줄줄이 중국 사업을 철수한다던데, 이미 저물고 있는 시장 아닌가요?"

"중국 시장에서 성공한 다른 한국 기업들은 구체적으로 어떤 방법을 썼나요?"

24년 넘게 중국 비즈니스 개발과 사업 기획, 컨설팅을 수행하는 나에게 많이 물어오는 질문이다. 이 질문들에 대답하기 위해서는 알리바바를 비롯한 중국 플랫폼 기업들의 생리와 그들의 전략, 앞으로의 미래 방향에 대한 이해가 선행돼야 한다.

알리바바, 징둥, 핀둬둬, 틱톡 등의 중국 플랫폼 기업들은 디지털과 전자상거래 영역을 넘어 이제는 유통업, 금융업, 제조업까지 진출하며 새로운 혁신을 주도하고 있다. 나아가 식품, 화장품, 의류, 생활용품, 생활가전 등 중국 소비 산업 전반에 디지털 하이테크 기술을 도입하면서 새로운 리테일 혁명을 일으키고 있다.

또한 이들은 현재 국경을 초월해 전 세계 디지털 경제 패권까지 장악하고자 한다. 중국 플랫폼 기업을 대표하는 알리바바 역시 더 이상 일개 중국 기업이 아니라 글로벌 지각변동을 일으키는 하나의 국제적 트렌드가 되며 전 세계가 주목하고 있다.

현재까지 알리바바를 비롯한 중국 플랫폼 기업들의 높아진 위상과 현황을 소개하는 책이 꽤 많이 출간됐다. 하지만 성공했다는 사실과 현상을 설명하는 것에서 좀 더 깊이 들어가 중국 플랫폼 기업들이 최고의 자리에 등극할 수 있었던 그들만의 숨겨진 전략과 성공 방정식을 정확히 짚어낸 책은 없었다.

중국 플랫폼 기업들이 현재의 리테일 산업 선두 주자가 되기까지 어떤 전략과 기법이 주효했고, 왜 그러한 의사 판단을 했는지 본질을 탐구할 수 있다면 앞으로 한국 기업들이 중국 비즈니스를 성공 궤도에 올려놓는 데 제대로 활용할 수 있을 것이다. 아울러 중국 플랫폼 기업과 협업하는 방안과 진출 솔루션까지 제시한다면 중국 사업을 준비하거나 전개 중인 기업과 개인 사업자 모두에게 좋은 전략 가이드가 될 것이다.

나는 알리바바그룹에서 7년간 사업개발이사로 재직하면서 알리바바의 리테일 전략을 실제 실행하고 한국 시장에 직접 적용했다. 이 경험을 살려 외부에서 궁금해하는 알리바바의 리테일 핵심 전략과 구체적인 방법론까지 공개한다. 책은 총 세 챕터로 구성돼 있다. 첫 번째 챕터에는 중국 리테일 산업 패러다임 변화와 각기 다른 중국 플랫폼의 변화 양상을 간략히 소개했다. 이어서 두 번째 챕터에는 중국 플랫폼 중 선두 주자인 알리바바 위주로 알리바바의 리테일 핵심 전략 7가지를 상세히 분석했다. 마지막으로 세 번째 챕터에는 중국의 리테일 시장을 공략하고 자신만의 경쟁력을 확보하기 위한 사업 방안과 생존 전략을 조언한다.

알리바바 리테일의 7대 핵심 전략 세부는 이러하다. 첫째, 리테일 생태계 선점 전략이다. 알리바바는 전자상거래 영역을 넘어 이미 오프라인 영역에 진출했고 글로벌 시장 공략도 가속화하고 있다. 이제는 중국을 넘어 전 세계를 대상으로 알리바바만의 생태계를 구축하고자 한다.

둘째, 빅데이터 미래 전략이다. 고객 데이터 자산 관리, 마케팅 활용, 온라인과 오프라인을 통합해 관리하는 알리바바의 독보적인 빅데이터 시스템을 공개한다. 알리바바 생태계 산하 10억 명 회원의 빅데이터를 기반으로 어떻게 외부 제3자 플레이어에게 개방하고 공유하면서 새로운 비즈니스 기회를 만들어내는지 엿볼 수 있다.

셋째, 개인화 고객 관리 전략이다. 고객 관리는 결국 모든 기업 마케팅의 최종 종착점이다. 알리바바는 어떻게 고객 자산을 수치화하고 이를 마케팅과 결합해 활성화하는지 알리바바만의 차별화된 3대 고객 관리 모델과 기법을 소개한다.

넷째, 디지털 마케팅 전략이다. 중국에는 다양한 새로운 디지털 마케팅 방식이 현장에 적용되고 좋은 성과를 내고 있다. 판매와 마케팅을 동시에 해결하는 네트워크 마케팅, 왕홍 라이브 커머스 마케팅, 소셜 마케팅 등 알리바바만의 독특한 디지털 마케팅 현장과 미래 방향을 소개한다. 알리바바를 비롯해 중국 플랫폼들의 마케팅 전략에 대한 이해부터 미래의 디지털 마케팅 트렌드까지 좋은 참고가 될 것이다.

다섯째, 신제품 개발 컨설팅 전략이다. 알리바바는 시장 트렌드와 소비자 인사이트를 기반으로 판매 적중률을 높이는 TMIC 시스템을 가동하면서 기업의 신제품 개발 과정에 참여한다. 직접 상품을 선정하고 개발, 출시하는 신제품 개발 연구소 역할과 동시에 제품 출시 초반 마케팅까지 원스톱으로 관리한다.

여섯째, '신제조' 인텔리전스 전략이다. 알리바바는 단순 전자상거래 기업 혹은 단순 유통 기업이 아니다. 이제는 직접 제조 생산 공정을 구축하고 제조 산업에 참여하는 등 신제조 혁신을 벌이고 있다. 알리바바가 리테일 유통업과 연결해 제조업까지 발을 들이는 이유와 그 궁극적인 목적은 무엇일까?

일곱째, '신유통' 리테일 전략이다. 알리바바는 신유통이란 개념을 세계 최초로 만들었다. 현재 새로운 방향으로 신유통 2.0시대를 준비하고 있다. 중국에서 최근 급속히 떠오르고 있는 커뮤니티 리테일, 소비자 중심 C2M 리테일, 스마트 유통 리테일 등 알리바바가 준비하는 미래 신유통 추진 계획과 주요 서비스들을 소개한다.

한국 기업이 알리바바와 실제 협업했던 사례도 풍부하게 넣었다. 많은 한국 기업이 대박 신화를 꿈꾸며 중국 비즈니스를 전개하지만 중국 소비 트렌드와 플랫폼의 습성에 대해 명확히 이해하지 못하는 경우가 많다. 이에 누구든 직면할 수 있는 비즈니스 상황을 미리 경험한 한국 기업의 실제 성공 사례와 실패 사례를 소개하고 시사점을 정리했다.

이 책의 주요 독자는 중국의 최신 리테일 트렌드와 알리바바의 리테일 비즈니스 핵심 노하우가 궁금한 한국의 커머스 및 유통 업계 종사자들이다. 그리고 중국에 진출하기 위해 준비하거나 이미 중국 비즈니스를 전개하고 있는 한국 기업 종사자들이다. 나아가 앞으로 리테일 산업이 어떻게 진화할지 궁금한 일반인과 중국이 리드하는 리테일 산업 혁신을 통해 인사이트를 얻고자 하는 사람들 모두에게 좋은 참고가 될 것이다.

  알리바바를 비롯한 디지털 플랫폼의 비즈니스 생태계, 그리고 그들의 미래 핵심 전략을 이해함으로써 급변하는 중국 리테일 산업의 맥락을 파악할 수 있다. 이러한 이해를 기반으로 자신만의 중국 비즈니스 성공 방정식을 만들어내는 데 도움이 되길 희망한다. 많은 한국 기업과 독자가 알리바바를 비롯한 중국 플랫폼 기업들의 방향을 이해하고 성장 궤도에 함께하면서 성공의 지렛대로 활용할 수 있길 바란다.

김숙희 드림

▌차례

3 CHAPTER
빅테크 리테일 4.0
: 알리 쇼크 이후의 성공 전략

CHAPTER

1

빅테크
리테일
쇼크

세계 최대의
리테일 시장은
중국이다

 중국은 현재 세계 최대의 소비 시장이다. 2023년 기준 소비재 시장 규모가 47조 위안(한화 약 8,736조 원)을 기록하며 미국을 제치고 소비재 산업의 최대 수요국으로 우뚝 섰다. 산업 규모의 양적 팽창과 더불어 소비자들의 수요도 점점 고품질을 추구하면서 현재는 고부가가치 소비 시장으로 진화하고 있다.

 중국 소비 시장이 급속히 발전한 가장 큰 이유는 전자상거래가 번성하고 디지털 신기술을 도입하면서 리테일 산업의 혁신을 촉진했기 때문이다. 중국 정부에서 개최한 2021중국전자상거래총회2021中国电子商务大会에서 런훙빈任鸿斌 상무부 부부장은 "전자상거래는 중국의 소비를 견인하는 추진 동력이며 기타 산업과의 융합 및 혁신 발전을 촉진한다"라며 "향후 블록체인, 5G, 사물인터넷 등을 기반으로 전자상거래 산업을 지속 혁신시키면서 새로운 시장을 창출해야 한다"라고 밝힌 바 있다.

이러한 정부 정책에 발맞춰 알리바바阿里巴巴, Alibaba, 징둥京东, JD.com, 핀둬둬拼多多, Pinduoduo, 메이퇀美团, Meituan, 틱톡抖音, TikTok 등 중국의 거대 디지털 플랫폼 기업들은 앞다퉈 리테일 산업의 혁신을 돕고 있다. 이들은 빅데이터와 4차 산업혁명 신기술을 리테일 산업 전반에 도입하면서 새로운 수요를 창출하고 시장을 활성화하고 있다. 소비자 구매 동선을 중심으로 온라인과 오프라인의 경계가 없는 새로운 리테일 환경을 구축하는 등 소비 시장을 질적으로 성장시키고 있다.

중국 소비 시장이 급속히 발전한 또 다른 이유는 해외 소비재 제품 수입이 증가하면서 시장 규모가 확장된 것에 있다. 중국 정부는 부진한 내수 경기를 진작시키기 위한 돌파구로서 소비재 품목의 해외 수입을 대폭 늘렸다. 2017년 수입 통관 절차를 간소화하는 통관 일체화 정책을 실행하고 수입 관세율도 2017년 9.8%에서 2021년 7.5%까지 하향 조정하면서 수입의 문턱을 낮췄다.

그 결과 2021년 중국의 소비재 수입은 역대 최대 규모를 경신한 1조 7,300억 위안(한화 약 327조 2,300억 원)을 기록했다. 중국의 해외 전체 수입 물량 중 소비재가 차지하는 비중이 2017년 8.8%에서 2021년 10%까지 증가한 것이다. 바꿔 말하면 전 세계 소비재 제품이 최대 시장인 중국에서 격전을 벌이고 있다는 의미다.

중국 소비재 시장이 디지털 인프라를 도입하며 질적인 성장을 거듭하고, 내수산업 진작과 함께 해외 소비재 제품의 수입을 늘리는 양적 성장을 도모하는 현 상황에서 한국 소비재 제품의 중국 내 위상과 경쟁력은 어떤가.

중국은 현재 한국 수출의 최대 교역국이다. 2021년 기준 한국의 대중국 주력 수출 품목은 소비재가 아닌 메모리 반도체, 자동차 부품, 통신 장비 등 중간재 위주였다. 이것들의 중국 수출액은 중국 수출 총액의 79%를 차지할 정도였다. 화장품, 의류, 식품 등 소비재 품목의 수출 비중은 5.4%에 불과했다.

그런데 중국 정부가 2015년 5월에 발표한 〈중국제조2025中国制造2025〉를 보면 5대 단기 중점 과제 중 하나로 공업 기초 역량을 강화하겠다는 부분이 있다. 중국이 한국 등 해외 국가 수입에 의존하고 있는 중간재 품목을 점차 자국산으로 전환하겠다는 계획이다. 이는 한국에게 매우 중요한 부분이 아닐 수 없다. 왜냐하면 한국이 중국에 수출하는 대부분 물량이 중간재 품목이기 때문이다. 만약 중국이 중간재 수입을 줄이고 이를 자국산으로 대체한다면 한국의 수출은 매우 큰 타격을 입게 될 것이다.

그렇다면 점차 소비재 품목의 수출을 늘려야 할 텐데, 이 역시도 쉽지 않은 형국이다. 중국에 수출하는 소비재 중 화장품을 예시로 살펴보자. 화장품은 한국이 중국에 수출하는 전체 소비재 물량 중 42%를 차지하는 대표적인 수출 효자 품목이다. 화장품에 국한해 보면 중국은 2017년부터 2021년까지 해외 화장품 수입량을 5개년 연평균 32% 수준으로 대폭 늘렸다. 그러나 동일 기간 한국 화장품에 대한 수입량 증가는 23%에 그쳤다.

한국 화장품에 대한 중국의 수입 증가율 정체와 더불어 화장품 수입 총액 규모 역시 줄어들었다. 2017년 기준 한국은 중국이 수입하는 화장품 총액의 22%를 차지하는 1위 수입국이었다. 하지만 2019년부터 하락세가 시작돼 2021년 말 17%를 기록하며 일본과 프랑스에 이어 3위로 내려앉았다. 중국 소비 시장이 성장하며 세계 최대 시장으로 등극한 환경에서 한국 화장품을 비롯한 소비재 제품의 중국 수출 경쟁력에 빨간불이 켜진 것이다.

중국은 현재 내수 시장의 활성화와 함께 해외 수입 제품들이 모이면서 소비재 시장 규모가 점점 더 커지고 있다. 전 세계 최대 시장으로 등극한 중국 소비재 시장에 우리는 더 적극적으로 진입해야 한다. 만약 중국의 소비 산업 변화에 따라 그들이 필요로 하는 제품 포트폴리오가 바뀐다면 우리도 수출 주력 품목을 수정하고 강화해야 한다. 기존의 중간재 품목에 의존한 수출 구조에서 탈피해 소비재 비중을 늘림으로써 중국 소비재 시장을 겨냥한 한국 제품의 수출 경쟁력과 기업 역량을 강화해야 한다.

또한 중국은 빅데이터와 4차 산업혁명 신기술이 리테일 시장에 도입된 지 오래다. 이를 통해 새로운 리테일 산업 트렌드를 만들어 내고 유통 구조가 재편되면서 결과적으로 소비자 경험을 혁신하는 질적인 성장을 이뤄내고 있다. 신유통New Retail 경제, 공유 경제, 모바일 핀테크, 인공지능 등 중국에서는 리테일 산업혁명이 현재 진행형으로 벌어지고 있다.

플랫폼 비즈니스에는 국경이 없고 젊은 세대 소비자들은 오로지 콘텐츠와 서비스 품질에 반응하는 특징이 있다. 한국의 Z세대 소비자 역시 글로벌 국경을 넘는 중국과 외국의 디지털 플랫폼, 그 기저의 디지털 소비문화에 쉽게 융합될 수 있다는 말이다.

따라서 우리는 중국의 수입 정책 변화뿐만 아니라 중국 리테일 시장에서의 새로운 변화 국면을 주목할 필요가 있다. 중국을 비롯한 전 세계 리테일 시장에서 한국 기업과 제품이 글로벌 패권 경쟁에서 우위를 확보하기 위한 최소한의 생존 전략인 셈이다.

리테일 산업혁명,
빅테크가 주도한다

    중국의 리테일 시장은 최근 몇 년 동안 빠르게 성장했다. 이 성장은 주로 온라인 리테일, 즉 전자상거래 분야에서의 급격한 발전 덕분이었다. 중국은 세계에서 유일하게 전자상거래 시장 규모가 오프라인 리테일 시장을 능가하는 국가다. 전자상거래가 중국 전체 리테일 산업의 주요 동력이 되고 있다.

    글로벌 리서치 기관 이마케터eMarketer에 의하면 2024년 중국 전자상거래 매출은 3조 230억 달러(한화 약 4,038조 7,280억 원)에 달할 것으로 전망했다. 이는 전 세계 전자상거래 매출인 6조 달러(한화 약 8,016조 원)의 절반 이상을 차지하는 규모다. 놀라운 일이 아닐 수 없다. 중국의 전자상거래 산업은 이제 중국을 넘어 전 세계 리테일 산업에도 상당한 영향을 미칠 정도로 성장했다.

놀라운 성과의 배경에는 중국의 거대한 디지털 플랫폼 기업인 알리바바와 텐센트腾讯, Tencent 등이 주도한 리테일 산업 혁신을 위한 노력과 중국 정부의 정책적 지원의 결합이 있었다. 이러한 중국의 디지털 플랫폼 기업들이 추진한 새로운 리테일 혁신 양상을 살펴보면서 우리가 얻을 수 있는 교훈을 찾아보고자 한다.

중국 리테일 혁신의 첫 번째 특징은 온라인과 오프라인 쇼핑 환경이 통합된 신유통 경제라는 점이다. 온라인 기업이 오프라인 채널로, 오프라인 기업이 온라인으로 자사 채널을 확대하는 정도에 그치지 않는다. 중국은 유통 채널의 융합과 디지털화를 통해 공급망 체계를 혁신시키고 제품의 생산과 제조 공정을 혁신시키는 등 리테일 산업 전반을 업그레이드하는 수준이다.

유통 공급망의 혁신은 신선식품을 취급하는 알리바바의 허마센성盒马鲜生, Freshippo 사례에서 엿볼 수 있다. 허마센성은 일종의 슈퍼마켓, 레스토랑, 재래시장, 30분 내에 도착하는 배달 애플리케이션 등을 한데 섞어놓은 서비스를 제공한다. 2015년 신유통이라는 개념을 세계 최초로 창시한 장본인이기도 하다.

신유통 경제는 소비자 편의성을 중심으로 온라인과 오프라인의 경계가 없는 일원화된 구매 동선을 설계한 것이다. 모바일에서 상품을 검색한 뒤 오프라인 매장에서 서비스 체험을 하고 다시 모바일로 결제하는 등 일련의 활동이 매끄럽게 온라인과 오프라인의 경계를 넘나든다.

알리바바는 먼저 매장 주변에 거주하는 소비자의 특성과 수요를 반영한 상품을 선정했다. 그리고 큰 비용을 들여 별도의 풀필먼트[1] 창고를 운영하지 않고도 소비자 반경 3km 내에 배치한 매장을 재고의 보관과 진열하는 창고로 쓰는 동시에 배달과 고객 서비스 체험 장소로도 활용하는 등 공급망 체계의 변화를 추구했다. 이처럼 중국에는 허마센성뿐만 아니라 수백만 개에 이르는 스마트 편의점과 신유통 매장들이 지방 중소도시부터 농촌지역까지 분포해 새로운 유통 경험을 제공하고 있다.

상품 제조 공정의 혁신은 패션 의류 상품을 취급하는 중국의 온라인 리테일 플랫폼 기업인 쉬인希音, Shein의 움직임을 참고해볼 만하다. 쉬인은 소비자 수요를 기반으로 소량의 다양한 상품을 유연하게 공급하는 공급망 체계를 구축하고 제조 공정을 혁신한 대표적인 사례다.

쉬인은 패션업의 특성상 빠르게 변화하는 트렌드를 따라가기 위해 빅데이터 분석과 인공지능 알고리즘을 활용했다. 이에 기반해 협업 중인 전 세계 수천 명 디자이너의 설계 도안을 확정하고 제조 공

---

1 풀필먼트(Fulfillment) 물건을 판매하고자 하는 업체의 위탁을 받아 상품 보관, 재고 관리, 포장, 배송, 교환, 환불 등을 포함한 일련의 물류 대행 서비스다.

장들과 직접 연결했다. 그리고 디지털화된 공급망 관리 시스템을 자체적으로 구축하고 오더를 내린 제조 공장들의 샘플 제작, 원자재 구매, 품질 관리, 생산, 납기 등 모든 단계를 모니터링하고 관리했다. 이를 통해 소비자가 원하는 스타일의 상품을 가장 빠른 시간 내에 다품종 소량 생산(小单快返, Quick Return Order)하는 등의 유연한 상품 공급 체계(柔性定制, Flexible Manufacturing)를 갖췄다. 쉬인은 인터넷 플랫폼 기업으로는 최초로 스마트 팩토리 기업의 일원으로 이름을 올렸다.

중국에서 신유통으로의 산업구조 전환은 중국 정부 차원의 육성 정책을 통해 본격화된 것도 사실이다. 2016년 11월 중국 정부 국무원이 오프라인 소매 산업의 혁신 전환을 위한 방안을 발표하면서 시작된 이래, 2021년 3월 중국 양회[2]에서 인터넷 기술을 통한 온라인과 오프라인의 과감한 융합으로 전통적인 리테일 산업을 혁신하자는 신유통 정책이 소개되면서 가속화되기에 이른다. 현재까지도 정부 정책에 부응한 많은 중국 디지털 플랫폼 기업이 주축이 되어 신유통과 신제조를 주창하는 서비스 혁신이 이어지고 있다.

중국 리테일 혁신의 두 번째 특징은 디지털 첨단 기술을 적용해

---

2 **양회(两会)** 1959년부터 매년 3월에 거행되는 전국인민대표대회(全国人民代表大会)와 중국인민정치협상회의(中国人民政治协商会议) 2개 회의를 통칭하는 용어. 중국 정부의 주요 운영 방침을 공표하는 중국 최대의 정치 행사다.

디지털 경제数字经济, Digital Economy를 실현한 점이다. 디지털 경제라는 용어는 2017년 3월 전국인민대표대회에서 리커창李克强 총리에 의해 처음으로 소개됐다. 2018년 기준 디지털 경제가 창출한 경제 효과는 해당 연도 국가 GDP의 34%를 차지했고 고용 인구의 24.6%를 차지하는 등 공헌도가 매우 컸다.

현재 중국은 인공지능을 포함한 사물인터넷, 증강현실, 가상현실, 확장현실[3], 블록체인, 메타버스[4] 등과 같은 몰입형 경험을 주는 새로운 디지털 첨단 기술을 리테일 산업에 도입하는 데 매우 적극적이다. 중국의 디지털 경제를 실현하는 데 있어 핀테크 서비스와 더불어 리테일 산업이 큰 역할을 하고 있는 것이다. 방대한 인구를 대상으로 수집된 빅데이터와 데이터를 처리하는 클라우드 컴퓨팅 등의 기반 기술이 화상 인식과 딥러닝 기반의 인공지능 기술과 융합하면서 2017년 후반부터 무인 슈퍼마켓, 공유 경제, 가상 피팅, 자동 결제, 스마트 시티 등 혁신적인 리테일 서비스들이 출현했다.

중국이 디지털 기술을 적용해 리테일 사업을 전개할 수 있는 기반은 바로 빅데이터 자산이 있기 때문이었다. 알리바바 등 중국의 거대한 디지털 플랫폼 기업들은 자사 생태계를 기반으로 고객의 정보와 구매 데이터부터 심지어는 취향, 선호 스타일 등에 이르는 방대

---

3 확장현실(eXtended Reality; XR) 증강현실과 가상현실을 아우르는 혼합 현실 기술을 망라하는 용어다.

4 메타버스(Metaverse) 자신의 역할을 대신하는 가상의 분신을 통해 활동함으로써 가상 세계와 현실 세계의 경계가 허물어지는 것을 말한다.

한 데이터를 축적했다. 그리고 여기에 인공지능 기술 등을 적용해 소비자를 체계적으로 관리하고, 고객이 원하는 상품을 예측해 맞춤형 상품을 제안하며, 개인화된 마케팅을 실행하고, 심지어 소비자가 원하는 새로운 상품을 개발하고 출시하는 등 다양한 방식으로 시너지를 창출했다.

우리는 중국이 어떻게 빅데이터와 디지털 기술을 활용해 새로운 개념의 리테일 산업 지형을 만들어가는지 눈여겨 볼 필요가 있다. 소비자에게 개인화된 구매 여정을 제공하고 쇼핑 경험을 업그레이드하면서 심지어는 소비자의 소비 관념과 쇼핑 습관까지 변화시키고 있다. 한국을 포함한 다른 국가에서도 리테일 산업의 디지털화를 최우선 과제로 두고 많은 기업이 관련 프로젝트를 추진하고 있다. 하지만 아직 중국만큼 큰 성과를 거두고 있는 사례는 찾아보기 힘들다.

중국의 리테일 혁신 세 번째 특징은 국가 간 경계가 없는 글로벌 리테일 산업 경제를 만들어가고 있다는 점이다. 산업 간 경계가 모호한 4차 산업혁명 시대를 맞이하면서 재화와 서비스를 만들고 소비하는 리테일 산업 역시 새로운 국면을 맞이했다. 소비자와 접촉하는 채널이 달라지고 상호 교류하는 방식에도 변화의 바람이 불었다.

중국이 글로벌 리테일 경제를 만들고 있는 현주소를 보여주는 하나의 사례가 라이브 커머스다. 라이브 커머스는 라이브 스트리밍(동영상)과 전자상거래가 결합해 인플루언서가 시청자들과 실시간 소통하며 상품을 판매하는 서비스다. 중국에서 촉발된 라이브 커머스는 현재 미국과 기타 국가에까지 전파되면서 하나의 글로벌 트렌드를 만들어 냈다.

일례로 중국의 틱톡이 있다. 틱톡 라이브 스트리밍 서비스는 중국을 넘어 해외 시장에서 더 큰 인기를 끌고 있다. 2021년에는 추가로 쇼핑 기능까지 탑재한 틱톡샵抖音电商, TikTok Shop을 출시하면서 전 세계 소비자를 대상으로 상품 판매를 개시했고 현재는 미국, 인도네시아, 베트남 등 시장에서 큰 반향을 일으키고 있다.

그리고 중국 쉬인과 핀둬둬 역시 각각 쉬인Shein과 테무Temu라는 전자상거래 서비스를 출시하고 전 세계를 대상으로 리테일 사업을 전개 중이다. 이 중 쉬인은 글로벌 시장에 진출한 이후 2023년 기준 450억 달러(한화 약 60조 원)의 매출을 달성하고 해외의 월간 활성화 유저 MAUMonthly Active Users 3억 명을 확보하는 등 성과를 냈다.

한국 리테일 산업의 글로벌 확장은 어디에 와 있을까? 쿠팡은 한국의 풀필먼트 기반 사업 모델을 그대로 적용해 2021년 6월 일본 리테일 시장에 진출했다. 하지만 2년 만인 2023년 2월 일본 사업을 철수키로 하고 2022년에 진출한 대만 시장에만 집중하겠다는 전략을 발표했다. 무신사 역시 2021년 2월 일본법인을 설립하며 해외 시장에 진출했지만 수익성 등의 이슈로 2023년 하반기부터는 국내 사업에 더 집중하겠다는 의사를 밝히기도 했다.

다트머스대학의 비제이 고빈다라잔Vijay Govindarajan 교수는 일찍이 그의 저서에서 '리버스 혁신Reverse Innovation'을 언급한 바 있다. 선진국의 글로벌 기업들은 과거 기존 제품의 사양과 가격을 낮춰 개발도상국으로 수출하는 전통적인 방식을 사용했다. 그러나 현재는 개발도상국이 자체 제품을 개발하고 현지 시장에서 성공을 거둔 다음, 이를 선진국 수준으로 향상시켜 글로벌 시장을 공략하는 추세로 전환되고 있다는 이론이다. 이것을 보여주는 좋은 사례가 중국의 리테일 산업이다. 중국 리테일 기업들이 글로벌로 진출해 어떻게 수익성과 매출 2마리 토끼를 잡는지 그들의 숨겨진 전략과 노하우에 관심을 기울일 필요가 있다.

리테일 산업의 혁명을 촉발시킨 서비스들은 결국 새로운 소비 트렌드를 만들어가는 소비자와 밀접한 관련이 있다. 현재는 동영상과 소셜미디어에 익숙한 Z세대가 리테일 산업의 주요 소비자로 떠오르면서 그에 맞는 리테일 서비스가 출현한 것이다. Z세대는 현재의 리테일 산업에서 가장 주목받는 주요 소비층이지만 앞으로는 이들을 대신해 떠오르는 새로운 소비층인 A세대에 대한 관심도 놓지 않아야 할 것이다.

2010년 이후 출생한 A세대는 '알파세대'라고도 불리는데, 2030년까지 전 세계 노동 인구의 11%를 차지할 것이라는 전망이 있다. Z세대가 소셜미디어의 영향을 받으며 그것을 자신을 표현하는 하나의 수단으로 사용했다면, A세대는 소셜미디어를 삶의 한 부분으로 자연스럽게 받아들이며 라이프 스타일·건강·패션을 판단하는 하나의 척도로 활용한다고 한다. 이는 A세대가 향후 주요 소비자로 부상했을 때 단순한 소비자 역할이 아닌 스스로가 소비를 주도하려는 특징을 보일 것이다.

중국을 비롯한 전 세계에서 벌어지는 리테일 산업의 혁명은 아직도 진행형이다. 특히 중국이 리버스 혁신이라는 새로운 장을 열면서 리테일 업계의 진화를 이끄는 사실도 목도할 수 있다. 우리는 현재의 소비 트렌드와 리테일 산업의 변화 추세에 발 빠르게 대응하는 동시에 새롭게 떠오르는 소비층으로 인한 새로운 산업혁명에도 대비해야 한다.

CHAPTER 2

빅테크
리테일
7대 핵심 전략

1

리테일
생태계를 선점하고
상호작용하라

알리바바는 어떻게
새로운 판을 짜고
시장을 선점했을까?

　창업을 준비하거나 새로운 사업을 시작하려는 기업 대표들이 자주 하는 질문이 있다. "시장에 이미 강력한 사업자들이 있는데, 제가 경쟁해서 성공할 수 있을까요?" 해답은 간단하다. "새로운 판을 짜고 그 시장을 선점하세요." 특히 일상생활에 밀접한 리테일 영역은 더 좋은 품질, 더 나은 서비스, 더 새로운 제품을 요구하는 끝단 소비자에 맞닿아 있다. 따라서 실시간으로 일어나는 소비자의 욕구와 구매 환경 변화에 따라 얼마든지 새로운 수요 시장이 창출될 수 있다. 새로운 수요 시장을 발견하고 자신만의 강점을 가질 수 있는 생태계를 구축하면 새로운 기회를 모색할 수 있다.

▌리테일이란? ▌

리테일이란 상품과 서비스가 일정한 유통 과정을 거쳐 개인 소비자
나 최종 소비자에게 판매되는 모든 활동을 말한다. 이전에는 오프라
인 유통 산업에만 해당하던 개념이었지만 첨단 ICT 기술이 온라인과
오프라인 경계를 두지 않고 소비자 옴니채널[5] 쇼핑 경험을 제공하면
서 이제는 온라인과 오프라인의 구분 없이 모든 판매 활동을 포괄하
는 개념으로 확장됐다. 즉, 대기업이 운영하는 쇼핑몰, 마트, 편의점
부터 개인이 운영하는 온라인 쇼핑몰과 커피숍까지 모두 리테일 산
업의 범주에 속한다고 볼 수 있다. 현재 리테일 산업은 전 세계적으
로 혁신에 가까운 변화를 거듭하고 있다. 상품과 서비스에 대해 높아
지는 소비자 요구 수준에 대응하기 위해 기업들은 디지털 기술을 활
용해 쇼핑 경험을 개선하는 등 다양한 시도를 하고 있기 때문이다.
기존 서비스를 단순히 보강하는 차원이 아닌 그간 진입하지 않았던
새로운 영역에 진출해 생태계를 확장하는 혁신도 일어나고 있다. 이
러한 변화와 혁신의 기저에는 새로운 시장과 소비 추세에 발맞춰 떠오
르는 수요 시장 선점과 소비자를 사로잡기 위한 치열한 경쟁이 있다.

　　리테일 비즈니스의 성공은 얼마나 목표 시장의 규모를 키우고 해
당 시장을 선점하고 있는지가 관건이다. 자신의 리테일 비즈니스 규

---

5 옴니채널(Omni Channel) 오프라인 매장, 웹사이트, 모바일 애플리케이션 등 다양한 채널을 통해 소비자에
　게 통일되고 일관된 브랜드 경험을 제공하는 전략이다.

모가 대형이든 소형이든 시장의 패러다임 변화에 맞춰 자신만의 방식으로 생태계를 구축하고 시장을 선점하려는 노력이 필요하다.

알리바바는 이러한 리테일 비즈니스 성공 방정식을 참고할 수 있는 좋은 사례다. 2003년 개인 간 상품 교역 플랫폼인 타오바오^{淘宝,} ^{Taobao}를 출시하면서 중국 전자상거래 시장에 처음 진출했다. 그러나 당시는 이베이^{Ebay}가 중국 전자상거래 시장을 독점하다시피 한 상황이었다. 1999년 8월 중국 최초로 설립된 C2C^{Customer to Customer} 커머스 플랫폼 이취왕^{易趣网, Eachnet}을 2002년 이베이가 인수하면서 당시 이베이의 C2C 시장점유율은 80%를 차지했기 때문이다.

뒤늦게 시장에 진입한 후발 주자로서 알리바바의 첫 번째 전략은 자신만의 리테일 생태계를 조성하는 것이었다. 리테일 비즈니스가 제대로 돌아갈 수 있도록 하는 여러 가지 연관 서비스가 있는데, 상품 판매가 일어나는 커머스 플랫폼 외에도 지불·결제 플랫폼, 배송 플랫폼, 하부 기술 IT 인프라 등이 그것이다. 알리바바는 이들 서비스를 모두 내재화하고 서로 연결하면서 리테일 비즈니스 전 과정을 관통하는 하나의 파이프라인을 구축했다.

2003년 5월 C2C 커머스 플랫폼인 타오바오를 출시한 뒤 이어서

2003년 10월에는 상품 거래 대금의 에스크로 서비스[6]를 제공하는 모바일 결제 수단 알리페이支付宝, Alipay를 출시했다. 그리고 2008년에는 B2CBusiness to Customer 커머스 플랫폼인 티몰天猫, Tmall을 선보였다. 2009년에는 커머스 인프라, 물류 서비스, 지불·결제 등이 원활하게 운영될 수 있도록 핵심적 역할을 하는 알리바바클라우드阿里云, Alibaba Cloud를 구축했다. 특히 알리바바클라우드는 알리바바 리테일 비즈니스에 기술적인 지원을 제공해 클라우드, 인공지능, 빅데이터 등의 기술을 효과적으로 도입하고 활용할 수 있도록 담당했다. 2013년 5월에는 상품 배송과 물류 서비스의 제3자 물류 플랫폼 차이냐오菜鸟, Cainiao를 출시했다.

이로써 알리바바는 거래, 결제, 배송에 이르는 리테일 관련 전 과정을 모두 자체 서비스로 제공하게 됐다. 서로 연결된 자신만의 통합 리테일 생태계를 구축하는 것, 이것이 알리바바가 시장에 진입할 때의 첫 번째 전략이었다.

두 번째 전략은 이미 구축한 자신의 리테일 생태계를 바탕으로, 시장 참여자 수를 늘려 플랫폼 전체 규모를 확대하는 것이었다. 네트워크 규모를 빠르게 확대하기 위해 알리바바는 최종 소비자보다는

---

6 에스크로 서비스(Escrow Service) 거래의 안전성을 보장하기 위해 제3자가 거래금을 보관하고, 판매자가 상품이나 서비스를 제공하고, 구매자가 확정한 이후에 거래금을 판매자에게 전달하는 서비스다.

공급자(중간 판매상) 위치에서 이들을 중점적으로 지원하는 전략을 구사했다.

당시 이베이가 높은 수수료를 수취하고 있던 것과 달리 무료 수수료 정책으로 공급자의 입점 문턱을 낮췄다. 또한 공급자에게 각종 소비자 데이터를 제공해 공급자가 단순한 상품 유통에서 끝나지 않고 소비자 데이터를 기반으로 자사 상품의 홍보 전략을 수립할 수 있게 지원했다. 더불어 판매와 마케팅, 외부 매체 광고까지 통합한 마케팅 패키징을 제공해 공급자가 더 많은 소비자 접점을 확보할 수 있도록 마케팅 에이전시 역할도 했다. 만약 공급자가 판매 뒤 결제 대금 정산 전까지 유동자금에 곤란을 겪는다면 알리바바는 입점 보증금과 교역액을 바탕으로 대출 금융을 제공하기도 했다.

이렇듯 알리바바는 플랫폼의 역할로서 상품 공급자를 중심으로 한 규모 확장 전략을 구사했다. 공급자가 판매 상품의 가격을 내리고 수량을 늘리면 자연스럽게 이를 찾는 소비자 수가 늘어났고, 공급자와 소비자 간의 교환가치가 올라가 참여자 수가 늘어나면서 알리바바의 플랫폼 규모는 확장됐다. 이러한 양면 네트워크 효과는 플랫폼의 선순환 성장과 함께 일어나며 알리바바가 빠르게 시장을 독점할 수 있도록 이바지했다.

세 번째로 일정 규모를 이룬 뒤 취한 마지막 방법은 생태계에 들어온 시장 참여자들 간의 상호작용을 증진하는 것이었다. 이것의 목적은 시장 내 생태계 강화를 통해 참여자들의 지속적인 성장과 혁신적인 소비 창출을 도모하기 위함이었다.

상호작용을 위한 생태계는 타오바오나 티몰 등 커머스 플랫폼에만 국한되지 않았다. 소비자의 구매 행위는 실물 상품의 소비를 넘어 서비스와 엔터테인먼트 소비에까지 이르기 때문이다. 일례로 알리바바 산하 플랫폼 중 동영상 서비스인 유쿠优酷, Youku를 살펴보겠다. 유쿠와 티몰은 각각 엔터테인먼트와 커머스 플랫폼의 대표주자로서 서로 완전히 다른 업종에 속해 있었음에도 두 플랫폼의 고객 중복 비율은 79%로 매우 높았다. 이에 2019년 말 유쿠는 티몰과 소비자 데이터를 통합해 콘텐츠와 커머스가 결합된 새로운 비즈니스 상품을 출시했다. 즉, 고객의 취향과 수요에 따라 알리바바 생태계 산하 여러 서비스를 활용해 상품을 추천하고 새로운 수요를 창출하는 등 고객과의 상호작용을 강화한 사례다.

또한 알리바바는 공급자가 소비자를 더 잘 이해하고 소비자와의 상호작용을 높일 수 있도록 지원했다. 공급자, 즉 입점 브랜드사에 소비자 빅데이터 관리 시스템을 개방해 이들이 직접 소비자의 구매 여정을 잘 운영할 수 있도록 조력하는 역할을 했다.

이러한 성공 방정식을 따른 결과 알리바바는 2003년 시장에 진입한 지 2년이 채 되지 않은 2005년 이베이를 앞지름은 물론이고 2007년에는 시장점유율 80%까지 차지하면서 이베이와의 경쟁에서 완전한 승리를 거뒀다. 물론 알리바바가 빠르게 시장을 장악할 수 있었던 것에는 당시 중국 정부의 독과점 관련 규제가 심하지 않았고 외국자본인 이베이 대신 알리바바에 상대적으로 각종 규제를 완화해준 점도 크게 작용했다.

한참이 흐른 2021년 4월 10일 중국 정부 산하 시장관리감독총국은 알리바바가 자국 내 전자상거래 시장의 50%를 넘는 우월한 위치를 활용해 자유로운 시장 경쟁 환경을 해쳤고, '물류-결제-기술' 인프라를 포괄하는 커머스 산업 인프라와 막강한 자본력을 바탕으로 새로운 기업들의 시장 진입을 어렵게 했다는 이유로 182억 위안(한화 약 3조 4,000억 원)이 넘는 벌금을 부과하고 시정 명령을 내리기도 했다.

그러나 시장 독과점 폐해나 부작용에 대한 논의를 떠나 알리바바가 구사한 리테일 비즈니스 방법론은 비단 중국뿐만 아니라 다른 국가에서도 유사한 사례를 찾을 수 있다.

자브카Zabka는 1998년 설립된 폴란드 기업으로, 최초에는 편의점 체인 사업으로 시작했지만 이미 기존 기업들의 경쟁이 치열했던 탓에 다른 노선으로 가야겠다고 결심했다. 2016년부터 디지털 전환Digital Transformation을 기조로 다양한 혁신적 실험을 진행했고 직원의 20%를 IT와 디지털 전환 관련 업무에 배치했다. 이를 통해 축적한 IT 기술을 바탕으로 2021년 6월 폴란드 최초의 무인 매장인 나노Nano를 선보였는데, 이것이 주효했다.

유럽에 50개가 넘는 무인 매장을 출점하면서 유럽 내에서 이미 아마존Amazon이 운영하던 무인 편의점인 아마존고Amazon Go를 뛰어넘는 1위 무인 매장 운영 기업으로 자리매김했다. 이것을 발판으로 매장 수를 늘려 2023년 3월까지 9,310개 매장을 운영하는 유럽의 초대형 리테일 기업으로 성장하기 이른다. 40%의 폴란드 시민이 자브카 반경 500m 내에 거주하고 있을 정도라고 한다.

또한 연장선상에서 식료품 무인 자판기 서비스, 패스트푸드 사업, 매장 거점을 활용한 택배 서비스에 이르기까지 자사 생태계를 계속해서 확장하고 있다. 디지털화를 선언하며 무인 매장 시장에 진입한 지 6년 만에 자신만의 생태계를 구축하고 이를 기반으로 지속적인 선순환 성장을 이룬 성공 사례다.

정리하면, 리테일 비즈니스의 성공을 판가름하는 중요한 첫 번째 요소는 새로운 수요 시장을 창출하고 그 시장에서 자신만의 생태계를 구축하는 것이다. 두 번째 요소는 상품과 서비스를 판매하고 구매하는 시장 참여자들을 최대한 자사 플랫폼 내로 진입시켜 플랫폼 네트워크 규모를 확대하는 것이다. 그리고 마지막 요소는 참여자들 간 상호작용이 강화될 수 있도록 인프라와 서비스를 제공하는 것이다. 이 3가지가 충족된다면 자신만의 생태계를 기반으로 지속적인 선순환 성장을 이루는 성공의 문턱에 가까워질 수 있다.

시장에 빠르게
대응하는 구조로 전환하라
: 알리바바 6대 비즈니스 생태계

알리바바는 과거 10년간 명실상부한 중국의 1위 인터넷 기업이었다. 그러나 2020년부터 각종 지표에서 알리바바를 능가하는 플레이어가 등장하면서 중국 전자상거래 플랫폼의 경쟁 패러다임이 새로운 국면에 접어들었다.

고객 전체 규모로 볼 때 핀둬둬는 이미 알리바바와 동등한 수준에 도달했다. 중국의 데이터 분석 컨설팅 기업 퀘스트모바일QuestMobile의 발표에 따르면 2020년 말 기준 핀둬둬의 월 활성화 유저 수는 알리바바를 처음으로 추월했으며, 2023년에는 9억 명 이상 증가해 알리바바와 유사한 규모의 유저 수를 보여줬다. 광고 수익에서도 바이트댄스字节跳动, Bytedance가 운영하는 틱톡은 2023년 기준 알리바바를 앞지르고 업계에서 1위를 차지했다.

이러한 치열한 경쟁 구도 속에서 위기를 타개하기 위해 알리바바는 2023년 3월 그룹을 6개 계열사로 분리하는 조직 개편 계획을 발표했다. 당시 알리바바그룹 CEO 장융张勇은 회사의 전 직원에게 보낸 이메일에서 알리바바그룹은 알리바바클라우드, 타오바오·티몰, 로컬 서비스, 차이냐오, 인터내셔널 커머스, 엔터테인먼트 6개 계열사로 분리해 각각 독립된 이사회를 두겠다고 밝혔다.

이는 시장의 경쟁 상황 변화에 신속하게 대응하고자 조직을 단순화해 빠른 의사 결정 구조를 구축하고, 필요한 경우 외부 투자를 유치할 수 있는 기반을 마련하겠다는 의미다.

그림 2-1 알리바바그룹 생태계

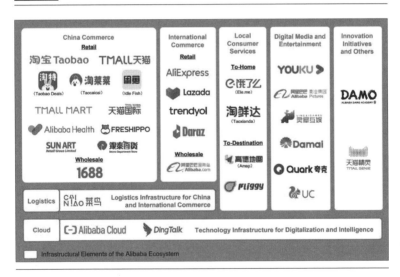

알리바바는 현재 다양한 영역에 진출해 있다. 전체 서비스 중 커머스 및 리테일 비즈니스와 관계된 사업 계열사는 타오바오와 티몰을 메인으로 한 내수 커머스China Commerce 부문과 알리익스프레스速卖通, AliExpress와 라자다Lazada를 중심으로 한 해외 커머스International Commerce 부문 2개 계열사다. 이 두 계열사에 초점을 맞춰 서비스가 어떻게 다르며 각각 어떤 성장 전략을 취하고 있는지 살펴보겠다.

내수 커머스
(China Commerce)

1 온라인 도매 비즈니스

1999년 마윈马云 회장이 알리바바를 창립하면서 처음 시작한 서비스는 B2BBusiness to Business 도매 사업이었다. 중국 내수 도매업자를 연결하는 중개 사이트 1688닷컴阿里巴巴, 1688.com과 글로벌 사업자를 대상으로 한 도매 중개 사이트 알리바바닷컴阿里巴巴国际站, Alibaba.com이 그것이다.

2 온라인 리테일 비즈니스

2003년이 돼서야 개인 간 상품을 거래하는 C2C 서비스 타오바오를 출시했다. 그러나 당시 타오바오에서 거래되는 대부분 상품은 오프라인 대비 가격이 낮고 품질이 좋지 못해 소비자들의 신임을 얻지 못했다. 소비자 불만이 이어지다 보니 알리바바는 이러한 현상을 근본적으로 타개하기 위해 기업이 입점해 개인에게 직접 상품을 판매하는 형식의 B2C 서비스 타오바오몰(현재의 티몰)을 2008년에 새롭게 선보인다.

그러나 오픈 초기 사이트 영업은 신통치 않았다. 그러자 알리바바는 2009년 소비자에게 티몰을 알릴 수 있는 이벤트를 기획한다. 이것이 현재까지도 매해 11월 11일에 열리는 광군절光棍节 행사다. 2009년 11월 11일에 열린 첫 번째 광군절 행사에는 27개 기업이 참여해 거래액 5,000만 위안(한화 약 95억 원)을 기록했고, 12년이 지난 2021년에는 거래액이 무려 5,403억 위안(한화 약 102조 원) 규모까지 증가했다.

당시 광군절 행사를 최초 기획하면서 타오바오와 티몰을 개별 홍보했던 주요 메시지가 현재까지도 각 사이트를 대표하는 주요 서비스 이념이 되고 있다. 타오바오는 다양성·독특함·재미 요소를 중요시하며 수백만 명의 개인과 자영업자가 쉽게 진입할 수 있는 서비스로, 티몰은 좋은 물건·좋은 가격·좋은 서비스라는 기조를 최우선으로 한 브랜드 기업 고객을 위한 서비스로 발전해오고 있다.

3 신규 리테일 비즈니스

타오바오와 티몰 외에 알리바바가 현재 가장 중점적으로 육성하는 리테일 사업 분야는 바로 타오터^{淘特, Tao Deals}와 타오차이차이^{淘菜菜, Taocaicai}다. 알리바바가 매 분기 발간하는 재무보고서를 보면 항상 서두에 이 두 서비스를 강조하고 있다. 이유는 알리바바가 그간 확보하지 못한 고객층을 가진 시장과 산업을 겨냥하기 때문이다.

타오터는 2019년에 새롭게 출시된 M2C^{Manufacturers to Consumer} 모델로, 제조 업체와 소비자 간 상품 직거래를 중개하는 마켓플레이스 서비스다. 이를 통해 알리바바는 온라인 영역에 진입하지 못했던 오프라인 제조 공장과 영세한 생산 업체를 끌어들이므로써 가성비 좋은 노브랜드 상품, 공장 직판매 상품, 개인 브랜드 상품 등이 시장에 나오며 새로운 비즈니스 영역을 창출할 수 있었다. 2023년 연간 실적 보고서에 따르면 타오터를 통해 출시된 M2C 상품 거래액은 2022년 동일 기간 대비 26% 증가했다.

타오차이차이는 농산물 판매자와 소비자를 연결하는 서비스인데, 지역 커뮤니티와 지인 네트워크가 더해지면서 그간 온라인 활동이 활발하지 못했던 중국 3~5선의 영세 도시 소비자와 농촌 시장 종사자라는 새로운 고객층을 확보할 수 있었다. 타오차이차이의 연간 활성화 유저의 62%는 그간 알리바바에서 신선식품을 산 적 없는 새로운 고객이라고 하니 알리바바 내에서 새로운 시장과 고객을 창출하는 효자 노릇을 하고 있다.

이 두 서비스는 새로운 매출 동력을 제공함과 동시에 현재 중국 정부가 밀고 있는 '하침시장下沈市场' 전략과도 일맥상통하면서 한동안 알리바바의 미래 중점 사업 중 하나가 될 예정이다. 하침시장은 3~5선 이하의 중소도시와 농촌지역을 일컫는 말로, 인터넷 인프라와 디지털 빅테크 기술을 도입해 영세한 도시의 소비를 진작시키는 정책을 내포한다. 더 자세한 내용은 챕터2-7에서 소개하겠다.

４ 버티컬 리테일 비즈니스

티몰에서 파생돼 개별 영역의 버티컬 리테일 비즈니스를 전개하는 3개의 사업 부문이 있다. 온라인에서 신선식품을 판매하는 티몰마트猫超, Tmall Mart, 온라인에서 의약품을 판매하는 알리바바헬스阿里健康, Alibaba Health, 해외 상품을 크로스보더(직구)로 들여오는 티몰글로벌天猫国际, Tmall Global이 그것이다.

티몰마트는 2011년 4월 처음 출시한 사업으로, 신선식품과 일상용품을 중심으로 판매하는 온라인 슈퍼마켓이다. 기존 오프라인 슈퍼마켓 경쟁사 대비 더 다양하고 풍부한 상품과 빠른 배송 등을 앞세워 오프라인 매장과 경쟁하면서 2023년 기준 2억 명의 유저를 확보했다. 대부분 도시지역은 결제 뒤 1시간 내에 배송이 가능하며 알리바바 산하 어러머饿了么, Ele.me 배달 애플리케이션 공급망과 차이냐오 물류 공급 체인을 활용해 늦어도 반나절 만에 배송해 다음 날 도착하는 등 빠른 배송 서비스를 제공한다.

알리바바헬스는 2014년 알리바바와 2개 회사의 공동투자로 홍콩에 설립된 온라인 의약품 판매와 처방 서비스를 제공하는 플랫폼이다. 약국은 오프라인 매장만 있다는 인식을 깨고, 온라인으로 질환과 병증을 전문가와 상담하고 처방받은 약은 다음 날 집으로 배송된다. 유저가 점점 늘면서 2022년까지 컨설팅하는 약사와 의사 16만 명과 유저 1억 명을 연결하는, 의료 영역에서 하나의 신유통 비즈니스를 구현했다.

티몰글로벌은 2014년 출시됐다. 해외 상품을 크로스보더 형태로 들여와 중국 소비자에게 판매하는 플랫폼이다. 한국, 미국, 유럽, 일본, 동남아·홍콩, 호주 6개 지역에 사무소를 내고 해외 브랜드 기업과 공급상 공략 전략을 통해 중국에서 유통되는 직구 상품의 가품을 줄이고 가짓수와 종류를 늘리면서 유저 규모를 3억 명까지 확장했다. 특히 시진핑习近平 정부가 소비재 제품의 해외 수입을 늘려 내수 시장을 진작시키겠다는 전략을 세웠는데, 알리바바 역시 정부 시책에 부응하기 위해 향후 5년간 2,000억 달러(한화 약 267조 2,000억 원)의 상품을 수입하겠다는 목표를 2018년 공표했다. 이를 위한 주요 수입 통로는 티몰글로벌이었고 3년 만인 2021년에 그 목표를 달성했다.

5 신유통 리테일 비즈니스

마지막으로 알리바바 내수 커머스 리테일 사업을 구성하는 가장 핵심은 바로 신유통 비즈니스다. 이 비즈니스를 대표하는 서비스로는 O2O^{Online to Offline} 영역에 진출한 허마센셩이 있다. 그리고 선아트 리테일^{Sun Art Retail} 그룹을 인수하면서 오프라인 슈퍼마켓인 다룬파^{大润发, RT-Mart}를 운영하고 있다. 그 외에도 1998년 창립된 인타이백화점^{银泰百货, Intime Department Store}을 운영 중이다.

허마센셩은 현재 중국 전역에 330개 매장, 다룬파는 490개 매장, 인타이백화점은 330개를 운영 중이다. 이들 모두 알리바바 고객 데이터와 디지털 인프라를 활용한 온라인과 오프라인 통합 쇼핑 서비스를 실험하면서 알리바바가 주창하는 신유통 비즈니스 노선과 궤를 같이한다. 신유통 서비스에 대한 더 자세한 내용은 챕터2-7에서 상세히 다뤘다.

해외 커머스
(International Commerce)

6 글로벌 리테일 비즈니스

알리바바 계열사 중에는 알리익스프레스, 동남아의 라자다, 터키의 트렌드욜^{Trendyol}, 그리고 파키스탄의 다라즈^{Daraz}같이 전 세계 소비자를 대상으로 하는 글로벌 전자상거래 플랫폼이 있다. 이 플랫폼들을 합친 전체 해외 유저 규모는 2023년 기준 3억 명에 이른다.

코로나19로 소비가 위축된 상황에서도 해외 커머스 사업은 지속 성장했다. 2023년 3월 기준 해외 커머스 사업의 연간 매출 성장이 전년 대비 15% 성장을 이뤘는데, 동일 기간 타오바오와 티몰을 중심으로 한 알리바바 내수 커머스 사업 매출이 −1% 역성장을 기록한 것에 비하면 알리바바의 새로운 성장 동력으로 자리매김하고 있다고 볼 수 있다.

그럼에도 불구하고 추격하는 다른 중국 플레이어에 비해 성장 속도는 느린 상황이다. 알리바바는 중국 커머스 플랫폼 중 가장 먼저 해외 시장에 진출했지만 현재는 후발 주자들에게 추월당하고 있다. 알리익스프레스, 라자다 등 4개 전자상거래 사이트의 2022년 4월부터 2023년 3월까지 연간 거래액은 100억 달러(한화 약 13조 3,600억 원)인데, 이는 2022년 당시 쉬인의 거래액 300억 달러(한화 약 40조 원)보다 크게 낮은 수준이다. 또한 핀둬둬의 자회사 테무가 2023년 약 180억 달러(한화 약 24조 원)까지 거래액이 급성장하면서 3위로 내려 앉았다. 그 밑으로도 2023년 44억 달러(한화 약 5조 8,000억 원)를 기록한 틱톡이 추격하고 있어 2024년 이후의 판도가 주목된다.

독보적인 생태계를 구축하라, 그리고 혁신하라

알리바바는 2003년 타오바오와 2008년 티몰을 출시한 이래, 2007년 온라인 광고 플랫폼인 알리마마阿里妈妈, Alimama, 2009년 클라우드 컴퓨팅 서비스 알리바바클라우드, 2013년 물류 서비스 플랫폼 차이냐오까지 출시하며 2013년까지 사실상 전자상거래 비즈니스의 핵심 요소인 '커머스-마케팅-IT-배송'까지 모두 완비한 생태계를 구축했다.

이러한 탄탄한 플랫폼 사업 구조 덕분에 성장 일로를 걷는 것처럼 보이기도 했다. 그러나 당시 그룹 CEO였던 마윈은 단순한 전자상거래 기업만으로는 이후 성장 한계에 부딪힐 것으로 판단했다. 게다가 당시에는 알리바바를 무조건 미국 나스닥에 상장시켜야 하는 미선도 있었기에 새로운 성장 동력이 될 무언가가 필요한 시점이었다.

이에 알리바바는 2014년 인타이백화점에 출자를 결정하면서 처음으로 오프라인 사업 영역에 진출을 선포했다. 투자 결정의 주된 동기는 인타이백화점이 이미 보유한 기존 오프라인 회원들을 확보하고, 이를 바탕으로 신속하게 전통적인 오프라인 산업에 진출하고자 하는 판단이었다. 또한 양사의 온라인과 오프라인 시스템을 통합하고 상품 정보, 고객 마케팅, 판매 서비스 등을 일원화함으로써 O2O 사업의 기반을 만들고자 했다. 게다가 당시 경쟁사인 텐센트 역시 연간 총이익의 절반에 해당하는 10억 달러(한화 약 1조 3,360억 원)를 오프라인 진용을 갖추는 데 투자하는 적극적인 형국이었으므로 알리바바로서도 빠른 결정이 필요했다.

알리바바는 2014년 3월 6억 8,000달러(한화 약 9,084억 원)를 출자해 인타이백화점의 지분 28%를 확보한 뒤 2017년 1월 23억 달러(한화 약 3조 728억 원)를 증액해 74%까지 총 지분율을 늘려 제1대 주주로 올라선다. 알리바바는 인타이백화점을 인수한 이후 디지털 IT 기술과 인프라를 활용해 전통적인 산업군 중 하나인 백화점에 대해 상품 유통부터 회원 관리, 마케팅에 이르는 전 영역에 디지털 전환 실험을 시작했다.

먼저 알리페이에 기반한 인타이백화점 회원 전용 모바일 결제 수단인 인타이바오銀泰宝를 출시했다. 출시 3개월 만에 기존 백화점 VIP 회원의 3배에 해당하는 500만 명의 회원을 모집하는 등 새로운 고객군을 끌어들였다. 또한 별도로 온라인 쇼핑 애플리케이션 먀오제喵街, Miaostreet를 출시했는데, 이것을 통해서도 기존 오프라인 고객이 아닌 새로운 3,500만 명의 신규 회원을 확보했다. 그리고 새롭게 확보한 고객들을 중국 상위 100개 도시별로 분석한 결과 인타이백화점이 소재하지 않은 도시가 80개 이상으로 나타남으로써 온라인을 통한 신규 고객 유입의 효과를 검증하기도 했다.

별도로 운영되던 인타이백화점의 오프라인 상품 관리 체계와 회원 체계를 알리바바 생태계에 편입시켜 플랫폼 일원화도 진행했다. 그 외에도 비즈니스 모델, 판매 채널, 지불 수단, 물류 시스템에 대한 대대적인 업그레이드를 진행하면서 경영의 효율화를 꾀했다. 이러한 적극적인 디지털 전환 실행을 통해 온라인 매출 비중이 2019년 5%에서 2022년에는 22%까지 상승하는 결과를 낳았다.

과거의 인타이백화점은 장소와 시설을 외부 입점 브랜드사에 단순 임대하는 전통적이고 일차원적인 사업 모델이었다. 하지만 알리바바가 인수 합병한 뒤 적극적인 디지털 전환을 시도함으로써 현재는 스스로 상품과 브랜드를 조달하고, 판매와 마케팅을 진행하며, 디지털 기술과 빅데이터를 도입해 운영 효율화를 이루는 등의 진정한 리테일러로 거듭났다. 최근에는 신커머스 운영 시스템 MOS를 구축해 외부 입점 기업이 조달과 물류 업무의 효율화를 꾀할 수 있는 솔루션까지 제공하고 있다. 나아가 인공지능 기반의 디지털 기술을 도입해 판매량을 늘리는 솔루션까지 개발하고 있다.

표 2-1   알리바바그룹이 투자한 오프라인 산업군 현황

오프라인 매장	매장 분포 및 규모	투자 현황
백화점 인타이백화점 (银泰百货, Intime)	중국 전역 29개 백화점 17개 대형 쇼핑몰	2014년 3월 6억 8,000만 달러(한화 약 9,084억 원)로 시작, 2017년 1월 23억 달러(한화 약 3조 728억 원)를 증액해 총 지분율 74%
가전 양판점 쑤닝 (苏宁, Suning)	중국 전역 1,600개 매장	2015년 8월 46억 달러(한화 약 6조 1,456억 원)를 투자해 총 지분율 19.99%
슈퍼마켓 싼장거우우 (三江购物, Sanjiang)	중국 저장성 위주 60개 매장	2016년 11월 3억 달러(한화 약 4,008억 원)를 투자해 총 지분율 32%
소형 슈퍼마켓 롄화마트 (联华超市, CenturyMart)	중국 전역 3,618개 매장	2017년 5월 주식 2억 100개 인수로 2대 주주 등극, 총 지분율 18%
대형 마트 다룬파 (大润发, RT-Mart) 오찬 (欧尚超市, Auchan)	중국 전역 504개 매장	2017년 11월 28억 달러(한화 약 7,408억 원)로 시작, 2020년 36억 달러(한화 약 4조 8,096억 원)를 증액해 총 지분율 67%
가구 및 설비 양판점 이지홈 (居然之家, Easyhome)	중국 전역 400개 매장	2018년 2월 7억 7,000억 달러(한화 약 1조 287억 원)를 투자해 총 지분율 15%
배달 플랫폼 어러머 (饿了么, Ele.me)	중국 300개 도시 대상	2018년 4월부터 네 번에 걸쳐 95억 달러(한화 약 12조 6,920억 원)를 투자해 총 지분율 100%

인타이백화점을 통해 온라인과 오프라인을 융합하는 O2O 모델의 미래 가치를 확신하게 된 알리바바는 이후 더 다양한 오프라인 리테일 영역으로 투자를 가속화했다. 2014년 인타이백화점 투자를 시작으로, 2016년에는 신유통 전략을 주창하며 허마센셩 1호점을 자체로

개점했다. 이후 2018년까지 외부 기업에 대한 투자를 활발하게 진행했다. 이 기간에 알리바바가 투자한 업종은 대형 마트, 소형 슈퍼마켓, 가전 양판점, 생활용품 양판점, 음식 배달 플랫폼 등 다양한 영역을 넘나드는 7개 이상 기업이었다. 총 투자 금액만 해도 250억 달러(한화 약 33조 원)를 넘는 어마어마한 수준이었다.

이렇게 다양한 업종의 오프라인 거점을 확보하며 실험하고자 한 알리바바의 O2O 모델은 궁극적으로 신유통이라는 전략으로 귀결됐다. 알리바바가 바라본 신유통 전략은 단순히 온라인과 오프라인 자원을 병합한다는 자체가 목적이 아니었다. 알리바바는 전자상거래 서비스 외에도 모바일 결제, 스마트 물류, 오프라인 매장, 엔터테인먼트, 로컬 서비스 등 온라인과 오프라인 영역을 아우르는 알리바바만의 독보적 생태계를 구축하고자 했다.

온라인과 오프라인 각 영역에 걸친 수직적·수평적 생태계를 구축한 다음에는 각 영역 간 장점과 특징을 융합한 혁신을 추구하기 시작했다. 고객 체험, 대면 서비스, 물류 등에 특화된 오프라인 채널과 상품 유통, 결제, 콘텐츠 등의 장점을 보유한 온라인 채널을 융합해 전체 리테일 산업의 네트워크화와 인공지능화가 궁극적인 목표였다.

온라인을 통해 축적한 인공지능과 빅데이터 기술을 활용해 오프라인 매장의 디지털 전환율을 높이고 판매 효율을 극대화했다. 그리고 온라인과 오프라인의 회원 시스템을 통합하고 각각이 보유한 공급 사슬, 금융 지불 시스템, 물류 시스템까지 통합해 고객에게 일원화된 구매 환경을 제공했다. 간단히 말해 온라인과 오프라인 채널을 융합해 다양한 영역 간의 협력을 촉진하고, 이를 통해 새로운 리테일 시장과 모델을 창출해 자신만의 유통 생태계를 구축하고자 했던 것이다.

이러한 모든 활동의 중심에는 소비자에 대한 이해도를 높여 고객 경험을 향상하기 위한 목적이 있었다. 이를 통해 다원화된 소비자의 구매 욕구를 충족시키는 동시에 플랫폼 운영 효율을 높일 수 있다. 알리바바는 이러한 기조하에 이미 전 업태의 융합을 추구하고 온라인과 오프라인을 통합한 신유통 기술을 연구 개발하면서 현재까지도 리테일 산업 전반을 계속 진화시키는 중이다.

리테일 전쟁에는 국경이 없다

코로나19 방역으로 각 국가의 장벽이 닫히면서 번성하던 글로벌 면세 시장이 급격히 얼어붙을 위기에 처했었다. 전통적으로 중국 소비자는 글로벌 면세 업계의 가장 큰손이다. 2012년부터 2018년까지 전 세계 럭셔리 상품 매출의 절반 이상이 중국인으로부터 나왔을 정도로 강력한 구매력을 자랑한다. 코로나19 발발 전인 2019년 중국인의 해외 럭셔리 상품 구매액은 1,500억 달러(한화 약 200조 4,000억 원)를 돌파했는데, 매출의 70%는 해외여행길에 올라 외국 면세점에서 구매한 금액이었다.

그러나 코로나19가 발발하면서 중국인의 해외여행길이 막혔고 기존 소비를 받아낼 새로운 대안이 필요했다. 중국 정부는 이 기회를 살려 2019년 재경부, 문체부, 상무부 등 5개 정부 부처 연합으로 해외 출국 면세점 관리 법규 개정안을 발표하면서 해외여행길에서 하던 소비를 내수로 돌려 부진한 중국 내수 시장을 진작시키려는 방안을 냈다. 출국하지 않아도 비행기, 열차, 선박 등을 타고 거주 구역을 떠나 중국의 하이난섬으로 여행하는 중국 여행객에 대해 면세품 구매를 독려하는 내용이었다. 기존의 면세품 구매 한도를 1인당 연간 3만 위안(한화 약 555만 원)에서 10만 위안(한화 약 1,852만 원)으로 대폭 상향하고, 허용 범위도 전자제품을 포함한 총 45개 품목으로 확대하는 등 하이난섬 내국인 면세점 육성 정책을 내놓았다.

동시에 중국 국영 면세점 CDFG中免集团三亚免税店, China Duty Free Group 와 하이난섬 직영 면세점 HTDF海旅免税, Hainan Tourism Duty Free 2개의 기존 사업자에게만 독점으로 부여됐던 사업권을 외부에 다수 개방하면서 면세 사업이 더욱 활성화되기 시작했다. 당시 하이난섬 면세점 경영 허가증을 신청하는 기업이 우후죽순 늘어났고 2024년 초 총 10개 사업자로 늘어났다.

알리바바와 징둥 역시 면세 시장에 뛰어들었다. 직접 면세점 경영 허가증을 발급받는 방식이 아닌 허가증을 보유한 업체들과 파트너십을 체결하는 형태의 면세점 사업, 즉 트래블 리테일Travel Retail 비즈니스를 개시했다. 징둥은 2021년부터 해남성여행투자발전유한공사와 손잡고 하이난섬 면세 사업을 시작했다. 알리바바는 스위스에 본사를 둔 글로벌 면세 시장점유율 1위 사업자 듀프리^{Dufry}와 2020년 10월 조인트벤처 회사를 설립하고 이 회사를 통해 2021년 1월 면세점 경영증을 보유한 해남성발전홀딩스유한공사와 다시 파트너십을 맺는 방식으로 하이난섬 면세 시장에 최초 진출했다.

알리바바는 당시 취약했던 럭셔리 브랜드 상품 소싱과 면세점 오프라인 매장 운영 등을 도와줄 합작 파트너사로 듀프리를 선택했고, 알리바바와 듀프리가 각각 51%와 49% 지분을 보유한 합자회사를 설립했다. 동시에 알리바바는 듀프리에도 9.99% 지분을 투자함으로써 안정적인 운영 기반을 마련했다.

그리고 2021년 1월 하이난섬 4만 평 부지에 건물을 짓고 해남성발전홀딩스유한공사와 공동으로 면세 매장 1호점인 GDF면세점^{海控} ^{全球精品免税城, Global Premium Duty Free Plaza}을 내고 오프라인 매장 운영을 시작했다. 진입 초기였던 당시에는 중국 정부가 면세품의 온라인 판매를 엄격히 금했기에 오프라인 면세점 사업에만 국한됐다.

하지만 알리바바가 당초 그린 큰 그림은 단순한 오프라인 사업만이 아니었다. 트래블 리테일 시장이라는 완전히 새로운 시장의 판을 짜고 알리바바의 강점인 디지털 인프라, 방대한 유저 규모, 물류 공급망 등을 활용해 온라인과 오프라인을 통합한 새로운 면세품 신유통 모델을 만들기 위함이었다.

2022년부터 면세점 상품의 온라인 판매 제한 규정이 풀리면서 알리바바는 본격적으로 알리바바 중심의 새로운 면세 리테일 사업 모델

을 구축하기 위한 작업에 들어갔다. 먼저 자사 디지털 기술과 공급
망을 활용해 온라인과 오프라인 구매 환경을 통합하기 시작했다.

예를 들어 샤오청쉬小程序, Wechat Mini Program를 출시하고 하이난섬
오프라인 면세점에서 판매하는 전체 상품 정보를 올려놓는다. 샤오
청쉬는 중국 모바일 메신저 애플리케이션 위챗微信, Wechat이 만든 미
니 프로그램으로, 별도의 회원 가입이나 애플리케이션 다운로드 없
이 예약, 결제, 커뮤니케이션 등 다양한 일을 처리할 수 있다. 이를
통해 소비자는 굳이 오프라인 면세점을 방문하지 않고도 온라인에
서 상품을 간편하게 검색하고 구매할 수 있다. 하이난섬 오프라인
면세점은 단순히 상품을 체험하는 공간으로 활용하고 실제 상품의
구매와 배송은 온라인 샤오청쉬를 통하는 형태다.

알리바바가 보유한 회원 규모가 방대하기에 기존 회원이 새롭게
GDF면세점을 방문하게 되는 사례도 있을 것이고, 역으로 알리바바
회원은 아니었지만 GDF면세점 방문을 계기로 새롭게 알리바바 생
태계 내로 들어오는 사례도 있을 것이다. 알리바바는 이러한 고객들
의 활동 데이터를 바탕으로 해당 채널과 시점에 맞는 옴니채널 쿠폰
을 제공하거나 현 위치 정보에 맞는 맞춤형 추천 서비스(LBS Push)를
제공했다. 이것이 알리바바만 할 수 있는 온라인과 오프라인을 매끄
럽게 통합한 옴니채널형 트래블 리테일이다.

이것이 전부가 아니다. 알리바바 내에서 하이난섬 면세점 프로젝

트는 해외 상품을 소싱해 중국 소비자에게 크로스보더로 제공하는 일을 하던 알리바바 산하의 티몰글로벌이 맡았다. 티몰글로벌은 하이난섬 오프라인 매장 운영을 가속화했을 뿐만 아니라 듀프리와 파트너십 체계를 활용해 전 세계 2,900개 듀프리 면세점을 연계한 옴니채널 전략까지 가동했다. 또한 2022년 말 마카오 면세점과 시스템 연동을 시작으로 2023년 초부터 글로벌 주력 국가 면세점 10여 개를 선정해 확장했다.

듀프리 면세점과 하이난섬 GDF면세점은 상품 정보 시스템, 사전 예약 구매 시스템, 회원 정보 시스템을 연동했다. 다시 말해 중국 소비자는 굳이 해외로 출국하지 않아도 집에서 휴대전화를 통해 해외 듀프리 면세점에서 판매 중인 상품을 검색할 수 있고 모바일 알리페이로 구매할 수 있다는 것이다. 게다가 구매 상품은 픽업하러 갈 필요 없이 간편하게 집으로 배송받는다.

예를 들어 어떤 유저가 작년에 하이난섬 오프라인 면세점을 방문해 구매한 립스틱을 다 썼다고 가정해보자. 재구매를 하려면 다시 하이난섬을 갈 필요 없이 집에 앉아 샤오청쉬를 통해 온라인 역직구 배송 라인으로 듀프리 런던 매장에 있는 상품을 재구매할 수 있다.

이 고객은 구매 채널이나 배송 방식과 관계없이 알리바바 시스템 내에서 분절되지 않는 쇼핑 경험을 하게 되고 한 시스템 내에서 사용자 데이터가 축적돼 간다. 알리바바 생태계 환경과 자원을 활용해 온라인과 오프라인의 경계가 없는 하나의 완결되고 통합된 면세 시장 구매 사슬을 만들어가고 있는 것이다.

하이난섬 GDF면세점과 듀프리 면세점을 통합한 구매 시스템을 제공하는 것 외에도 하이난섬 GDF면세점과 티몰글로벌 크로스보더 채널을 통합한 이벤트를 추진하기도 했다. 예를 들어 알리바바 산하 온라인 여행 사이트 플리기飞猪, Fliggy에서 하이난섬 비행기 표를 구매한 알리바바 회원에게 티몰글로벌의 구매 할인 쿠폰을 제공한다. 할인 쿠폰을 적용하면 하이난섬에 가서 직접 면세품을 구매하는 것보다 티몰글로벌로 동일 상품을 더 싸게 구매할 수 있다는 판촉을 하면서 고객을 유인하기도 한다.

그림 2-2   티몰글로벌 모바일 이벤트 페이지

그림 2-3 ┃ 하이난섬 현지 공항의 GDF면세점 전광판

그러나 알리바바가 이 사업을 하기로 결심하면서 무엇보다 중요하게 본 것은 면세 사업 자체가 아닌 트래블 리테일 산업 내에서 여행을 둘러싼 새로운 비즈니스 생태계를 구축하고자 한 점이다. 트래블 리테일 산업은 크게 보면 '여행 전–여행 중–여행 후' 3단계로 나뉜다. 각 단계에 놓여 있는 고객의 니즈에 맞춰 최적화된 서비스와 구매 동선을 짜고 알리바바 산하 서비스와 매칭시키는 것이다. 이러한 작업을 통해 알리바바는 자신만의 트래블 리테일 비즈니스 생태계를 만들고자 했다.

이는 한국에서 일반적인 시각으로 보는 트래블 리테일의 범위와는

사뭇 다르다. 한국이 바라보는 트래블 리테일은 친구 혹은 가족과 해외여행을 나가면서 공항이나 기내에서 상품을 구매하는 것에 그친다. 즉, '여행 중' 단계에만 집중한다고 볼 수 있다.

하지만 현재 중국에서 벌어지고 있는, 그리고 알리바바가 구축하고 있는 트래블 리테일의 모습은 '여행 중' 외에도 전후 단계까지 포함한다. 먼저 하이난섬으로 가는 '여행 전-여행 중-여행 후' 단계로 나눠 잠재 고객을 식별하고, 해당 고객의 동선과 시점에 맞춰 그에 맞는 서비스를 제공하면서 전 과정의 잠재 고객을 자신의 생태계에서 계속 관리하고자 한다.

예를 들어 소비자는 '여행 전' 단계에서는 무엇을 할까? 먼저 여행지에 대한 정보를 검색할 것이다. 알리바바 산하에는 검색 사이트와 소셜미디어 사이트가 있다. 고객은 유씨브라우저UC浏览器, UC web에서 여행 정보에 관한 키워드 검색을 하고, 웨이보微博, Weibo 소셜미디어에서는 다른 사람이 추천하는 관광지 정보를 찾아본다. 정보 검색 단계가 끝나면 다음은 비행기나 기차 예약이 필요하다. 알리바바 산하의 여행 사이트 플리기에서 표를 발권할 수 있다.

그다음은 '여행 중' 단계다. 여행 중에는 알리페이로 빈번하게 결제하고, 이동 중간중간 위치 정보를 지도로 검색하거나, 현지에서 어러머를 통해 음식을 배달해 먹는다.

그리고 여행이 종료된 '여행 후' 단계에서는 무엇을 할까? 친구들과 정보를 공유할 것이다. 혹은 해외여행 중 구매했던 화장품을 다쓰면 GDF면세점 샤오청쉬나 티몰글로벌에 들어가 재구매할 수도 있다. GDF면세점에서 판매하는 면세품은 여행이 끝난 뒤 180일 내에 자유롭게 구매할 수 있다. 구매 상품은 차이냐오의 역직구 물류 서비스를 통해 배송받는다.

이렇듯 알리바바는 여행이 단순히 일회성으로 끝나는 게 아닌 트래블 리테일이라는 시장을 창출하며 고객을 재정의하고 식별해낸다. 나아가 이렇게 확보한 신규 고객을 대상으로 여러 채널을 통해 지속적으로 접근하는 등의 방식으로 알리바바만의 새로운 폐쇄적 비즈니스 생태계를 구축하고 있다. 이것이 당초 알리바바가 하이난섬 면세 시장에 진입하면서 트래블 리테일의 신규 시장을 공략하고 경쟁 우위를 가져가고자 했던 부분이다.

2년여 시간이 흐른 뒤는 어떤 모습이었을까? 하이난섬 면세 시장은 어느 정도로 성장했으며 알리바바는 진입 당시에 계획한 바를 이뤘을까? 대답은 70% 이상은 '그렇다'다.

먼저 하이난섬 면세 시장의 규모는 폭발적으로 성장했다. 하이난섬 면세점에서 일어난 구매액은 2021년 600억 위안(한화 약 11조 원)에서 2023년 800억 위안(한화 약 15조 원)까지 증가했다. 총 59개 국가 여행객에게 하이난섬 입국 비자를 면제하는 정책 등과 더불어 2023년 전체 여행객 수와 여행객 소비액 역시 전년 대비 각각 20%와 25%로 늘어났다.

알리바바는 하이난섬 내 면세 시장 성숙과 이용객 증가에 따라 사업을 더욱 가속화하고 있다. 위에서 언급한 대로 먼저 자신만의 트래블 리테일 비즈니스 생태계를 구축했다. 그 생태계 위에서 디지털 솔루션, 차이냐오 물류 서비스, 인공지능과 클라우드 서비스 등을 기반으로 알리바바 산하 고객의 접점들을 통합하고 고객의 면세품 구매를 둘러싼 온라인과 오프라인 통합 구매 사슬을 형성했다.

즉, 알리바바는 고객에게 오프라인 면세품 구매, 온라인 면세품 구매, 해외 면세점 크로스보더 구매 경험을 하나의 시스템에서 제공한 것이다.

게다가 '여행 전-여행 중-여행 후' 단계로 구분하고 그에 맞춰 고객이 필요로 할 서비스를 제공하면서 지속적으로 고객에게 접근했다. 단순한 면세점 운영에서 끝나지 않고 여행이라는 산업을 중심으로 하는 알리바바만의 고유 서비스 체계를 구축하고 일원화된 매끄러운 고객 경험을 제공하기 위한 노력을 지금도 계속하고 있다.

현재 전 세계 면세 시장은 계속 성장하고 있다. 영국 면세전문지 〈무디 데빗 리포트The Moodie Davitt Report〉와 글로벌 조사 기관인 스타티스타Statista에 따르면 글로벌 면세 시장은 2022년 633억 달러(한화 약 84조 원)에 이어 2023년에는 780억 달러(한화 약 107조 원)로 19% 성장했다.

그림 2-4 2015~2023년 한국 면세점(아래)과 글로벌 면세점(위) 매출 규모 추이 비교

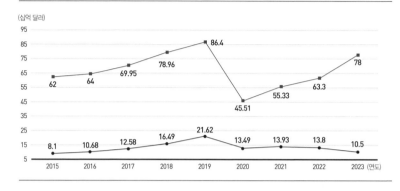

(십억 달러)

과거 한국 면세점 사업자들은 전 세계 면세 시장에서 수년간 상위권을 차지했다. 글로벌 면세 시장에서 약 25%의 점유율을 차지할 정도였다. 하지만 코로나19 발발을 기점으로 2020년부터 시장의 판도가 바뀌었다. 탈 코로나 정책 이후 글로벌 면세 시장이 두 자릿수 성장을 이어가는 것에 비해 한국은 여전히 정체 상황을 벗어나지 못하고 있다.

그 사이 중국이 면세 시장의 새로운 글로벌 강자로 부상했다. 코로나19로 해외여행길이 막히고 추가로 중국 정부가 중국인의 해외 소비를 내국 면세 시장으로 돌리는 노력이 더해지면서 중국의 면세 시장 규모는 급격히 성장했다. 동시에 중국 면세점 사업자들이 순위를 치고 올라왔다.

2020년 중국 국영 면세점 CDFG가 글로벌 1위를 차지한 이후 계속 선두 자리를 수성하고 있다. 현재까지도 부동의 1위인 CDFG의

규모는 점점 더 커지면서 2위 사업자와의 격차를 벌리고 있으며 한국의 면세점 사업자들은 이제 3위와 5위로 밀려난 형국이다.

표 2-2 글로벌 면세점 순위

순위	2018년	2019년	2020년	2021년	2022년
1위	스위스 듀프리	스위스 듀프리	중국 CDFG	중국 CDFG	중국 CDFG
2위	롯데면세점	롯데면세점	롯데면세점	롯데면세점	스위스 듀프리
3위	신라면세점	신라면세점	신라면세점	신라면세점	롯데면세점
4위	중국 CDFG	중국 CDFG	스위스 듀프리	스위스 듀프리	프랑스 라가데르
5위	프랑스 라가데르	프랑스 라가데르	프랑스 라가데르	프랑스 DFS	신라면세점

게다가 현재 중국 소비자는 해외여행을 가지 않아도 집에서 손쉽게 온라인으로 면세품을 구매할 수 있다. 이 사실 하나만으로도 한국 면세점 매출에 직격탄이 될 위협 요소가 된다.

롯데면세점, 신라면세점, 신세계면세점, 현대백화점면세점 등은 한국 방문이 줄어든 해외여행객, 특히 중국 여행객을 잡기 위해 2022년 중순부터 한국산 브랜드 상품에 한해 면세품의 해외 온라인 역직구 판매를 시작했다. 특히 모 면세점의 경우 온라인 판매 배송 지역을 중국으로 한정하고 있어 중국 소비자를 위한 온라인 사이트라는 의도가 명확하게 보인다.

하지만 중국 소비자는 이미 2020년부터 하이난섬 면세 산업의 오픈과 함께 해외에 나가지 않아도 모바일을 통해 글로벌 1위 면세점 사업자 CDFG가 제공하는 전 세계 상품을 온라인과 오프라인에서 쉽게 접할 수 있다. 또한 간편하게 구매하고 배송받을 수 있기에 굳이 한국의 개별 면세점 온라인 사이트를 방문할 필요를 느끼지 못한다.

여러 이유가 있겠지만 한국 면세점 사업자들의 온라인 역직구 자사 사이트는 출시한 이래 현재까지도 매출 성적이 그리 신통치 않다.

앞에서 설명한 바와 같이 중국에서는 면세 시장의 규모 성장과 더불어 디지털 인프라, 빅데이터, 클라우드 기술 등을 도입하려는 중국 인터넷 기업들까지 시장에 진입하면서 현재 새로운 면세품 구매 행태와 독특한 트래블 리테일 산업이 출현했다. 한국도 이에 대한 경계를 늦추지 말아야 한다.

단순히 오프라인 면세점에 기업을 입점시키고, 운영하고, 할인 쿠폰 등으로 판촉 마케팅을 하는 기존의 트래블 리테일 방식에서 눈을 돌려야 한다. 이제는 자신만의 강점과 인프라를 내세워 소비자를 자신의 생태계에 머무르게 하는 새로운 접근 방식에 대한 고민이 필요하다. 그래야 격전지가 돼가는 글로벌 면세 시장 내에서 경쟁 우위를 가져갈 수 있다. 알리바바가 하이난섬 면세 시장에 진입하면서 시도하는 여러 방식을 참고해 시사점을 찾으면 좋을 것이다.

2

미래 전략은
빅데이터에서
꺼내라

데이터를 지배하는 자가
시장을 지배한다

　리테일 산업에 빅데이터를 도입하는 전쟁이 전 세계에서 벌어졌다. 빅데이터가 리테일 산업 전반의 가치 사슬과 경영 환경을 업그레이드하는 핵심이기 때문이다. 리테일 산업에 활용되는 빅데이터는 소비자가 상품을 검색하고 구매하는 과정에서 확보된 구매 성향, 구매 패턴, 구매 단가 등 직접적인 정보 외에도 소비자의 성별, 나이, 지역, 종교 등 개인 라이프 스타일 관련 정보까지 포함한다.

　이렇게 수집된 데이터는 컴퓨터가 분석하고 스스로 학습하며 이것을 기반으로 고객의 수요를 예측한다. 이 수요 예측 데이터를 가지고 유통 업체는 어느 지역 매장에 얼마나 많은 재고를 보유할지, 도시별로 어느 가격대의 어떤 상품들을 판매할지 결정한다. 또한 날

씨와 실시간 교통 상황에 따라 최적의 배송 경로를 도출한다. 나아가 유사 고객군의 구매 패턴을 분석해 필요 상품과 서비스를 예상해 추천하기도 한다.

　많은 글로벌 리테일 기업이 빅데이터 전략을 적극적으로 도입하면서 경쟁 우위를 확보하기 위한 준비를 하고 있다. 미국의 전자상거래 기업 아마존의 경우 맞춤형 쿠폰 발행과 빅데이터 기반 추천 시스템으로 발생한 매출이 전체의 35%를 차지한다. 영국의 전자상거래 기업 오카도Ocado는 빅데이터를 기반으로 수요를 예측함으로써 식품 폐기율이 0.4%에 불과한데, 이는 한국의 대형 마트 3%, 슈퍼마켓 4%보다 현저히 낮은 수치다.

　현재 전 세계에서 리테일 산업에 빅데이터를 접목시켜 새로운 시장을 창출하고 있는 글로벌 선두 주자는 중국이다. 2020년 중국 빅데이터 산업 규모는 1조 위안(한화 약 190조 원)에 달하며 이는 전 세계 빅데이터 총량의 3분의 1을 차지한다. 중국 빅데이터 관련 지적 재산권 신청 건수는 전 세계의 20%에 달한다.

　이러한 성장의 이유는 중국 정부가 2015년부터 주요 국가 정책 중 하나로 빅데이터 활용을 전폭적으로 지원한 것에 있다. 중국의 중장기 국가 전략 로드맵을 담은 〈중국제조2025〉를 보면 빅데이터 발전을 위한 행동 과제들이 명시돼 있다. 또한 2016년 3월 중국의 전국인민대표대회에서 발표한 미래 경제와 사회 정책의 기본 방침 중 하나로도 국가 빅데이터 전략이 포함됐다.

정부 방침에 부응해 중국의 대표적 디지털 플랫폼 기업인 바이두百度, Baidu, 알리바바, 텐센트는 빅데이터 기술 혁신을 위한 움직임을 가속화하고 있다. 그 수준과 속도는 이미 전 세계 선두를 차지한다. 이 중 알리바바는 타오바오와 티몰을 통한 구매 정보, 알리페이를 통한 지불·결제 정보, 차이냐오를 통한 위치 물류 정보, 검색 및 지도, 엔터테인먼트 등 서비스를 통한 고객 라이프 스타일 정보 등 전 방위적인 데이터를 수집하고 있다. 14억 명의 회원 기반으로 수집된 방대한 데이터는 별도의 시스템을 통해 분석되고 활용되면서 새로운 비즈니스 기회까지 창출한다. 알리바바는 이미 전자상거래 기업이 아닌 빅데이터 기업으로 진화했다.

그렇다면 알리바바가 지향하는 빅데이터 기반의 미래 비즈니스 모델과 전략은 무엇일까? 이것을 설명하기에 앞서 빅데이터를 활용한 비즈니스 모델 유형을 먼저 요약하겠다.

1세대 모델은 데이터를 중개하고 유통하는 플랫폼을 만들어 외부 사업자에게 자신이 축적한 데이터를 판매한다. 대표적인 사례가 글로벌 리서치 기관 닐슨Nielsen이다. 고객에게 의뢰받은 요구 사항에 맞춰 다양한 방식과 수단을 통해 데이터를 수집하고 이것을 분석해 판매한다.

2세대 모델은 데이터를 표준화하고 프로그래밍한 뒤 외부 사업자가 API Application Programming Interface를 통해 데이터에 접근할 수 있는 권한을 판매하는 모델이다. 예를 들어 날씨 정보, 교통 혼잡 지도 정보, 결제를 위한 오픈 뱅킹 정보 등이 이에 해당한다. 데이터를 보유하고 있는 기업이 데이터를 직접 판매하지는 않지만 API를 통해 타사에 데이터 접근 권한을 주고 접근하는 빈도와 거래량에 따라 과금한다.

마지막으로 3세대 모델은 무엇일까? 제3자가 스스로 자신의 사용자 데이터베이스를 관리할 수 있도록 기초 데이터를 공유하고, 고객 정보를 생성하고, 수집과 활용할 수 있는 시스템을 제공한다. 데이터와 시스템을 공유하는 것, 이것이 가장 진보된 방식이다. 이 3세대 모델이 바로 알리바바가 지향하는 빅데이터 활용의 미래 모습이다.

알리바바는 구매, 결제, 클라우드, 물류 등에 이르는 거대한 사용자 생태계를 기반으로 방대한 빅데이터를 구축한 공룡 기업이다. 그러나 이 빅데이터는 오로지 알리바바 자신을 위한 목적으로 구축한 것이 아니다. 알리바바 플랫폼에 입점한 수많은 제3자 판매 업체를 대상으로 한 것이다. 한국의 다른 기업들과 비교해 쉽게 설명해보겠다. 예를 들어 쿠팡이나 롯데마트 등 국내 리테일 기업들은 자사 플랫폼에 빅데이터를 구축하기 위해 노력하고 있다. 심지어는 해외 데이터 솔루션을 도입하면서까지 빅데이터 시스템을 정비한다. 목적은 자사 플랫폼에 빅데이터 시스템을 구축해 고객을 더 많이 이해하고 매출을 증가시키기 위함이다.

그러나 알리바바의 지향점은 사뭇 다르다. 빅데이터를 활용하는 주체가 알리바바 플랫폼 자신이 아닌 알리바바에 입점한 외부 기업까지 확장된다. 입점 브랜드사 혹은 유통 업체는 알리바바 빅데이터 시스템을 통해 직접 자신의 고객 데이터를 관리하고 활용할 수 있다. 잠재 고객군을 발견하거나 분류하기도 하고, 고객 데이터를 직접 생성하거나 축적해 마케팅과 상품 개발 등에 활용하기도 한다. 기업이 직접 자신의 고객 데이터 자산을 관리하는 것이다. 이렇듯 알리바바는 외부 기업에게 방대한 데이터 정보를 공유하고 그것을 활용할 수 있는 시스템을 제공한다. '제3자 데이터 활용 시스템'을 구축하는 것, 이것이 바로 알리바바가 지향하는 빅데이터 전략이다.

2014년 3월 빅데이터와 클라우드를 주제로 한 알리바바 기술 포럼에서 창립자 마윈은 이렇게 말한 바 있다. "정보 시대와 데이터 시대는 큰 차이가 있습니다. 과거 정보 시대에는 데이터를 가지고 분석했지만 미래 데이터 시대에는 데이터를 공유합니다. 더 많은 사람이 데이터를 활용할 수 있도록 공유하는 것, 이것이 알리바바가 사회에 공헌할 수 있는 길이라고 생각합니다."

빅데이터 전략을 성공으로 이끄는 핵심 요소는 결국 데이터를 생산해내는 플레이어들이 생태계 내에서 더 많은 유의미한 데이터를 만들어내도록 하는 것이다. 상품을 판매하는 공급자나 상품을 구매하는 소비자 모두 빅데이터를 생산하는 주체들이다.

중국 디지털 플랫폼 기업들은 자신의 생태계 내에서 이러한 제3자들이 사업을 발전시키면서 더 많은 데이터를 만들어낼 수 있도록 지원하고 있다. 제3자들을 통해 구축한 빅데이터 체계 위에서 그들이 이 데이터 자산을 쉽게 사용할 수 있도록 개방하고 공유한다.

알리바바 역시 데이터를 축적, 수집, 분석하는 것을 넘어 역으로 다시 제3자들이 사용, 축적, 활용할 수 있는 데이터 자산 시스템을 가동하고 있다. 다음 소단원에서는 알리바바가 빅데이터를 어떻게 외부 기업에게 공유하고 활용할 수 있도록 하는지 소개하겠다.

알리바바
브랜드 데이터 뱅크란?

'브랜드 데이터 뱅크Brand Data Bank'는 알리바바의 대표적인 빅데이터 활용 시스템 중 하나다. 당시 개발 총책임자였던 장쿼张阔는 연구원들을 모은 회의 자리에서 미션을 내렸다. "현재 기업들이 마케팅 비용을 쓰거나 신상품을 개발하기 전에 얼마나 데이터에 기반한 의사 결정을 하는지 실태를 알아보세요." 그 후 연구원들이 외부 기관에 의뢰해 가져온 결과는 다소 충격적이었다. "단순 외부 시장 환경 분석에 의한 것이 58%로 가장 큽니다." "대표이사 등 임원진들의 과거 개인 경험치에 의존한 예측 기법 역시 23%에 달하고 있어요." 물론 일부 대형 그룹사를 중심으로 자체 연구소를 통해 분석하거나 리서치 기관에 의뢰해 데이터에 입각한 시장 분석을 하기도 했다. 하지만 대다수 기업은 그렇지 못했다.

이에 알리바바는 알리바바 전 생태계 영역을 통해 수집된 빅데이터를 외부에서 접근하고 활용할 수 있는 시스템을 개발했다. 2017년 6월 7일 알리바바는 브랜드 데이터 뱅크를 출시했고, 이를 알리바바 생태계에 입점한 기업에게 개방해 데이터를 공유하기 시작했다.

많은 기업은 브랜드 데이터 뱅크에 접속해 자사 브랜드 관련 고객데이터, 구매 데이터, 시장 데이터를 확보할 수 있으며 이를 활용해데이터 기반의 정확한 의사 결정을 하는 데 도움을 받았다. 이렇듯 브랜드 데이터 뱅크는 데이터를 기반으로 한 고객 운영이 가능하도록 도와주는 일종의 '고객 데이터 자산 관리 시스템'이다.

브랜드 데이터 뱅크가 포괄하는 빅데이터 범주는 방대하고 다양하다. 알리페이 결제 플랫폼, 타오바오와 티몰 전자상거래 플랫폼, 차이냐오 물류 배송 플랫폼, 어러머 음식 배달 플랫폼, 알리픽처스 阿里影业, Alibaba Pictures 엔터테인먼트 플랫폼, 웨이보 소셜미디어 플랫폼, 유쿠 동영상 플랫폼, 샤오홍수 小红书, Xiaohongshu SNS 플랫폼 등 알리바바 산하 플랫폼과 내부 생태계에서 확보된 데이터가 포함된다.

나아가 알리바바 내부 플랫폼만이 아닌 외부 플랫폼과 외부 온라인과 오프라인 환경에서 확보된 브랜드 관련 정보도 포함된다. 예를 들어 브랜드사 자체 홈페이지에서 축적한 고객 데이터, 오프라인 CRM Customer Relationship Management 데이터, 텔레비전과 외부 매체 광고를 통해 수집한 고객 데이터 등까지 포함될 수 있다. 이렇듯 브랜드 데이터 뱅크에서 활용하는 빅데이터는 알리바바 내부와 외부 생태계, 기타 채널 등 여러 경로로 수집된 브랜드 관련 방대한 정보까지 대상이 된다.

여러 채널에서 수집된 데이터는 플랫폼의 경계 없이 수집된 뒤 브랜드 데이터 뱅크를 통해 유기적으로 융합되고 분석됨으로써 유의미한 정보 값으로 도출돼 입점 기업에게 제공된다.

예를 들어 임신 6개월 차 여성 고객이 있다고 가정해보자. 그녀는 유쿠에서 전문가들이 공유하는 임신 기간 몸 관리에 필요한 운동 동영상을 즐겨 보고, 샤오홍수 커뮤니티를 통해 비슷한 임신 시기의 예비 맘들과 정보를 교류한다. 다음 주에 남편과 여행 갈 상하이 관광지 정보를 검색하면서 입고 갈 원피스를 타오바오에서 주문한다. 그리고 이따 먹을 점심거리를 허마센셩에 주문하고 배달을 기다리는 동안 티몰글로벌에서 마음에 드는 해외 명품 브랜드 시계 몇 개를 즐겨찾기 한다. 이처럼 1명의 고객은 거주하는 지역, 연령대 등 고객 신상 정보 값 외에도 콘텐츠 취향, 트렌드 민감 여부, 구매력과 소득 수준 등 여러 각도로 유의미한 정보 값들을 생성시킨다.

알리바바의 빅데이터 기반 시스템은 이렇게 플랫폼을 넘나들며 발생시킨 방대한 데이터를 유기적으로 융합하고 분석한 뒤 개별 고객을 특징짓는 정보 값으로 태그tag화한다. 그런 뒤 입점 기업에게 자사 브랜드와 관련될 만한 고객 데이터 정보로 제공한다.

기업은 이 고객 데이터 정보에 기반해 다양한 각도로 활용할 수 있다. 예를 들어 자사 브랜드 고객을 대상으로 신상품 개발에 활용하고 지역별 구매 상품과 패턴을 통해 수요를 예측함으로써 재고를 보관할 창고 선정이나 물량 계획에도 활용한다. 또한 해당 여성 고객이 4개월이 지난 시점에 재방문했을 때는 임신 용품이 아닌 출산 용품을 추천한다든지, 1년 뒤 방문 시에는 1세 유아를 위한 용품을 노출하는 등 해당 고객의 태그 값에 따라 연관성이 있을 만한 정보와 상품을 추천한다.

브랜드 데이터 뱅크는 알리바바 티몰에 입점한 모든 기업에게 무료로 제공된다. 브랜드 상표권 오너 기업 혹은 브랜드사로부터 독점 운영권을 부여받은 기업이 그 대상이다. 다만 시스템이 제공하는 데이터량이 방대하고 이 시스템을 제대로 활용하기 위해서는 기업 내 전담 인력이 필요할 수 있으므로 현재까지는 운영 능력이 있는 기업만을 선별해 오픈하고 있다.

현재 브랜드 데이터 뱅크는 알리바바 전체 생태계로의 고객 유입을 높이고 활성화하는 데 크게 기여하고 있다. 시스템을 활용 중인 전체 기업 수는 공개할 수 없지만 2022년 618행사[7]에서 약 8,000개 기업이 브랜드 데이터 뱅크를 활용한 개인화 광고 마케팅을 진행했고,

---

7 618행사 알리바바가 매년 6월 18일에 개최하는 쇼핑 행사로, 11월 11일 광군절에 이어 두 번째로 큰 행사다.

직접적으로 발생시킨 유저 방문량이 1,000억 이상에 이르는 등 상당한 수준이다.

고객 데이터를
자산처럼 관리하라

　내로라하는 유수의 한국 기업에서 디지털 마케팅 팀을 오랫동안 맡은 조직장을 만난 적이 있다. 이 팀의 역할은 인스타그램Instagram과 페이스북Facebook에 기업 채널을 개설해 고객과 소통하고, 자체 멤버십 회원을 대상으로 설문지 이벤트를 기획하며, 필요에 따라 유튜브Youtube 등 소셜미디어 매체 광고도 하는 것이었다. 겉으로 보기에는 모든 사람이 따라 하고 싶은 기업 디지털 마케팅의 표본처럼 보였다.

　그런데 이 팀장이 토로한 애로점을 듣고 나는 고개를 끄덕일 수밖에 없었다. "채널별로 고객 정보가 따로 존재해 관리에 어려움이 있습니다. 또한 확보한 고객 데이터를 인사이트로 전환하는 분석 작업에 어려움을 느낍니다.”

이런 어려움을 겪는 건 다른 기업들도 마찬가지일 것이다. 즉, 고객 데이터를 확보하더라도 일개 팀 혹은 개인의 역량만으로는 방대한 데이터로부터 유의미한 인사이트를 도출해내기 어렵다. 또한 확보한 고객들을 어떻게 분류하고 관리할 것인지도 관건이다.

고객 데이터는 기업 운영에 있어 매우 중요한 자산 중 하나다. 그러나 대다수 기업은 데이터를 확보하거나 관리하기 위한 기본 데이터베이스 자체가 부족하고 시스템도 제대로 구축돼 있지 않다. 자신의 고객들이 어디에 있고 그 분포가 어떤지 파악하기 힘들다. 또한 실제 상품을 구매한 고객 외에도 잠재 고객이 어디에 있고 그들에게 어떻게 도달하면 좋을지도 고민이다.

알리바바는 이러한 기업들의 고민에서 출발해 브랜드 데이터 뱅크를 개발했다. 기업이 직접 자사 브랜드의 고객 데이터 현황을 파악하고 관리할 수 있는 시스템이다. 앞 소단원에서 알리바바 브랜드 데이터 뱅크의 정의를 '고객 데이터 자산 관리 시스템'이라 내린 바 있다.

브랜드 데이터 뱅크를 처음 개통하면 기업은 자사 브랜드와 관련한 다방면의 고객 데이터를 볼 수 있다. 타오바오, 티몰 등 알리바바 생태계에서 최근 2년 반 동안 자사 브랜드 상품을 구매한 고객, 최근 1년간 브랜드 광고와 프로모션에 노출된 고객 등의 수치를 확인할 수 있다. 자사 브랜드를 이용하는 실제 고객에 대한 기초 데이터베이스를 먼저 공유받는 셈이다. 그런 다음 기업들은 각자 고객을 늘리기 위한 운영과 마케팅을 독립적으로 진행하면서 데이터베이스를 늘려나가면 된다.

브랜드 데이터 뱅크는 고객을 크게 4단계로 분류한다. 고객이 특정 브랜드를 처음 인지하는(Awareness, A) 1단계, 점차 관심과 흥미를 보이는(Interest, I) 2단계, 어떤 계기에 의해 상품을 구매하는(Purchase, P) 3단계, 이후 재구매하면서 브랜드 충성심을 보이는(Loyalty, L) 4단계로 행동 유형을 분류한다. 각 단계마다 고객은 실제 사람 수로 가시화된다. 더 나아가 기간별로 고객 수의 증감 추이도 볼 수 있다. 이 추세가 경쟁 기업과 비교했을 때 상대적으로 건전한지도 확인할 수 있다. 즉, 브랜드사는 고객의 데이터 자산 현황을 정확하게 파악할 수 있는 것이다.

[그림 2-5]와 같이 A-I-P-L로 분류된 고객 데이터 자산 총량을 비롯해 증감 추이를 볼 수 있다. 한 예시 브랜드의 경우 인지(A) 고객 51만 7,304명, 관심(I) 고객 5만 3,496명, 구매(P) 고객 358만 3,493명, 반복 구매한 충성(L) 고객은 237만 8,980명이다. 4가지 단계 고객 수를 합친 고객 자산은 약 653만 명이다. 이 고객 수는 고정되지 않고 매일 변동된다.

그림 2-5 예시 브랜드의 고객 분포 현황

또한 [그림 2-6]을 보면 해당 브랜드에 대한 고객들의 세부 현황
정보도 확인할 수 있다.

그림 2-6 예시 브랜드의 고객 세부 현황

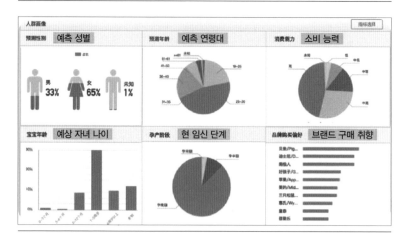

[그림 2-6]의 예시 브랜드의 경우 고객 비중은 남성 33%, 여성 65%고, 예측 연령대는 24~29세와 30~35세가 68%로 가장 많다. 소비 능력은 상중하 중 '최상'과 '상'이 전체의 50% 이상을 차지한다. 또한 고객의 임신 단계와 구매 취향 등의 정보도 있다.

브랜드 데이터 뱅크가 보여주는 고객 분석 데이터는 한국에서는 상상하기 힘들 정도로 그 범위가 방대하고 내용이 자세하다. 연령, 성별, 지역, 직업, 기혼 여부, 예상 자녀 나이 등 고객 데모그래픽 demographic 정보는 기본이다. 추가로 소비 주기, 구매 단가, 평균 소비액 등 자세한 구매 정보와 패턴도 알 수 있다. 그뿐만 아니라 청바지 치수나 분유 구매 빈도 같은 개인의 성향 정보도 분석된다. 심지어는 구독하는 뉴스와 매체 검색 습관에 기반해 고객의 관심 콘텐츠 역시 브랜드 데이터 뱅크가 고객을 분류하는 하나의 소재로 활용된다.

이런 세부 정보의 출처는 모두 알리바바 생태계 산하 각기 다른 플랫폼과 서비스를 통해 수집된다. 예를 들어 커머스 플랫폼인 타오바오, 티몰, 허마셴셩 등에서는 구매 관련 정보를, 유쿠나 웨이보 같은 소셜미디어 플랫폼에서는 선호 키워드와 열람 콘텐츠 같은 고객 취향 정보를, 지도나 음식 배달 애플리케이션 등 로컬 서비스 등에서는 고객의 위치와 지역 정보까지 그 수집 범위는 매우 방대하다.

브랜드 데이터 뱅크를 잘 활용하면 기업은 자사 브랜드 고객을 A(Awareness, 인지)-I(Interest, 관심)-P(Purchase, 구매)-L(Loyalty, 충성)

4가지 단계로 분류해 현 단계의 고객 현황을 관리할 수 있다. 예를 들어 특정 이벤트를 진행한다면 과거처럼 얼마의 비용을 썼고 몇 명이 상품을 구매했다는 단순한 정보 관리가 아니다. 이번 이벤트를 통해 지난달에는 단순 인지(A)와 관심(I) 단계에 머물러 있던 고객이 얼마나 구매(P) 고객으로 옮겨왔는지 분석할 수 있고, 아직 구매는 하지 않았지만 몇 명의 새로운 인지(A) 고객을 확보했는지 알 수 있는 통합적인 고객 데이터 활용법이다. 자사 브랜드 고객 현황을 이 분류 기준에 따라 나누고 고객의 전체 구매 여정을 추적할 수 있다.

이것을 잘 활용한 영유아 B브랜드사 사례가 있다. 이 기업은 분유를 주력으로 판매하고 일부 영유아 용품도 보유하고 있다. 고객층을 먼저 A-I-P-L 단계로 구분했다. 추가로 임신 몇 개월째인지와 구매력, 해외 직구 여부 기준까지 더해 타깃 고객을 최종 선정했다. 이렇게 선정된 타깃 고객을 대상으로 한 달간 개인 맞춤형 광고 마케팅을 진행했다. 예를 들어 구매력에 따라 각기 다른 가격대의 분유 제품을 노출하고 추천하며 서로 다른 광고 메시지를 보여줬다. 또한 광고를 클릭해 브랜드 스토어에 들어오면 고객별로 스토어 디자인과 상품 배치를 달리 했다. 개인화 서비스와 맞춤형 상품 광고를 제공하면서 최적의 쇼핑 경험을 제공하고자 노력했다.

한 달간 이벤트를 진행한 결과 [그림 2-7]에서 보듯이 고객 분포에 변화가 생겼다. 이벤트 전에는 인지(A) 수준에 머물러 있던 115만 명의 고객 중에서 이벤트 뒤 5만 2,000명이 관심(I) 고객으로 옮겨왔고,

기존 상품을 구매한 적 있는 구매(P) 고객 283만 명 중 16만 명이 재구매한 충성(L) 고객으로 편입됐다.

이렇듯 브랜드 데이터 뱅크는 전체 고객 자산 분포와 추이를 한눈에 볼 수 있게 한다. 동시에 이들이 A-I-P-L 단계 중 관심(I)에서 끝나는지 구매(P)에서 끝나는지 고객의 구매 동선도 확인할 수 있다.

그림 2-7 B브랜드사의 이벤트 전후 고객 통계 변화

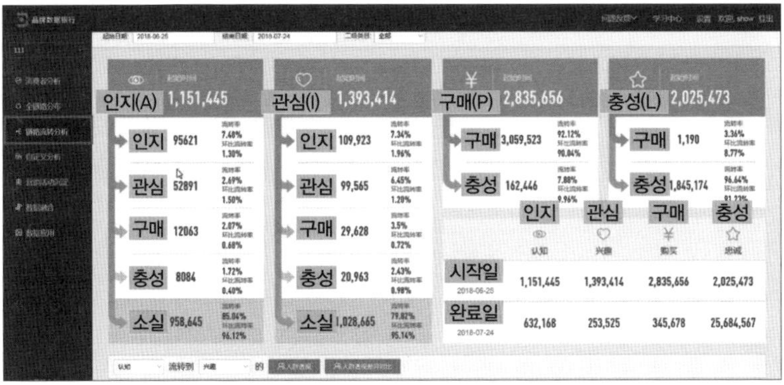

브랜드 데이터 뱅크에서는 고객을 뭉뚱그려 보지 않고 고객이 머물러 있는 각 구매 여정 단계에 따라 A-I-P-L 4가지 단계로 분류하고 그 분포 현황을 수치로 제공한다. 게다가 고객 연령, 지역, 직업 등 단순 신상 데이터와 구매 데이터 같은 물리적인 정보를 넘어 개인 취향과 관심 콘텐츠 등 개인의 질적인 성향 정보까지 수치화해 관리된다.

이를 통해 자신의 고객이 누구고, 어느 단계에 있는지, 무엇을 원하는지 브랜드와 관련된 정확한 고객 데이터를 '자산'처럼 관리할 수 있다. 이러한 고객 데이터의 양적·질적 세부 정보를 바탕으로 비로소 진정한 고객 구매 여정을 관리하는 것이다. 고객 데이터 자산 관리 시스템, 이것이 알리바바 브랜드 데이터 뱅크의 첫 번째 핵심 기능이다.

이제는
데이터를 활용한
마케팅이다

고객 데이터 자산을 관리하는 것에서 나아가 데이터에 기반한 다양한 활용 방안과 마케팅도 중요하다. 기업은 고객 정보와 현황을 확인한 다음에는 고객 데이터라는 '자산'의 활성화 방안을 고민하게 된다. 이 활성화 방안이 결국은 마케팅 활동이다.

기업은 매년 각기 다른 목적을 위한 서로 다른 마케팅 활동을 기획하고 예산을 배분한다. 어떻게 브랜드의 신규 인지도를 넓힐지, 어떻게 소비자와의 소통을 늘릴지, 어떻게 소비자 유입 경로를 다변화해 신규 구매를 늘릴지, 혹은 기존 고객 만족도를 높여 충성도를 고취시킬지 등 목적이 다양하다. 그러나 기존 방식의 마케팅 운용은 몇 가지 문제를 내포하고 있다.

첫째, 데이터에 기반하지 않은 마케팅은 정확도가 떨어진다. 자신의 브랜드에 이미 흥미와 관심을 보인 소비자가 어디에 있는지 알 수 없어 단순히 일반 대중을 대상으로 진행하는 게 일반적이다. 이럴 경우 정확하지 않은 타깃을 대상으로 한 것이니 마케팅 효과가 떨어지고 이후 결과 분석도 정확하지 않다.

둘째, 소비자를 분류하지 못하면 반복적인 고객 커뮤니케이션이 힘들다. 이상적인 마케팅은 연속적인 고객 커뮤니케이션을 통한 고객 활성화 작업이다. 이번 달 마케팅을 통해 초기 관심을 불러일으킨 소비자를 다음 달 마케팅을 통해 실제 구매로까지 전환하는 등의 연속적이고 반복적인 고객 커뮤니케이션이 이상적이다. 그러나 일반적으로 기업들은 고객을 자신의 울타리 내에 두면서 재접근하기 마땅치 않다. 또한 '구매-비구매'로만 구분할 뿐, 더 세분화된 고객 분류도 어렵다. 즉, 소비자에게 반복적으로 접근하고 그들의 구매 동선을 추적할 방안이 필요하다.

셋째, 채널별로 마케팅이 분절되면 고객 정보를 한곳에서 관리하기 어렵고 연속적인 고객 커뮤니케이션은 더 어렵다. 만약 마케팅이 텔레비전 매체, 인터넷 미디어, 소셜미디어, 라이브 방송 등 다채널을 통해 진행되면 수집되는 고객 정보가 한곳으로 축적되지 못할뿐더러 통합 관리는 더더욱 힘들다. 아직 많은 한국 기업은 이러한 부분들에 대해 뾰족한 해결책이 없는 상황이다. 그럼 이러한 난제에 대해 알리바바는 어떤 솔루션을 제시하고 있을까?

브랜드 데이터 뱅크의 가장 큰 장점은 고객 데이터 관리와 마케팅이 하나의 시스템 내에서 진행된다는 점이다. 확보하고자 하는 고객의 유형과 달성 목표치를 설정하고 마케팅 방식도 같은 페이지에서 취사선택할 수 있다.

[그림 2-8]은 홍보를 노출할 고객 유형과 마케팅 방식을 설정하는 페이지다. 기업은 우선 A-I-P-L 고객 분류에 따라 금번 캠페인 홍보 내용을 노출할 고객과 범주를 지정한다. 과거 한 달간 상품 페이지를 열어본 적 있는 유저인지, 혹은 과거 1년간 상품을 구매했던 유저인지 등 고객 유형을 먼저 선택한다. 기업은 고객의 취향 정보, 마케팅 실행 기간, 홍보 대상 품목 등 기타 원하는 조건까지 직접 설정할 수 있다.

이어서 집행하고 싶은 마케팅 채널과 방식을 선택한다. 예를 들어 고객 특징에 따라 추천 상품을 달리 보여주거나, 각각의 고객 위치 정보에 따라 서로 다른 매장 쿠폰을 제공하거나, 검색 광고와 소셜 커뮤니티 콘텐츠 광고 등 선택할 수 있는 마케팅 옵션은 매우 다양하다. 할인 이벤트를 진행할 때는 가격에 민감한 고객 유형에게만 집중적으로 노출하는 옵션도 가능하다. 기업이 설정하는 고객 범주와 목적, 마케팅 옵션에 따라 책정되는 광고 비용은 선택과 동시에 해당 페이지에서 바로 확인이 가능하다.

그림 2-8 홍보를 노출할 고객 유형과 마케팅 방식 설정 페이지

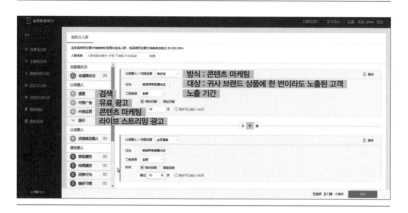

브랜드 데이터 뱅크가 제공하는 원스톱 마케팅 솔루션을 잘 활용한 식품 브랜드사를 일례로 들어보겠다. 이 브랜드사는 이미 티몰마트와 티몰 내수 채널에서 매출이 높았고 산하에 음료류와 캔디류 등의 상품군을 보유하고 있었다. 최근 이 브랜드사의 마케팅 그룹장 A가 알리바바 산하 마케팅 부문인 알리마마의 직원 B씨를 찾아가 말했다.

A : 저희가 이번에 새로운 음료 제품을 개발했습니다. 곧 출시될 예정입니다.

B : 네, 그룹장님. 기대하겠습니다. 저희가 무엇을 도와드리면 될까요?

A : 음, 이번에는 출시와 동시에 일부 충성 고객을 대상으로 저희가 준비한 한정판 증정품을 제공하고 싶습니다.

B : 그렇게 하시려는 이유를 여쭤봐도 될까요?

A : 저희는 판매량이 높은 브랜드지만 늘 충성 고객이 적다는 생각이 있었습니다. 이번 기회에 충성 고객을 늘리는 데 마케팅을 집중하고 싶습니다.

즉, 금번 마케팅의 의도는 신규 고객 확보가 아닌 기존 고객의 충성도를 높이는 것이었다. 이에 알리바바 마케팅 팀은 바로 실행 계획을 세우기 시작했다. 먼저 브랜드 고객 데이터를 분석해보니 알리바바 커머스 생태계 내 구매 고객은 300만 명에 달하고 그중 100만 명 이상이 2회 이상 구매한 충성 고객이었다. 하지만 문제는 100만 명의 충성 고객 대다수는 브랜드사 공식 스토어가 아닌 그들의 1, 2급 대리상이 운영하는 스토어의 구매 고객이었다. 정작 브랜드사 공식 스토어 고객 비율은 5% 미만이었다. 이러한 현황을 확인한 뒤 우선 이 충성 고객들을 브랜드사 공식 스토어 고객으로 전환하는 목표를 세웠다. 마케팅 팀은 2가지 유형의 타깃 고객층을 설정했다. 첫 번째 타깃은 구매 금액과 상관없이 365일 내에 두 번 이상 구매했고 아직도 활동 상태인 고객군이다. 두 번째 타깃은 180일 동안 두 번 이상 구매했고 구매 총액이 60위안(한화 약 1만 1,000원)을 넘는 충성도가 매우 높은 고객군이다. 즉, 재구매 고객 전체와 일부 충성도가 매우 높은 고객, 이렇게 2가지 유형을 선정한 것이다.

그런 뒤 2주 동안 신제품 출시를 알리는 판촉을 진행했다. 광고 링크를 통해 브랜드사 공식 스토어의 제품 상세 페이지로 들어온 고객 중 만약 목표로 설정한 유형에 해당되는 유저가 있다면 별도 증정품을 신청할 수 있는 링크도 같이 노출했다. 이러한 방식을 통해 그간 공식 스토어가 아닌 다른 1, 2급 대리상 채널로 제품을 구매해오던 충성 고객의 50%를 브랜드사 공식 스토어 고객으로 전환할 수 있었다. 동시에 충성도가 매우 높은 이 고객들은 금번 증정 이벤트를 자발적으로 외부 소셜미디어에 공유하면서 상당한 바이럴 효과도 일으켰다.

이렇듯 브랜드 데이터 뱅크는 고객 데이터를 공유함과 동시에 마케팅 실행 도구까지 같이 제공하는 원스톱 솔루션이다. 기업은 자사 고객 정보를 직접 관리하면서 부족하다고 느끼는 부분에 대해 곧바로 간편하게 마케팅을 집행할 수 있다. 정확한 데이터 분석을 기초로 하므로 그 효과는 매우 높다. 나아가 매회 진행하는 마케팅이 자사 고객 데이터 A-I-P-L 자산 증감에 어떤 영향을 미치는지도 바로 확인할 수 있다.

바꿔 말하면 마케팅은 그 자체가 목적이 아니라 오롯이 자신의 브랜드 고객 활동을 활성화시키는 수단으로서 기능한다. 고객 데이터 자산 관리가 마케팅과 유기적으로 연결돼 시너지를 내는 것, 이것이 알리바바 브랜드 데이터 뱅크의 두 번째 핵심 기능이다.

온라인과 오프라인 고객 데이터를 통합하라

　알리바바 브랜드 데이터 뱅크의 세 번째 핵심 기능은 기업이 온라인과 오프라인 고객 데이터를 통합 관리할 수 있도록 지원한다는 점이다. 기업이 고객 데이터를 확보하기 위해 활용하는 채널은 매우 다양하다. 예를 들어 쇼핑몰 전자상거래 사이트 채널 혹은 오프라인 매장을 방문하는 구매 고객군을 확보한다. 신문이나 텔레비전 등 매체 광고를 진행해 브랜드를 막 인지하기 시작한 고객군도 확보한다. 또한 브랜드 공식 홈페이지를 통해 가입한 회원 정보도 자체 보유하며 소셜 커뮤니티 등에 마케팅 비용을 들여 상품을 바이럴 홍보해 여기에 '좋아요'를 누른 관심 고객군도 확보하고 있다. 이렇듯 고객 데이터를 확보하는 채널은 온라인과 오프라인 채널에 걸쳐 다양하다. 그뿐만 아니라 수집되는 데이터의 유형 역시 제각각이다. 구매 데이터, 활동 데이터, 회원 가입 데이터, 대중의 관심도 데이터, 구매자 선호 취향 데이터, CRM 데이터 등 서로 다른 유형의 데이터가 존재한다.

이는 기업 측면에서 보면 애로점으로 작용하기도 한다. 왜냐하면 기업이 필요한 고객 데이터가 온라인과 오프라인 여러 채널에 분산돼 있는 것을 의미하기 때문이다. 그렇다고 이것을 관리하기 위한 채널별 전담 인력을 배치하기에는 운영 부담이 크다. 동일 고객이 중복돼 있지만 현황을 파악하지 못해 불필요한 마케팅 비용이 나가기도 한다. 또한 온라인과 오프라인 채널들이 서로 분절돼 있어 온라인 회원을 오프라인 매장으로 유치하거나 오프라인 구매 고객을 온라인으로 재방문시키는 등의 통합적인 회원 관리도 어렵다. 이렇듯 고객 데이터는 기업의 브랜드 관리에 매우 필수적인 요소지만 그 확보와 효율적 관리가 어려운 것도 사실이다.

알리바바는 이러한 기업들의 고충에 주목했다. 그래서 브랜드 데이터 뱅크에서 온라인과 오프라인 고객 데이터를 통합 관리할 수 있는 기능을 제공하게 됐다. [그림 2-9]에서 기업은 자체 보유한 기존 오프라인 고객 정보를 브랜드 데이터 뱅크에 업로드할 수 있다. 정보는 이메일, 신분증 번호, 휴대전화 번호, 휴대전화 IMEI(단말기 고유식별번호), MAC 주소(네트워크기기 고유번호) 등을 선택 가능하며 표

형태로 데이터를 저장하는 CSV^{Comma Separated Values} 파일로 암호화해 업로드한다.

그런 다음 알리바바는 ID 매핑 기술을 이용해 산하 생태계 10억 명의 고객 데이터와 매칭시킨다. 매칭과 분석 작업을 통해 하나로 융합된 고객 데이터는 다시 기업이 활용할 수 있는 형태로 제공된다. 간단히 말해 기업은 자사가 보유한 외부 고객 데이터와 알리바바의 내부 고객 데이터를 브랜드 데이터 뱅크를 통해 하나로 통합시키는 것이다. 이를 통해 기업은 온라인과 오프라인 채널에 흩어져 있던 고객 데이터를 한곳에서 관리할 수 있다는 장점이 있다.

그림 2-9 오프라인 고객 데이터 업로드 페이지

사실 이 개념은 중국에서는 가능하나 한국에서는 쉽지 않을 것이다. 한국에는 일련의 고객 데이터를 업로드하면 검색해서 바로 매칭해내는 완결된 형태의 방대한 고객 데이터를 보유한 플랫폼이 적기

때문이다. 이 개념은 알리바바가 전 세계 최초로 구현해냈다. 하지만 서비스 출시 초기에는 개인 정보 보안이 지켜지겠냐는 기업들의 우려도 많았다. 하지만 이 서비스는 중국 국가 법률 및 국제표준 정보보호 안전 인증인 ISO27001에 따라 정보의 보관, 사용, 전송, 활용 주기 등 일체 규범을 준수한다. 현재는 많은 글로벌 브랜드 기업이 서비스 효과를 경험했고 역으로 기업들의 요청이 쇄도하는 중이다.

구체적으로 어떻게 온라인과 오프라인 고객을 통합 관리할 수 있는지 기업 사례를 살펴보자. 먼저 외부 텔레비전 매체 광고에 노출된 유저 현황을 파악하고 이를 자신의 고객 데이터 자산으로 편입시킨 한 식품 브랜드 A사 이야기다. A사는 올해 큰 비용을 들여 유튜브와 텔레비전 매체 광고를 집행해 50만 명에게 브랜드를 노출했다. 하지만 이 유저들이 과거에 상품을 산 적 있는 구매(P) 고객인지, 처음 광고에 노출된 인지(A) 고객인지 알기 어려웠다. 이들을 대상으로 구매 촉진을 위해 2차 마케팅을 하고 싶었지만 어딜 가야 이들을 다시 찾을 수 있을지도 막막했다.

이를 해결하기 위해 브랜드 데이터 뱅크와 협업을 시작했다. 50만 명 유저의 휴대전화 정보를 시스템에 등록했다. 기존 알리바바 유저 ID와 매핑한 결과 85% 고객이 알리바바 생태계 고객과 일치함을 발견했다. 또한 A-I-P-L 기준에 따라 고객 유형을 분류한 결과 기존 구매 고객 외에도 인지(A)와 관심(I) 단계에 있는 약 8만 명의 잠재 고객군도 발견할 수 있었다. 또한 브랜드 데이터 뱅크에서 추가로 제공하는 고객별 성별, 연령, 지역, 구매력, 성향 등 고객 데모그래픽 정보까지 활용해 2차 마케팅을 진행할 최종 타깃 고객군을 설정할 수 있었다. 그 결과 약 2만 명이 재구매를 했고 기존 인지(A)와 관심(I) 단계에 있던 고객 중 25%를 구매(P) 단계로 전환하는 성과를 거뒀다.

조금 다른 사례로 B브랜드사가 있다. 이 기업은 SNS와 매체 광고를 통해 이미 상당수의 팬덤을 보유하고 있었다. '구독', '좋아요' 등 팬은 상당히 많았으나 시간이 지날수록 고민이 생기기 시작했다. 일방적으로 홍보 메시지를 올리는 것 외에는 기업이 추가로 할 수 있는 일이 없었던 것이다. 왜냐하면 이 고객들이 어떤 연령대와 성별을 가지고 있으며, 거주 지역은 어디인지, 어떤 특징과 취향을 가졌는지, 어떤 구매 성향이 있는지 등의 다면적인 데이터가 부족했기 때문이었다.

이를 해결하기 위해 브랜드 데이터 뱅크와 협업했다. 먼저 보유한 자사 SNS 채널의 고객 데이터를 브랜드 데이터 뱅크에 업로드했다. 그 결과 90% 이상이 알리바바 유저 ID와 겹치지 않는 신규 고객임을 발견했다. 이에 B사는 개별 유저의 특징에 맞춰 각기 다른 맞춤형 광고를 기획하고 집행했다.

그 결과 광고 클릭률이 업계 평균 수치의 2.5배를 넘어 많은 인지(A)와 관심(I) 단계 고객을 확보할 수 있었다. 또한 일부 고객은 두 단계를 건너뛰고 바로 상품을 구매하는 구매(P) 단계 고객으로 올라서기도 했다. B사는 대단히 만족했다. 과거에는 팬들을 대상으로 단방향 메시지를 전달하거나 일회성으로 끝나는 소통만 가능했지만, 이제는 A-I-P-L 체계에 따라 고객을 분류하고 활용할 수 있게 된 것이다.

브랜드 데이터 뱅크를 잘 활용한 또 다른 사례로 C 화장품 브랜드사가 있다. 온라인을 통해 오프라인 소비자를 활성화하고 증가시키는 옴니채널 마케팅까지 진행한 사례다. C사는 웬만한 백화점에 입점해 있고 자체 오프라인 매장도 가진 중형급 브랜드사다. 이 기업의 요구 사항은 온라인 고객을 자사 오프라인 매장으로 방문시켜 매장 매출을 늘리게 하는 것이었다.

기존 오프라인 고객 정보를 브랜드 데이터 뱅크에 업로드해 분석한 결과 오프라인 매장과 온라인 고객 사이에는 큰 차이가 있음을 발견했다. 온라인 고객은 1선 도시 비율이 높았지만 오프라인 고객은 2, 3선 도시 비율이 높았다. 온라인에서는 미혼 유저 비중이 10%에 불과했으나 오프라인은 40%로 매우 높았다.

이러한 분석에 기반해 실행에 들어갔다. 먼저 마케팅을 진행할 타깃 고객을 선정했다. 온라인상에서 상품을 구매한 적 있거나 오프라인 매장 할인 쿠폰을 클릭 혹은 수령한 고객이 1차 대상이었다. 또한 고객 예측 데이터 모델링 기법을 통해 기존 온라인과 오프라인 고객과 특징이 유사한 잠재 고객까지 발굴해 2차 대상을 추가 선정했다. 이렇게 선정된 고객군을 대상으로 브랜드 노출 광고를 하고 근처 오프라인 매장으로 유도하는 쿠폰과 할인 이벤트, 서비스 체험 이벤트 등을 진행했다. 그 결과 해당 기간 동안 오프라인 매장 매출이 15% 상승하는 효과를 거뒀다.

알리바바 브랜드 데이터 뱅크는 기업이 온라인뿐만 아니라 오프라인 채널의 고객까지 하나의 시스템에서 함께 관리할 수 있게 한다. 나아가 온라인과 오프라인의 경계를 넘나들며 자신의 고객 데이터 자산을 넓히거나 활성화하는 등의 운영과 마케팅도 가능하다. 이것이 바로 브랜드 데이터 뱅크가 지향하는 온라인과 오프라인 통합 고객 관리다.

알리바바가 바라보는
빅데이터의 미래는?

2020년 12월 19일 알리바바그룹 CEO 장융이 전 직원에게 보낸 이메일에서 빅데이터의 중요성을 다시 한번 강조했다. "알리바바그룹 창립 20주년을 맞이해 알리바바가 미래 데이터 경제 시대를 대비할 3대 핵심 전략을 선언합니다. 그것은 글로벌화, 내수, 빅데이터입니다." 현재까지 알리바바는 전자상거래, 로컬 서비스, 엔터테인먼트, 클라우드 등 전체 사업 영역에 걸쳐 빅데이터 전략을 가속화하고 있다.

과거 알리바바의 빅데이터 운영 방침은 자사 생태계 강화를 위한 폐쇄형 전략이었다. 마케팅, 지불·결제 서비스, 물류, 창고 등 운영 기반에 데이터 경영을 도입해 알리바바 자체 판매 환경을 강화하고 매출을 증진하는 게 최우선이었다.

그러나 2020년부터 전략에 변화가 생겼다. 빅데이터를 활용하는 최종 주체는 더 이상 알리바바가 아니라 알리바바와 협력하는 외부 기업이 된 것이다. 알리바바는 신기술과 데이터를 개방하고 외부 기업이 이를 활용해 데이터 경영을 실천하도록 지원하는 데 역량을 집중했다.

예를 들어 기업이 기존의 단순 관심 고객을 구매 고객으로 더 많이 전환하도록 고객 데이터 분석 도구를 제공했다. 또한 디자인부터 생산에 이르기까지 고객 수요에 맞는 신제품을 출시하도록 기업에게 시장 데이터와 트렌드 상품 정보 데이터를 지원했다. 전통 제조기업도 알리바바의 신기술과 빅데이터 로직을 활용해 조직, 운영, 생산 같은 분야의 프로세스를 변혁하기도 했다.

그 예가 1972년 창립한 중국 안경 브랜드 포르모사宝岛眼镜, Formosa-optical다. 알리바바의 기업형 메신저인 딩딩钉钉, Dingtalk을 도입해 오프라인 매장 직원이 대응하는 고객 서비스를 티몰 브랜드 온라인 스토어에서 누릴 수 있도록 온라인과 오프라인 고객 관리와 매출을 일원화했다. 또한 시력 측정 설비와 서버 세팅에 알리바바 빅데이터를 활용했고 고객의 시력, 안저, 피로도 등의 데이터를 한곳으로 통합하는 변화를 단행했다.

이렇듯 알리바바는 앞으로도 자사 데이터 기반을 공유해 외부 산업의 환경 혁신과 외부 기업의 경영 혁신을 촉진하는 기조를 계속할 것이다. 디지털, 인공지능, 신기술을 기반으로 데이터 수집과 분석, 운영 시스템을 구축하고 이를 외부 기업이 쉽게 접근해 활용할 수 있는 시스템을 지속적으로 고도화할 것이다. 데이터와 신기술을 공유하고 공동으로 혁신하자는 빅데이터 공생 전략, 이것이 알리바바가 추구하는 빅데이터의 미래 모습 중 하나다.

이런 빅데이터 공생 전략 실행을 위해 알리바바는 내부 서비스 체계와 조직 구성, 데이터 시스템부터 재단장했다. 과거 별개 사업부로 존재했던 알리바바 광고 사업부인 알리마마를 2020년 12월 당시 타오바오와 티몰 총재였던 장판蔣凡으로 하여금 총괄 담당하게 하면서 광고 서비스와 전자상거래를 유기적으로 연결하는 변화를 꾀했다.

이후 2021년 12월에는 알리바바그룹 공동 창립자 중 하나인 다이산戴姗이 넘겨받으면서 새롭게 스마트 데이터 운영 시스템을 주창한다. 이는 디지털 인텔리전스Digital Intelligence 방식에 따라 고객(人), 상품(货), 환경(场)을 상호 연결한 시스템을 의미한다.

이 3가지 시스템을 하나씩 살펴보자. 고객(人)이 의미하는 바는 신상 데이터와 구매, 행동, 취향 데이터 외에도 선호 미디어와 콘텐츠 정보, 외부 커뮤니티 활동 정보 등 정형화되지 않은 고객 데이터까지 포함한다. 알리바바는 이를 유의미하게 활용할 수 있도록 고객별 성숙도에 따라 A-I-P-L 단계로 분류하고 수치화해 외부 기업에게 제공하고 있다.

상품(貨)은 구매 패턴 예측 기법을 통해 고객별로 최적의 상품을 추천해 판매 효과를 높인다는 의미다. 상품을 더 많이 노출하기 위해 기업에게 검색 광고, 소셜미디어 마케팅, 라이브 방송, 노출과 클릭 광고, 맞춤형 통합 마케팅 패키지까지 제공한다.

환경(場)은 고객 커뮤니케이션과 상품 판촉이 이뤄질 수 있는 노출 환경을 전방위적으로 구축한다는 의미다. 알리바바 생태계 산하 내부 채널 외에도 소셜 커뮤니티, 라이브 방송, 뉴스 매체 등 외부 채널까지 포괄하며 온라인과 오프라인 경계가 없는 옴니채널 환경을 의미한다.

미래에도 알리바바는 빅데이터를 고객, 상품, 구매 환경과 유기적으로 연결시키면서 진화할 것이다. 알리바바 생태계가 신규 고객을 확보하고 도달하는 고객 커뮤니케이션 채널로 변신하는 동시에, 상품 홍보를 위한 광고와 마케팅 상품을 기업을 대신해 기획하고 판매하는 광고 플랫폼으로 변신한다는 의미다. 아울러 고객과 상품을 유기적으로 매핑하고 이를 내부와 외부 채널까지 확장해 홍보하는 매체 플랫폼이 된다는 의미다.

알리바바는 더 이상 전자상거래 기업이 아니다. 단순한 빅데이터 기업도 아니다. 빅데이터 고도화를 통해 고객 관리뿐만 아니라 전자상거래와 광고 매체가 결합한 새로운 플랫폼으로 진화하고 있다. 이것이 알리바바가 새로운 빅데이터 시대를 준비하는 미래 진화 모습 중 하나다.

3

고객과 마케팅은
분리되지 않는다
: 개인화 고객 관리
핵심 전략

어떻게
개인화 운영을
할 것인가

과거 소비자들은 필요 때문에 혹은 욕구 충족을 위해 상품을 구매했다. 그러나 최근 소비 패턴은 과거와 크게 달라졌다. 소비자는 각자 자신의 소신과 가치에 따라 소비하는 특징을 보인다. 단순히 상품의 질이나 기업 이미지에만 의존하지 않고 각자의 기준에 따라 구매를 결정한다. 또한 인터넷 미디어와 스마트폰의 발달로 정보와 상품을 접할 수 있는 채널도 무수히 많아졌다.

기업 측면에서 보면 소비자에게 도달하는 접점 채널이 무수히 분산된 것이고 더 이상 대중을 겨냥한 메시지가 아닌 개인별로 맞춤화된 커뮤니케이션이 필요해진 것을 의미한다. 마케팅 전문가 필립 코틀러Philip Kotler의 이론에 따르면 품질을 어필하는 마케팅 1.0시대, 소비자 니즈에 어필하는 마케팅 2.0시대, 사회적 가치와 기업에 대한 믿음을 어필하는 마케팅 3.0시대, 디지털 환경으로 전환하는 마케팅 4.0시대를 지나 현재는 인간을 위한 디지털 기술을 구현하는 마케팅 5.0시대를 맞이하고 있다고 한다. 그의 저서 《필립 코틀러 마켓 5.0Marketing 5.0: Technology for Humanity》에서 그는 마케팅 5.0시대를 이렇게 설명하고 있다. "우리는 궁극적으로 기술적 지원에 힘입어 개별적 차원에서 맞춤화되고 개인화된 1:1 마케팅 시대가 도래할 것으로 믿는다. 미래의 마케터는 각각 특별한 기호와 행동에 따라 세분화된 시장을 상대할 것이다." 즉, 소비자는 앞으로 기업이 자신들을 더 이해하고 더 개인화된 경험을 제공해주기를 기대할 것이다.

소비자 집단의 달라진 소비 취향과 구매 패턴에 따라 기업들의 고객 커뮤니케이션을 위한 실행 방식도 진화하고 있다. 나이키Nike가 대표적 사례다. 제품의 기능과 기업의 사회 공헌 이미지에 어필하던 기존 광고를 대폭 줄였다. 대신 소비자가 운동선수가 되어 자신의 운동 기록과 성과를 애플리케이션으로 관리하고 친구들과 공유하면서 자아실현을 할 수 있게 지원한다는 기업 이미지를 내세웠다. 이전의 나이키 마케팅은 소비자 구매 활동을 최종 도착지로 바라보았다면, 지금은 구매를 출발선으로 하여 소비자가 새로운 경험을 통해 스스로 자아실현을 하기 위한 것으로 구매 활동을 홍보하고 있다.

그러나 이것에도 허점은 있다. 기업의 홍보 마케팅이나 고객 커뮤니케이션 활동이 자칫 대중을 향한 범용적인 메시지가 되기 쉽기 때문이다. 나이키 사례 역시 소비자의 자아실현을 돕는다는 제품 철학과 기업 이미지 홍보 내에서 개인화된 메시지는 부족하다. 남녀노소 개인별로 브랜드를 인지하는 정도가 다르고 취향도 다르다. 각기 다른 특징을 가진 개인에게 맞춤화된 광고 메시지를 전달하는 정교한 개인화 운영이 필요한데, 이 점에서 나이키는 아직 미약한 편이다.

나이키는 좀 더 정교화된 개인화 마케팅과 고객 관리 차원에서 고객과 직접 거래하는 D2C^{Direct to Consumer} 전략을 취하고 있다. 2019년 11월 아마존에서 철수한 뒤 나이키는 자사 쇼핑몰과 애플리케이션을 구축하면서 개인화 운영에 필수적인 고객 데이터를 확보하고 있다. 나아가 2022년 사업보고서에서 나이키는 D2C 전략의 연장선상에서 타깃 고객층을 남성과 여성, 아동으로 구분하고 이에 맞춰 운영 조직을 조정하겠다는 계획을 발표했다.

그 어떤 마케팅 방식과 홍보 방안을 실행하더라도 핵심은 데이터에 기반한 정교한 개인화 운영이다. 고객 현황이 어떤지 데이터로 파악하고 고객에 맞춰 맞춤형 마케팅과 홍보를 함으로써 고객을 지속적으로 관리하고 활성화하는 게 관건이다. 그렇다면 개인화 운영에 필요한 핵심 요건은 무엇이고 가장 이상적인 운영 관리 모습은 어떠할까?

먼저 고객 데이터의 양적·질적 현황을 파악하고 있어야 한다. 고객의 신상 정보, 구매 정보, 취향 정보 등을 숫자로 환산한 정확한 고객 현황 지표 및 증감 추이와 타사 및 동종 업계 대비 비교 지표 등을 정량화해 파악해야 한다. 여기서 고객의 의미는 실제 구매 고객 외에도 잠재 소비자까지 포함한다.

그다음은 브랜드에 대해 서로 다른 인지 단계에 놓인 고객을 분류한다. 브랜드를 전혀 모르는 잠재 고객, 들어본 적 있는 고객, 일정 방식으로 관심을 표출한 적 있는 고객, 실제 구매한 고객, 재구매까지 진행한 충성 고객 등이 그것이다. 분류 고객을 대상으로 개인별로 서로 다른 광고 메시지를 노출하면서 반복적으로 접근한다. 브랜드 이름 정도를 들어본 적 있는 단순한 인지 고객을 브랜드에 대해 흥미를 표현하게 만들고 나아가 상품을 구매하게끔 하는 등 고객의 전체 구매 여정을 관리하는 것이다. 이것이 정교한 개인화 운영의 구체적인 모습이다. 데이터에 기반한 고객 현황 관리, 이것이 개인화 고객 경영을 가능하게 하는 핵심 요소며 결국 고객의 전체 구매 여정을 관리하는 정교한 마케팅을 실행할 수 있게 한다.

사실 정교한 개인화 운영에 대한 중요성은 인지하지만 실제로 구현하기는 현실적으로 어려운 것도 사실이다. 이유는 필요한 고객 데이터베이스와 운영 시스템을 자체 구축하기가 쉽지 않아서다. 한국의 브랜드사는 나이키처럼 데이터의 수집과 분석, 운영 솔루션을 구축하는 데 많은 비용을 투자하기 쉽지 않고 고객 데이터베이스가 될 회원 숫자도 많지 않다.

리테일 유통 기업도 마찬가지다. 한국에서는 수집할 수 있는 개인 정보가 제한돼 있고 자사 쇼핑몰 구매 실적 외 해당 고객의 360도 전방위적인 기타 정보는 얻기 힘들다. 예를 들어 쿠팡이라는 리테일 기업은 자사 애플리케이션에서 기저귀를 구매한 고객의 주소, 객단가, 구매 빈도 정도는 알 수 있지만 고객이 어떤 미디어 콘텐츠를 즐겨 보는지, 소셜미디어에서 보이는 성향은 어떤지, 오프라인 매장에서 주로 구매하는 상품은 무엇인지, 쿠팡에서 구매하지 않은 상품에 대한 취향은 어떤지 등의 전방위적인 정보는 알기 어렵다.

중국 기업들은 어떨까? 중국 기업들은 수년 전부터 4차 산업혁명 기술을 리테일 산업에 도입하면서 개인화 마케팅 운영 방식을 활발하게 실행하고 있다. 이에 전 세계 글로벌 리테일 기업과 브랜드사도 중국 사례를 벤치마킹하면서 유사한 방향으로 변화를 시도 중이다.

다음 소단원에서 데이터 기반의 정교한 고객 운영과 마케팅을 구현하고 있는 알리바바 사례를 집중적으로 살펴보겠다. 알리바바는 2019년 이전부터 고객의 양적·질적 데이터를 지표화하고 빅데이터 분석에 기반해 고객의 전체 구매 여정을 관리하며 고객을 활성화시키는 방식을 보여주고 있다.

물론 중국은 일부 공룡 기업이 시장을 독점하고 있고 개인 정보 활용에 대한 정부 정책도 달라 한국의 리테일 환경과 동일선상에서 비교할 수 없다. 하지만 데이터 기반의 개인화 고객 운영이라는 영역에 대해 이들이 설계하고 있는 비즈니스 로직과 핵심 요소에 대한 이해는 필요하다. 점점 더 세분화되는 개인화 고객 운영이라는 큰

흐름에 대응하고 우리만의 전략 방향을 짜는 데 좋은 참고가 될 것
이다.

알리바바 전략의 핵심
: 3대 고객 관리 모델

알리바바는 중국 시장에서 최고의 마케팅 기업이다. 그러나 데이터 기반 경영을 통해 고객에게 차별화된 경험을 제공하며 성공을 거뒀지만 구체적으로 어떻게 구현하고 관리하는지는 잘 알려지지 않았다. 알리바바가 구사하고 있는 고객 관리 전략과 방법론은 무엇인지 알아보자.

알리바바는 A-I-P-L, F-A-S-T, G-R-O-W 3가지 모델 이론을 고객 관리에 적극적으로 활용하고 있다. 이 3가지 기법을 적용하기 위한 고객 데이터 출처는 알리바바 자사 생태계에서 확보한 10억 명의 고객에게서 나온다. 이 고객 데이터를 유의미한 데이터로 가공하고 분석해 마케팅에 활용할 수 있게 하는 기반 솔루션은 알리바바

클라우드의 '퀵오디언스Quick Audience'다. 또한 가공되고 분석된 고객 데이터는 브랜드 데이터 뱅크를 통해 입점 기업에게 개방해 기업은 자사 브랜드의 고객 데이터를 직접 관리할 수 있다.

그림 2-10 알리바바 3대 고객 관리 모델

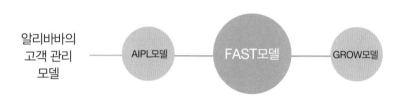

알리바바의 첫 번째 고객 관리 모델은 A-I-P-L이다. 이 모델은 고객이 상품이나 서비스를 구매하기 전부터 구매 후까지 전 과정을 4가지 단계로 분류하고, 각 단계 고객의 니즈에 맞게 적절한 마케팅 전략을 수립하면서 고객을 관리하는 모델이다. 앞서 살펴봤듯 4가지 단계는 다음과 같다. A(Awareness, 인지)-I(Interest, 관심)-P(Purchase, 구매)-L(Loyalty, 충성)로, 먼저 각 단계에 속한 고객의 수를 파악한다.

그런데 각 분류 기준에 따른 고객 수는 실시간으로 변한다. 분류별로 증가할 수도 감소할 수도 있다는 말이다. 기업은 알리바바 브랜드 데이터 뱅크에 접속해 자사 고객 데이터를 관리하면서 고객 수가 줄어든 영역은 고객 수를 늘리기 위해 노력하고, 고객 수가 늘어난 영역은 어떻게 이런 결과가 나올 수 있었는지 연구한다.

그림 2-11 A-I-P-L 모델

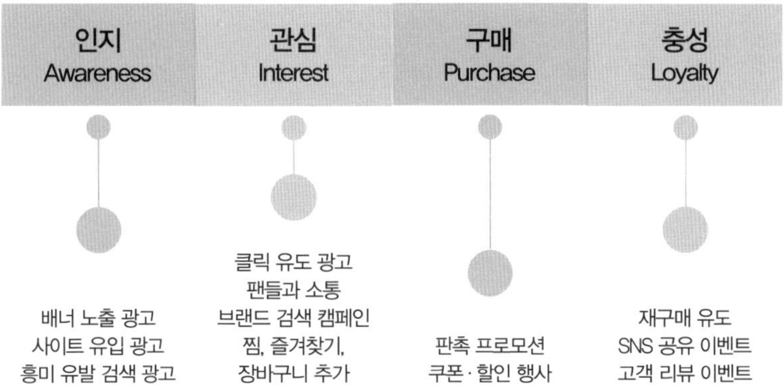

인지 Awareness	관심 Interest	구매 Purchase	충성 Loyalty

배너 노출 광고
사이트 유입 광고
흥미 유발 검색 광고

클릭 유도 광고
팬들과 소통
브랜드 검색 캠페인
찜, 즐겨찾기,
장바구니 추가

판촉 프로모션
쿠폰·할인 행사

재구매 유도
SNS 공유 이벤트
고객 리뷰 이벤트

4가지 분류 기준 중 인지(A)와 관심(I) 단계는 브랜드를 처음 인지한 잠재 고객군을 의미한다. 배너 노출 광고나 대중을 겨냥한 홍보 캠페인 등을 통하면 더 많은 신규 소비자가 브랜드 인지(A) 단계 고객이 된다. 그다음은 기업이 브랜드 애착을 형성시키는 홍보를 진행해 인지(A) 단계 고객을 다음 단계인 관심(I) 단계로 진입시킨다. 마지막으로는 구매를 촉진하는 판촉 활동을 통해 두 단계 고객을 구매(P)와 충성(L) 단계로 구매 전환할 수 있도록 관리한다. 이렇듯 고객을 4가지 단계로 구분하고 각 단계의 고객 상황에 맞는 마케팅을 집행한다는 개념이 A-I-P-L 마케팅 모델이다. 인지(A) 단계부터 관

심(I), 구매(P), 충성(L)에 이르기까지 고객의 전체 구매 여정을 따라
가면서 수치와 맞춤화해 관리하는 데 최적의 기법이다.

알리바바의 두 번째 고객 관리 모델은 F-A-S-T다. 이는 A-I-
P-L 모델을 기초로 하며, 각 단계별 고객 활성화율과 충성화율 등
질적 지표를 관리하는 기법이다. A-I-P-L 모델이 브랜드의 총 고
객 수나 증감 추이 등 양적 지표를 집중해 관리하는 것과 대비된다.
또한 F-A-S-T 모델하에서는 신규 고객과 기존 고객의 질적 지표
를 구분해 파악할 수 있다.

그림 2-12 F-A-S-T 모델

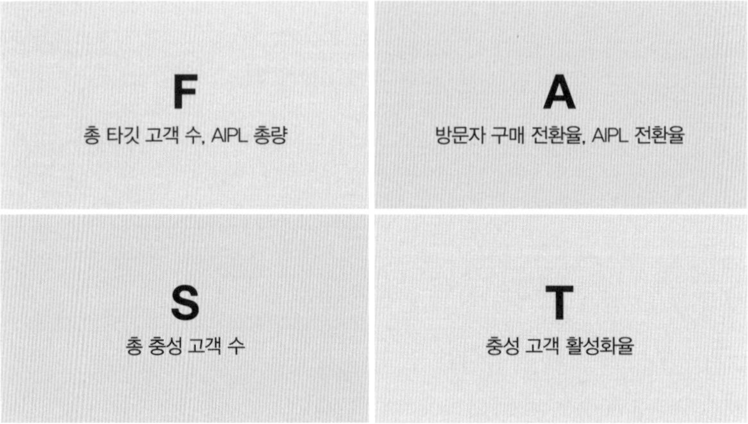

F 총 타깃 고객 수, AIPL 총량	**A** 방문자 구매 전환율, AIPL 전환율
S 총 충성 고객 수	**T** 충성 고객 활성화율

앞의 2가지 기준인 F(Fertility, 총 타깃 고객 수)와 A(Advancing, 방문자 구매 전환율)는 신규 고객의 활성화 정도를 의미한다. 어떤 브랜드의 인지(A) 단계 고객 수가 차지하는 비중이 동종 카테고리 평균 대비 부족한지 아닌지를 진단할 수 있다. 혹은 관심(I) 단계에서 구매(P) 단계로 넘어가는 구매 전환율이 타 기업보다 낮은지 여부도 분석할 수 있다.

뒤의 2가지 기준인 S(Superiority, 총 충성 고객 수)와 T(Thriving, 충성 고객 활성화율)는 재구매한 충성 고객을 관리하는 지표다. 이 지표는 F-A-S-T 모델에서 진가를 발휘하는 영역이다. 어떤 기업을 막론하고 기존 구매 고객과 로열 회원은 매우 중요한 자산이 아닐 수 없다. 이들의 현황과 건전성을 분석한 정보를 바탕으로 적절한 프로모션과 마케팅을 집행할 수 있다. 만약 S 수치가 동종 업계 대비 부족하다고 진단될 시 여러 커뮤니티 채널 내 소통을 강화하면서 회원을 팬층으로 유입시킨다. 혹은 T가 평균 대비 낮을 경우 이들만을 대상으로 재구매를 촉진하는 판촉 활동을 할 수도 있다.

즉, 브랜드 고객 수를 늘린다는 의미는 모든 사람을 향해 할인 행사를 하는 것이 아니다. 부족한 영역이 무엇인지 질적 진단을 바탕으로 해당 영역의 고객에게만 적절한 혜택을 부여함으로써 고객 만족도를 높이는 것이다. 그러면 최소 비용 투여만으로도 고객 수를 늘릴 수 있다.

이렇듯 기업의 마케팅 활동은 고객 현황과 미진한 부분이 무엇인지 등 양적·질적 지표에 대한 정확한 진단을 바탕으로 이뤄지면 좋다. 전환율을 높이는 할인 행사를 기획할 때도 전체 회원을 대상으로 공개적·대중적으로 진행할지, 아니면 특정 회원만 대상으로 선택적으로 진행할지를 정한다. 만약 회원 전체의 구매 전환율은 문제없지만 특정 회원층, 예를 들어 관심(I)만 표시한 고객이 구매(P)로 넘어가는 비율이 과거 대비 줄었거나 업계 평균 대비 저조하다면 이들만 대상으로 할 수 있다. 고객에 대한 현황 분석이 되면 그에 맞는 정확한 판촉 방식과 프로모션 채널을 선택해 기업의 마케팅 효율을 높일 수 있다.

알리바바의 세 번째 고객 관리 모델은 G-R-O-W다. 매출 성장을 일으키는 주요 요소를 4가지로 정의한다. G(Gain, 시장 침투율)를 높일수록, R(Retain, 구매 빈도)을 높일수록, O(bOOst, 고객 객단가)를 높일수록, W(Widen, 품목 및 상품 확장)를 높일수록 매출이 성장한다는 논리다. G-R-O-W 모델은 주로 화장품, 음료, 건강보조제, 생필품 등 일용 소비재 FMCGFast Moving Consumer Goods 위주로 적용되는 고객 관리 방식이다. 이 4가지 요소를 강화하기 위해 취해야 할 각각의 마케팅 기법은 서로 다르다. 구체적인 것은 [표 2-3]에 정리했으며 간략히 소개하면 다음과 같다.

표 2-3 G-R-O-W 모델

구분	계산법	활성화 방안
시장 침투율 G(Gain)	(금년도 구매자 수 - 전년도 구매자 수) ×전년도 인당 구매 횟수 ×전년도 건당 구매액	• 트렌디 제품, 한정판, IP 콜라보 등 차별화 신제품 출시 • 데이터 기반 맞춤형 광고를 통해 신규 잠재 고객 및 구매 고객 확보
구매 빈도 R(Retain)	(금년도 인당 구매 횟수 - 전년도 인당 구매 횟수) ×금년도 구매자 수 ×전년도 건당 구매액	• 휴면 고객 및 유실 고객을 대상으로 고객 재활성화 프로모션 • 기존 고객 만족도 제고를 위한 활동 (ex. 멤버십, 고객 소통 등)
고객 객단가 O(bOOst)	(금년도 건당 구매액 - 전년도 건당 구매액) ×금년도 구매자 수 ×금년도 건당 구매액	• 새로운 부가가치를 창출하는 반복 구매 유도(ex. 신기능 및 신규 디자인, 지난 상품의 신상품 교체 등) • 품목과 상품의 수평적 확장(ex. 행동 예측을 통한 신상품 추천, 세트 패키징을 통한 구매 수량 확대)
품목 및 상품 확장 W(Widen)	-	• 기존 산업만으로 성장 한계에 부딪힐 경우 신규 시장, 신규 품목, 신규 고객 겨냥

첫째, 시장 침투율(G)을 높이기 위해서는 기존에 없는 신제품을 출시해 새로운 회원을 모객해야 한다. 또한 구매 행동 예측을 통해 완전히 새로운 잠재 고객을 유인하기도 한다.

둘째, 구매 빈도(R)를 높이려면 오랜 기간 활동이 없는 휴면 고객 혹은 유실 고객을 끊임없이 컨택해야 한다. 동시에 기존 고객에게는 충성도 강화를 위한 별도 혜택도 제공한다. 대다수의 식품 업계가 구매 빈도를 높이는 마케팅 활동에 주력한다.

셋째, 고객 객단가(O)를 높이기 위해서는 반복 구매를 유도하도록 제품의 기능과 디자인 등을 개선해야 한다. 혹은 기존 고객의 구매 성향 분석과 예측을 통해 끼워 팔거나 패키지 판매를 할 수 있는 신규 품목이나 상품을 출시하기도 한다. 주로 화장품 업계가 해당된다.

넷째, 품목 및 상품 확장(W)을 높이기 위해서는 완전히 새로운 시장에 진출해 신규 고객을 개척해야 한다. 식품으로 창업한 마켓컬리가 2022년 '뷰티컬리'를 추가로 선보이면서 화장품 시장까지 확장한 게 해당된다. 아마 여성 고객의 비율, 인당 소비력, 고급 상품을 지향하는 고객 취향, 한국 화장품 산업 전망 등 다각도의 사업 분석을 통해 내린 결정일 것이다.

알리바바는 자사 생태계 전반에 걸쳐 고객을 운영하고 활성화하는 데 A-I-P-L, F-A-S-T, G-R-O-W 3가지 고객 관리 모델을 결합해 사용한다. 그 이유와 각각의 특징을 요약하면 이러하다.

A-I-P-L 모델은 브랜드 고객 자산의 총량과 현황 등의 양적 지표를 숫자로 가시화해 관리한다. 또한 빅데이터 분석과 예측 기법에 의거해 고객의 전 구매 여정을 추적하고 관리하는 데 핵심 기능을 한다. F-A-S-T 모델은 브랜드 고객의 활성화 정도와 산업 내 경쟁력 등 질적인 성장 지표를 관리한다. 이 두 모델을 참고한다면 기업이 마케팅 실행 계획을 짜거나 중요한 사업적 의사 결정을 내릴 때 양적·질적 근거 자료로 활용할 수 있다. 그리고 이 두 마케팅 방향의 기초 위에 매출 성장을 좀 더 가속하고 사업 확장을 위한 전술

로써 G-R-O-W 모델을 활용한다. G-R-O-W 모델을 통해 시장 점유율 확대, 고객 활성화, 구매력 제고, 신시장 창출 등 각기 다른 목적을 위한 세부 실행 계획을 수립할 수 있다.

알리바바는 빅데이터에 기반한 고객 데이터 자산 관리 시스템인 브랜드 데이터 뱅크와 이를 위해 데이터를 가공하고 분석하는 알리바바클라우드 기반 솔루션 퀵오디언스가 10억 명의 방대한 회원 ID와 상호 맞물려 전에 없던 고객 관리 모델과 마케팅 방법론의 혁신을 보여주고 있다.

고객의 구매 여정 단계 전체를 관리하는 깔때기 전략 A-I-P-L

앞 장에서 설명한 알리바바 3대 고객 관리 모델 중 알리바바가 가장 집중하고 있는 A-I-P-L 모델에 대해 좀 더 자세히 알아보겠다. A-I-P-L은 고객의 구매 전후 단계를 모두 관리하는 하나의 모델로서 고객은 구매하기까지 A(Awareness, 인지)-I(Interest, 관심)-P(Purchase, 구매)-L(Loyalty, 충성) 4가지 단계를 거친다는 이론이다.

A부터 L에 이르는 각 단계에 놓인 고객 수가 위에서부터 아래로 점차 줄어들어 이것을 그림으로 나타내면 모양이 깔때기와 흡사해 다른 말로는 깔때기 전략, 즉 '퍼널전략Funnel Strategy'이라고 부르기도 한다.

퍼널전략은 덴쓰Dentsu의 AISAS모델(2008년), 맥킨지McKinsey의

CDJ모델(2009년), 데이브 맥클루어Dave McClure의 AARRR모델(2007년) 등 과거의 유사한 모델들이 있지만 이론을 넘어 현장에서 실제 활용하고 있는 사례는 알리바바가 유일하다.

이 모델들은 모두 고객이 상품 구매를 결심하기까지 일정한 경로와 단계를 거친다는 개념, 즉 일종의 고객 구매 여정을 구체화한 것이다. 고객 구매 여정 관리는 기업 마케팅 팀이 가장 관심을 가지고 주목해야 할 영역이다. 알리바바가 A-I-P-L 모델을 실전에서 어떻게 활용하는지는 다음 소단원에서 구체적으로 소개하겠다.

그림 2-13 A-I-P-L 단계별 고객의 구매 행동 모델

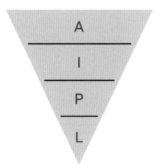

Awareness(인지 단계)
"새로운 고객을 찾으라."

Interest(관심 단계)
"고객의 관심을 유발하라."

Purchase(구매 단계)
"매끄러운 쇼핑 경험을 제공하라."

Loyalty(충성 단계)
"고객의 재구매를 유도하라."

A-I-P-L 모델은 고객을 4가지 단계로 분류하고 전 구매 여정을 따라다니면서 고객이 다음 단계로 넘어가 최종 구매에 이를 수 있도록 관리하는 모델이다. 각 구매 단계에 놓인 고객을 구조화해 숫자

로 보여줌으로써 기업이 전 구매 여정에 놓인 고객을 개별 관리할 수 있도록 지원한다.

그러면 여기서 궁금한 점은 이 4가지 단계의 고객이 의미하는 바는 무엇이고 어떤 경로로 확보할 수 있는지다. 이어서 알리바바의 A-I-P-L 모델에서 단계별 고객을 정의하는 기준을 먼저 설명하고, 어떤 채널과 마케팅 방식으로 해당 단계의 고객 수를 늘릴 수 있는지 부연 설명하겠다.

인지(A) 단계 고객은 기업의 마케팅 전략에 유입돼 온라인과 오프라인 채널에서 최근 15일 내에 1회 이상 배너 광고 노출, 광고 클릭, 상품 페이지 브라우징, 영상 매체 시청, 스토어 방문 등의 행위를 한 사람을 말한다. 비교적 피동적으로 브랜드와 최초 접촉한 상태며 아직 구매가 일어나지 않은 잠재 소비자다. 이 고객군을 확보하기 위해서는 대중을 향한 외부 채널 디스플레이 광고, 소셜 커뮤니티와 블로그 포스팅, 인플루언서 라이브 방송, 인플루언서 마케팅 등을 기획할 수 있다.

관심(I) 단계 고객은 최근 15일 내에 회원 가입, 스토어 팬 추가, '좋아요' 클릭, 장바구니나 위시리스트 상품 추가, 할인 쿠폰 다운로드, 샘플 수령 등 마케팅 전략에 따른 좀 더 적극적인 행위를 보인 사람이다. 구매(P) 단계로 넘어가기 전 자발적으로 브랜드에 대한 애착을 형성하고 상품에 흥미를 표시하는 고객군을 말한다. 이 고객군을 확보하기 위해 인지(A) 단계 고객에 타깃해 개인화 콘텐츠를 노출하거나 클릭이나 가입을 유도하는 브랜드와의 상호 교류를 촉진하는 마케팅 기획이 필요하다.

구매(P) 단계 고객은 최근 2년 반 동안 온라인과 오프라인 채널에서 상품을 구매한 모든 사람을 포함한다. 여기에는 2회 이상 구매한 충성(L) 단계 고객은 제외된다. 보통은 모든 기업이 이 단계 고객군을 심혈을 기울여 관리하며 최대한 많은 구매 전환이 일어날 수 있도록 마케팅에 집중한다. 더 많은 고객을 구매로 전환하기 위해서는 인지(A)와 관심(I) 단계에 있는 고객을 대상으로 한 개인화 포커스 광고, 할인 쿠폰, 증정 혜택 등을 기획한다. 때에 따라서는 최초 브랜드를 인지(A)하자마자 관심(I) 단계를 건너뛰고 구매하는 고객도 있다.

충성(L) 단계 고객은 상품 구매 뒤 365일 내에 구매평을 올렸거나 365일 내에 상품을 최소 2회 이상 구매한 사람을 말한다. 오랜 기간 소비자들에게 사랑받는 브랜드일수록 이 단계 고객군이 매우 탄탄하다. 또한 기업이 매출 성장을 위해 고객 객단가를 올리고자 하거나(업셀링) 신규 품목을 개발해(크로스셀링) 새로운 성장 기회를 도모할 때 이 단계 고객군이 가장 크게 기여한다. 충성 고객을 확보하기 위해서는 고객 멤버십 운영과 단계별 혜택 증정, 로열 회원을 대상으로 한 별개 프로그램, 할인 바우처 등 재구매 촉진 프로모션 등을 기획한다.

성공적인 고객 관리 전략
: A-I-P-L 모델

A-I-P-L 모델은 실제 어떤 방식으로 기업 활동에 적용되고 있을까? 결론부터 말하면 수치화된 지표로(Visible) 고객 운영을 지원하며(Actionable) 성과 측정 관리가(Measurable) 가능한 방식으로 구현되고 있다. 먼저 수치로 가시화해 볼 수 있다는 건 어떤 의미일까? [그림 2-14]를 살펴보자. A-I-P-L뿐만 아니라 고객이 구매까지 이르는 전체 단계를 포함한 총 고객 수와 분포 현황, 그리고 특정 기간 고객 수의 증가 추세까지 구체적인 숫자로 볼 수 있다.

그림 2-14 특정 브랜드의 A-I-P-L 단계별 고객 분포 현황

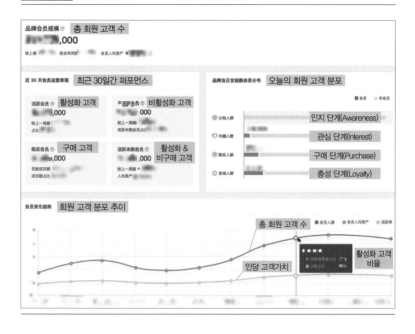

과거에 기업들은 매출을 발생시키는 최종 구매 단계 고객에게만 모든 마케팅 비용을 투여했다면 이제는 고객 구매 여정의 4가지 전단계를 고려해 적절하게 배분하는 추세다. 그렇게 하기 위해서 기업은 마케팅을 집행하기에 앞서 A-I-P-L 각 단계에 머물러 있는 고객 현황을 파악하는 게 매우 중요하다. 그다음은 수치화된 고객 현황을 바탕으로 각 단계에 필요한 개인화 마케팅을 통해 고객을 활성화한다. 또한 마케팅을 집행한 뒤 결과 지표를 고객 수 변동으로 보여주니 정확한 성과 측정에도 큰 도움이 된다. 고객 구매 여정

에 따라 고객을 세분화하고 단계별로 수치화된 고객 관리를 하는 것 (Visible), 이것이 A-I-P-L 모델의 첫 번째 운영 기법이다.

A-I-P-L의 또 다른 기법은 반복적으로 고객을 운영할 수 있다는 것(Actionable)이다. 만약 이번 달 마케팅을 통해 신규 인지(A) 단계 1,000명 고객을 유입했다면 다음 달에는 그들 중 최대한 많은 수가 다음 단계로 넘어가도록 2차 마케팅을 기획한다. 지난번 도달했던 동일 고객에게 재접근해 최종적인 구매에 이르게 하는 효과적인 방법이다. 2차 마케팅에서는 현재의 인지(A) 고객이 관심(I)이나 구매 (P) 단계로 넘어갈 수 있도록 그에 맞는 맞춤형 마케팅을 진행한다.

[그림 2-15]를 보면 단계별 전체 고객 상황에서 다음 단계로 진행 시키는 데 중요한 마케팅 경로와 전환율을 볼 수 있다. 그림에서 확대된 부분을 보면 이 브랜드의 경우 인지(A)에서 관심(I) 단계로 고객 수가 증가하는 데 가장 크게 기여한 마케팅 방식은 슈퍼브랜드 데이 마케팅 38%, 라이브 스트리밍 25%, 검색 15% 등 순서다.

고객에게 반복적으로 접근할 수 있고 분절되지 않은 연속적인 마케팅을 할 수 있으며, 이것이 알리바바 A-I-P-L 모델이 가진 두 번째 장점이자 반복적인 고객 운영 기법(Actionable)이다.

그림 2-15　특정 브랜드의 A-I-P-L 단계별 고객 전환 경로(위)와 전환율 관리(아래)

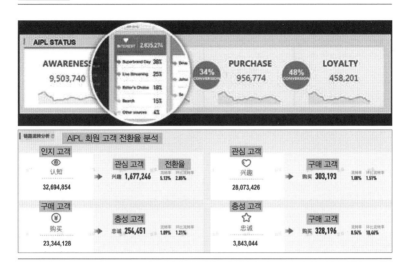

　마지막 알리바바 A-I-P-L 운영 기법은 자사 브랜드 성장 단계
가 어디에 와 있는지 객관적으로 측정할(Measurable) 근거를 제공한
다는 점이다. 측정 기준은 여러 각도에서 보는데, 주로 동종 업계 평
균치와 해당 업계 중 유사 수준의 경쟁 기업 현황과 비교한다.

　이를테면 현재 매출액 규모 대비 회원 고객 수가 적정한지, 회원
이 늘고 있는 속도는 적절한지, 각 유형에 따른 고객이 차지하는 비
중은 적당한지 등을 업계 평균치와 비교 분석한다. 단 하나의 항목
이라도 빨간불 위험 신호가 들어오면 기업이 바로 즉각적인 조처를
할 수 있도록 하기 위함이다. 기업에 자사 고객 상황의 건전성을 파
악할 수 있는 일종의 자동차 '계기판'을 제공하는 것이다.

예를 들어 [그림 2-16]에서 보듯이 빨간불이 켜진 몇 가지 위험 지표가 눈에 띈다. 이 브랜드는 시장에서 잘 알려진 인지도가 높은 브랜드였음에도 불구하고 A-I-P-L 총 고객 수가 2,000만 명으로 적은 편이고 연간 성장률 8%도 업계 평균보다 낮다. 특히 초기 인지 (A) 단계에서 관심(I) 단계로 넘어가는 고객 전환율 12%도 업계 평균 수치에 비해 낮다. 반면 양호한 지표는 A-I-P-L 총 고객 수에서 구매(P)와 충성(L) 단계 고객이 차지하는 비중은 68%로 매우 높다. 인당 구매 횟수 역시 업계 평균 대비 높다.

그림 2-16　특정 브랜드의 A-I-P-L 단계별 고객 건전성 분석

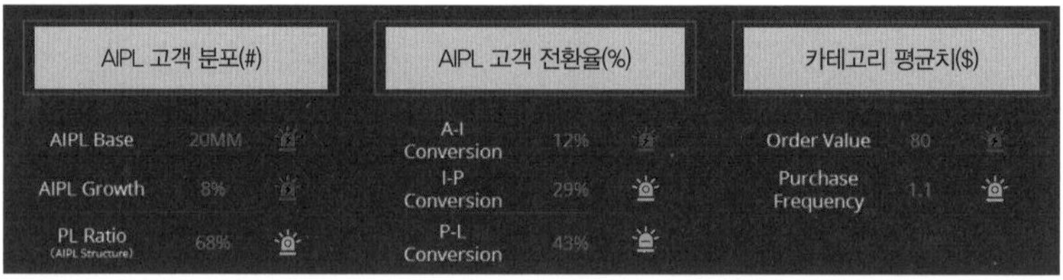

AIPL 고객 분포(#)		AIPL 고객 전환율(%)		카테고리 평균치($)	
AIPL Base	20MM	A-I Conversion	12%	Order Value	80
AIPL Growth	8%	I-P Conversion	29%	Purchase Frequency	1.1
PL Ratio (AIPL Structure)	68%	P-L Conversion	43%		

또한 자사 브랜드의 성장 단계가 어디에 와 있는지 판단 근거도 제공한다. 모든 브랜드 성장의 이면에는 고객이 있으므로, 고객 행위를 분석하면 브랜드의 성장 추이도 알 수 있다. 브랜드가 아직 성장 중인지 아니면 정체나 노화 등 위기 상황에 있는지를 진단할 수 있다.

[그림 2-17]과 같이 특정 브랜드가 시장에 처음 출시된 뒤 점차

성장기를 거쳐 성숙기에 도달한다고 가정해보자. 성장 단계에서는 '출시 초기'와 '성장기'같이 정상적인 깔때기 모양을 유지한다. 하지만 브랜드가 노후화되면 '성장 정체기'처럼 구매(P)와 충성(L) 단계 고객 수는 고정된 채 신규로 유입되는 인지(A)와 관심(I) 단계 고객 수가 대폭 줄어드는 형국이 된다. 마치 병목현상처럼 고객 분포 형태가 비정상적으로 보이게 된다.

그림 2-17   브랜드 성장 단계에 따른 A-I-P-L 고객 분포 현황 변화

	출시 초기	성장기	성장 정체기	성숙기
인지 고객(A)	150	200	120	180
관심 고객(I)	60	100	50	80
구매 고객(P)	5	80	150	120
충성 고객(L)	0	15	12	30
총 고객 수(만 명)	215	395	332	410

기업이 자사 브랜드가 아직 성장세에 있는지, 정체기에 접어들었는지 판단할 수 있다면 그에 맞춘 정확한 해법을 낼 것이다. 만약 정체기에 접어들었다고 판단되면 기존 구매 고객을 강화하는 전략이 아닌 신제품을 출시해 타깃 소비자를 확장하는 등 신규 유입을 늘리는 전략을 구사할 것이기 때문이다.

이상으로 A-I-P-L 모델의 3가지 세부 운영 기법을 살펴봤다. 브랜드가 제대로 성장하고 있는지, 고객이 느끼는 문제점이 어디인지를 정확히 알려주는 '계기판'이 필수적이다. 고객 규모 현황과 분포, 활성화 정도 등이 모두 양호한지 직관적인 수치로 알 수 있어야 한다. 마치 운전할 때 자동차 계기판이 있다면 현재 속도가 얼마고, 기름이 얼마나 차 있는지, 차에 어떤 문제가 있는지 등 자동차 상태를 정확하게 알 수 있는 것과 마찬가지다.

기업이 전체 구매 여정에 놓인 고객의 수와 현황을 수치로 확인하고 나면 그다음은 맞춤화된 정확한 마케팅 솔루션을 도출할 수 있다. 고객의 분포 현황과 증감 추이를 업계 평균치와 비교 측정하면서 브랜드 성장 단계에 맞는 적절한 조처를 할 수 있다. 즉, A-I-P-L 모델은 전체 구매 여정에 놓인 고객 현황을 여러모로 진단함으로써 기업으로 하여금 이에 필요한 최적의 마케팅 계획을 실행할 수 있도록 지원한다. 이것이 알리바바가 A-I-P-L 모델을 통해 실현하고자 하는 최종 목적지고 알리바바만의 최대 장점이기도 하다.

고객 관리는 결국 개인화 마케팅에 달려있다

    A-I-P-L 모델을 잘 활용해 성공한 기업 사례로 다이슨^{Dyson}을 알아보자. 비록 해외 기업 사례이긴 하나 우리에게 주는 시사점이 있다. 다이슨은 이미 잘 알려진 유명 브랜드지만 그들 나름대로 고충이 있었다.

    다이슨 산하에는 헤어드라이어, 청소기, 공기청정기에 이르기까지 카테고리 종류가 매우 다양한데 각 카테고리 간의 연관성이 낮다는 점이 고민이었다. 그런 이유로 각 카테고리 상품의 고객층 역시 달랐다. 연관성이 크지 않은 고객들이 한데 모여 있어 다이슨은 자사 브랜드의 고객 행위와 특성을 정확하게 이해하지 못해 힘들었다. 매번 신제품을 출시할 때마다 기존 고객을 활용하지 못하고 밑바닥에서 다시 시작하듯이 새로운 고객 유입을 위한 마케팅을 진행해야만 했다.

이러한 문제를 해결하기 위해 다이슨은 2018년 6월 알리바바에 A-I-P-L 모델을 통한 고객 재분류와 타깃팅 마케팅을 의뢰해왔다. 그들의 주요 요청은 2가지였다. 다이슨 브랜드의 고객 특성을 분명히 알고 싶다는 것, 기존 고객 중 신제품에 적합한 고객을 찾고 싶다는 것이었다. 이를 통해 새롭게 출시한 신제품에 적합한 기회 고객군을 찾고자 했다. 이때 말한 신제품이 바로 가운데가 뚫린 최초의 헤어드라이어 '다이슨 슈퍼소닉'이었다.

알리바바 마케팅 팀은 우선 다이슨 브랜드의 고객 특성을 분석하고자 했다. 다이슨이 기존에 보유하고 있던 고객 데이터를 포함해 외부 플랫폼과 광고 등을 통해 확보한 고객 데이터를 모두 알리바바 브랜드 데이터 뱅크에 업로드했다. 이것을 기존 고객 ID와 통합 매핑하고 몇 가지 고객 분류 기준을 적용해 분석한 결과 [그림 2-18] 같은 몇 가지 고객 특성을 발견했다.

기존 다이슨 고객 중에는 애완동물을 키우는 사람 규모가 가장 컸고 브랜드 관심 지수 또한 높았다. 그다음은 요리를 좋아하는 사람, 패스트푸드를 즐기는 사람, 웰빙 라이프를 지향하는 사람, 집 정돈(home organizing)을 즐기는 사람 등 순으로 고객 규모가 컸다. 고객 수는 적었지만 가장 높은 브랜드 관심도를 보인 건 알레르기 키워드 관련 고객들이었다. 이렇게 발견한 몇 가지 고객 특성 결과를 보고

다이슨 브랜드 마케팅 담당자는 매우 놀라워했다. 당시에는 애완동물이나 알레르기 같은 키워드가 브랜드와 관련성이 있을 것으로 예측하지 못했기 때문이다.

여담이기는 하나 다이슨은 2021년 12월 공기청정기 '다이슨 쿨 포름알데히드'를 신규 출시했다. 이 제품은 애완동물의 비듬과 냄새를 잡아주고 알레르기 유발 물질을 방지하는 데 특화된 제품이다. 다이슨은 이미 고객 특성을 충분히 이해하고 이와 관련성이 높은 제품 위주로 신제품을 개발하고 포지셔닝하고 있음을 입증하고 있다.

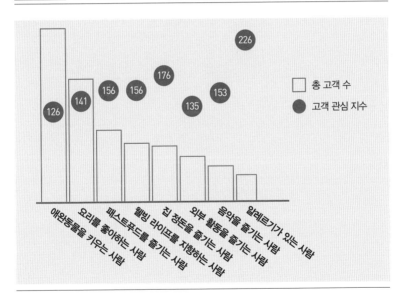

그림 2-18 당시 다이슨에 대한 고객의 관심 키워드 및 관심 지수

고객 특성을 밝혀낸 다음 단계에서는 그에 맞춰 타깃팅 마케팅을 집행했다. 주로 초점을 맞춘 마케팅 방향성은 크게 2가지였다. 첫 번째 마케팅 방식은 개별 고객의 접점을 따라가며 고객 특성에 맞춘 개인화 콘텐츠를 제공함으로써 더 많은 고객이 A-I-P-L 구매 여정에 올라타도록 했다. 기존 다이슨 고객과 외부 잠재 소비자 중 앞서 분석된 고객 특성에 부합한 사람을 선별했다. 비유하면, 기존 다이슨 공기청정기의 A-I-P-L 모델 관심(I) 단계 고객 중 애완동물 소유자만 골라 공략함으로써 헤어드라이어 신제품의 구매(P) 단계 고객으로 끌어온다는 말이다.

두 번째 마케팅 방식은 기존 다이슨의 충성(L) 단계 고객 일부를 열혈 충성 고객(super fan)으로 승격시켜 이들이 스스로 주변 지인들에게 헤어드라이어를 추천하도록 하는 방법을 사용했다. 리퍼럴 referrals 마케팅과 유사한 방식이다. 완전히 새로운 고객을 획득하는 것보다 기존 충성(L) 단계 고객을 중심으로 지인 추천을 독려할 경우 고객 획득비용인 CACCustomer Acquisition Cost가 획기적으로 절감되기 때문이다.

마케팅 결과는 성공적이었다. 페이지 열람 횟수(Page View) 8,300만, 방문 고객 수(Unique Visitor) 2,000만 명 이상을 기록하며 새로운 인지(A) 단계 고객을 많이 확보했다. 또한 클릭당 비용(Cost Per Click) 1.46위안(한화 약 270원), 클릭률(Click Through Ratio) 1.24% 수준으로 동종 가전 업계 대비 양호한 수준이었다. 클릭은 브랜드의 관심(I)

단계 고객을 확보한 것을 의미하니 인지(A)와 관심(I) 단계의 신규 고객을 확보하기 위해 사용한 마케팅 비용 효율은 당시 기준으로는 매우 높았다. A-I-P-L 전체 고객 수 규모도 116%로 증가하는 좋은 성과를 보였다.

하지만 무엇보다 진가를 발휘한 건 기존 고객을 활성화한 부분이었다. 활성화는 A-I-P-L 과정에 있는 기존 고객을 다음 단계로 진입시킨 것을 의미한다. 마케팅 팀이 애초에 초점을 둔 것도 이 부분이었다. 기존 관심(I) 단계 고객 3명 중 1명이 다이슨 신제품을 구매하는 놀라운 결과를 기록했다. 그리고 열혈 충성 고객 1명은 지인 추천을 통해 평균 5명 이상의 신규 고객을 유입시켰다. 또한 관심(I) 단계 고객이 구매(P) 단계 고객으로 넘어가는 증가세도 동일 기간 대비 1.4배 증가했다.

여기에서 우리가 얻을 수 있는 시사점이 있다. 먼저 기업은 자사 고객군에 대한 파악과 진단이 선행돼야 한다. 이제는 브랜드 단위로 고객을 관리하는 것에서 나아가 자사 브랜드가 속한 상품과 품목별로 고객을 정확하게 정의하고 그들의 특성을 알아야 한다. 왜냐하면 상품과 품목별로 목표로 하는 시장 환경과 고객 수요가 다르기 때문이다. 대형 기업이나 유명 브랜드라 할지라도 이러한 개별적이고 세분화된 고객 수요에 대해 과연 정확하게 파악하고 있는지 재점검이 필요하다. 브랜드의 기존 고객이라 할지라도 신규 카테고리 품목으로 상품을 확장할 때는 더더욱 목표로 하는 잠재 소비자에 대한 정확한 파악과 진단이 필요하다.

다음으로, 개별 고객의 특성에 맞춘 개인화 관리가 필요하다. 서로 다른 구매 여정에 있는 고객을 면밀하게 관리해야 한다는 점이다. 고객의 구매나 이용 경로를 파악해 개인에게 맞는 정보를 적절한 시점에 제공할 수 있어야 한다. 앞에서 설명한 알리바바의 A-I-P-L 모델이 전체 구매 여정 단계에 따라 고객을 분류하고, 이들이 최종 구매에 이를 수 있도록 반복적으로 접근하면서 전체 구매 여정을 관리하는 방식이다. 현재 알리바바와 협업하는 많은 기업이 이 방식을 적용하면서 자사 브랜드의 고객 관리 모델을 점점 고도화하고 있다.

마지막으로, 고객의 개인화 관리를 활성화하기 위한 적절한 마케팅을 병행해야 한다. 마케팅은 그 자체가 목적이 아니라 개인화 고객 관리를 위한 하나의 수단이다. 고객과 소통하고 고객이 원하는 정보와 서비스를 전달하는 하나의 방식인 셈이다. 고객의 개인적인 취향과 요구에 맞춰 고객별로 마케팅 메시지를 달리 가져간다. 결국 서로 다른 구매 여정 단계에 있는 고객에게 맞춤형 마케팅을 실행해 고객을 활성화하는 게 핵심이다. 고객 활성화를 위한 커뮤니케이션과 마케팅 활동은 일회성으로 끝나지 않는다. 잠재 소비자에게 접근해 구매 고객으로 전환하고, 구매 고객을 유인해 로열 회원으로 승격하는 등 고객을 향해 반복 접근하는 연속적인 마케팅이 필요하다.

만약 지난달에 외부 배너 광고와 노출 광고를 진행했다면 그렇게 확보한 인지(A) 단계 고객이 몇 명인지 파악한다. 그런 뒤 이번 달에 해당 고객을 대상으로 클릭을 유도하거나 '좋아요'를 유도하는 프로모션을 진행해 그중에서 몇 명이 관심(I) 단계 고객으로 넘어왔는지를 측정해야 한다는 의미다.

앞으로 기업의 향후 생존을 판가름하는 지표는 고객에 대해 얼마나 정확하게 파악하고 있는지와 고객을 대상으로 어떻게 개인화 관리와 맞춤형 마케팅을 진행하는가다. 이제는 고객 관리와 마케팅이 분리되지 않는다. 둘 간의 적절한 조합을 통해 기업은 자사 브랜드와 관계를 맺을 수 있는 고객의 전체 경로와 구매 여정 단계를 효율적으로 관리해야 한다.

4

미래를
이끌어가는 전략
: 디지털 마케팅 혁신

디지털 마케팅은
이렇게 변화한다

    현재 소비자들은 다양한 상품에 노출돼 있으며 상품을 구매할 수 있는 경로도 다양하다. 과거에는 백화점, 슈퍼마켓, 홈쇼핑, 온라인 쇼핑 사이트 등 단순했던 유통 경로가 이제 소비자가 있기만 하면 어디서든 상품이 유통되고 판매되고 있다. 예를 들어 소비자가 메신저 애플리케이션에 로그인하면 메신저가 자동으로 추천하는 상품을 보며, 좋아하는 인플루언서 동영상을 보다가 그가 추천하는 상품을 구매하기도 한다.

    요즘은 소비자가 상품을 구매할 수 있는 다양한 경로가 뒤섞여 있어 마케팅 전략도 특정한 유통 채널에 의존하기보다 소비자 자체에만 집중하는 경향이 있다. 중요한 것은 소비자의 요구 사항과 구매 습관을 파악하고 이에 맞추는 것이다. 이제는 이러한 소비자 중심 접근이 마케팅에서 핵심 요소로 부상하고 있다.

만약 상품과 브랜드를 보유한 기업이라면 과거처럼 상품 유통과 마케팅을 분리해 운영하는 것이 점차 어려워지고 있다. 더불어 전통적인 리테일 기업이라면 새로운 경쟁 업체들이 소매 시장에 끊임없이 진출하고 있으므로 자사 고객에 대한 이해와 마케팅 역량을 향상하는 것이 절실하다.

소비자가 존재하는 곳 어디에서든 상품과 서비스를 거래할 수 있다는 사실은 리테일 업계에 큰 변화를 일으키고 있다. 이는 고객을 보유하고 있는 모든 비즈니스 기업이 리테일 분야로 진입할 가능성을 의미한다. 이미 고객 관리, 마케팅, 유통 채널 간의 경계가 허물어져가고 있으며 업계 전체에서 혁명적인 변화가 진행 중이다.

예를 들어 OTT 서비스를 제공하는 넷플릭스Netflix와 디즈니Disney 뿐만 아니라 금융 기업들도 이제는 전자상거래 비즈니스를 전개하고 있다. 과거에는 광고 수익에 의존했던 라이브 스트리밍 플랫폼인 틱톡도 이제는 상품 판매를 주력으로 하는 리테일 기업으로 진화했다. 그뿐만이 아니다. 알리바바와 핀둬둬 같은 전자상거래 플랫폼도 단순한 상품의 유통 역할을 넘어 다양한 내외부 매체 미디어를 통합한 올인원 마케팅 상품을 제공하고 있다.

이러한 상황에서 얻을 수 있는 주요 교훈은 이제 모든 것이 소비자 중심으로 재편되고 있다는 것이다. 동시에 커머스, 마케팅, 미디어가 하나로 통합된 새로운 리테일 미디어 마케팅 시대에 진입하고 있다는 사실이다. 고객을 보유한 기업은 영역의 경계를 뛰어넘어 비즈니스를 할 수 있다. 미디어 기업도 커머스 비즈니스로 진출할 수 있으며, 커머스 플랫폼도 미디어 분야로까지 마케팅 영역을 확장하고 있다. 기업들은 이러한 변화를 반영해 커머스, 마케팅, 미디어를 자체적으로 통합하고 결국 소비자를 자사 생태계에 끌어들이려는 전략을 추구하고 있다.

중국 리테일 시장도 마찬가지다. 다양한 고객의 구매 패턴이 나타나면서 새로운 유통 채널이 등장하고 새로운 마케팅 기법을 도입하는 등 혁신적인 마케팅 실험장이 돼가고 있다. 중국 리테일 기업들의 사업 방향은 상품과 채널 중심에서 소비자 중심으로 이미 바뀌었고 마케팅 전략 또한 소비자 중심으로 재편되고 있다. 개별 소비자에 맞춘 개인화된 마케팅은 물론이고 고객의 전 구매 여정에 따라 각 단계에 필요한 마케팅 전략을 적용하고 있다. 더불어 고객의 구매 패턴이 변화함에 따라 계속해서 새로운 마케팅 접근법이 개발되고 있다.

중국 리테일 산업에서 디지털 마케팅의 트렌드 변화는 글로벌 마케팅의 변천사와 그 맥을 같이한다. 앞서 챕터2-3에서 언급한 고객의 전체 구매 여정 A-I-P-L 단계에 따라 마케팅이 기능하고 진화하고 있는 모습을 구분해서 볼 수 있다.

먼저 2000~2010년까지는 디지털 마케팅 1세대라고 부를 수 있다. 디지털 기기가 보급되면서 모바일 결제가 새롭게 등장했다. 고객의 결제와 구매 프로세스를 개선하기 위해 빅데이터와 클라우드가 도입되기도 한다. 이 시기에 디지털 플랫폼 기업들은 고객의 구매(P) 단계 편의성을 높이는 데 주력했다. 구글애드Google Ads가 등장한 것은 2000년이며 2007년 '아이폰'이 출시되면서 모바일 인터넷 시대가 본격 개시된 것도 이 시기다. 중국 알리바바 역시 2004년 12월 모바일 결제 수단인 알리페이를 출시했다. 소비자의 구매를 촉진하는 모바일 검색 마케팅과 고객 데모그래픽 기반 추천 마케팅 등이 출현해 가장 번성한 시기기도 하다.

다음으로, 디지털 마케팅 2세대는 2011~2020년까지다. 이 시기 디지털 플랫폼 기업들은 고객의 자발적인 목적형 구매(P)뿐만 아니라 인지(A)와 관심(I)을 불러일으켜 새로운 구매 욕구를 유발하는 것에 집중했다. 머신러닝[8] 기술을 활용해 고객의 행동 데이터를 고려함으로써 온라인과 오프라인 채널에서 새로운 상품을 추천했다. 콘텐츠를 제공해 고객의 흥미와 관심을 유발하기도 했다. 이 모든 접근 방식은 고객이 새로운 상품을 인식하게 하고 그들의 관심을 끌어올려 구매를 촉진하는 데 사용되는 전략이다. 이 시기에 가장 주목

---

8 머신러닝(Machine Learning) 데이터를 분석해 특정한 패턴을 찾아냄으로써 새로운 통찰력을 제시하거나 미래를 예측하는 기술이다.

받았던 마케팅 트렌드로는 데이터를 기반으로 한 개인화 마케팅, 콘텐츠 마케팅으로 대표되는 라이브 스트리밍, 그리고 소셜미디어 마케팅 등이 있다. 이 기간은 2010년 인스타그램, 2012년 틱톡이 등장한 시기와 일치한다. 페이스북의 소셜미디어 마케팅이 가장 활성화되고 발전한 시기기도 하다.

디지털 마케팅 3세대는 2021년부터 시작해 현재까지 진행 중인 시기다. 다양한 업계의 기업들이 등장해 치열한 경쟁을 벌이는 중요한 변화의 시기기도 하다. 소비자가 선택할 수 있는 여러 플랫폼이 등장하면서 고객의 충성도(L)를 어떻게 구축하느냐가 가장 핵심적인 과제로 떠올랐다. 메타커머스와 증강현실, 가상현실, 확장현실 기술을 도입해 고객의 일상생활과 커머스 환경을 통합함으로써 새로운 경험 요소를 제공하고 고객의 요구를 예측해 맞춤형 고객 경험을 제공하기도 한다. 이 모든 노력은 각 채널에서 고객 충성도를 높이고 재구매를 끌어내기 위한 목적이다.

현재 서비스 제공에 있어서는 고객 중심의 새로운 마케팅 접근 방식들이 떠오르고 있다. 이 중에는 고객이 다양한 채널을 이동하지 않고 한곳에서 여러 서비스를 통합적으로 제공받을 수 있는 오프사이트 마케팅Off-site Marketing이 있다. 또한 고객의 공감과 신뢰를 중요시하는 스마트 네트워크 마케팅과 멤버십 회원 제도도 큰 인기를 얻고 있다. 더불어 인공지능과 블록체인 기술을 활용한 마케팅과

NFT[9]를 활용한 마케팅, 그리고 메타버스를 활용한 마케팅같이 새로운 형태의 마케팅 기법들이 떠오를 것으로 예측된다.

표 2-4 중국의 디지털 마케팅 변천사

A I P L	A I P L	A I P L
구분	마케팅 1세대	마케팅 2세대	마케팅 3세대
기간	2000~2010년	2011~2020년	2021년~
주요 목적	구매(Purchase) 편의성 제고 위주	인지(Awareness)와 관심(Interest) 유발	고객의 충성도(Loyalty)까지 보완
마케팅 기법	모바일 검색 마케팅, 상품 추천 마케팅 등	개인화 콘텐츠 마케팅, 라이브 스트리밍 마케팅, 소셜미디어 마케팅 등	오프사이트 마케팅, 네트워크 마케팅, 고객 멤버십 마케팅, 메타커머스, 증강현실·가상현실·확장현실·NFT 등 기술을 활용한 마케팅

현재 중국에서는 여전히 많은 신규 기업이 리테일 업계에 진입하고 있으며 고객을 확보하기 위한 치열한 경쟁이 벌어지고 있다. 이제는 단순한 일회성 구매를 유도하는 과거의 마케팅 수준을 뛰어넘는 새로운 단계로 진입하고 있다. 각 기업은 자사 채널의 장점과 고객의 구매 패턴 특징 등을 고려해 맞춤형 판매 마케팅, 고객 멤버십 서비스, 그리고 유통과 관련된 미디어 매체 자원을 개발하고 있다. 이

---

9 NFT(Non Fungible Token) 디지털 마케팅에서 활용되는 고유한 디지털 자산으로, 블록체인 기술을 통해 소유권과 인증을 제공한다.

를 통해 각자의 고객을 자사 생태계 내에 묶어두려는 메가 플랫폼 전략을 채택하고 있다.

이처럼 각 기업의 접근 방식은 다양하지만 공통적으로 자사 고객을 중심으로 한 리테일 미디어 마케팅 전략을 채택하고 있는 점은 동일하다. 4차 산업혁명 기술을 활용해 고객에게 다양한 쇼핑 경험과 신뢰 가치를 제공하며 이를 통해 고객이 자사 채널에 머무르고 재구매하는 충성 고객을 확보하는 것이 이들의 최종 목표다.

우리는 현재 중국에서 진행 중인 마케팅 트렌드 변화에 주목할 필요가 있다. 다음 소단원에서 중국 시장에서 주도적 역할을 하는 알리바바의 리테일 마케팅 전략을 살펴보겠다. 알리바바가 자사 생태계 내에서 고객에게 가치를 제공하며 성장하는 방식을 분석함으로써 한국 기업들이 미래 방향을 고려하는 데 유용한 참고 자료로 활용할 수 있기를 바란다.

디지털 마케팅의 정수
: 3가지 핵심 기술

　2017년 6월 당시 CFO였던 우웨이武卫는 알리바바가 더 이상 전자상거래 플랫폼이 아닌 마케팅 서비스 플랫폼이자 소비자 자산 관리 플랫폼이라고 선언했다. 이는 단순히 전자상거래 기반의 온라인 판매 수수료와 광고 수익에 의존하는 것이 아니라 소비자 데이터 자산을 관리하고 이를 통해 부가가치를 증대시키는 종합적인 플랫폼으로 업그레이드하겠다는 의미를 포함하고 있다.

　알리바바는 초기부터 전자상거래와 온라인 광고 분야를 넘어 오프라인 리테일, 로컬 서비스, 소셜미디어, 엔터테인먼트 같은 다양한 영역으로 사업을 지속적으로 확장해왔다. 2014년에는 인타이백화점을 인수하고 2017년에는 대형 오프라인 마트인 다룬파와 렌화

마트联华超市, Century Mart를 인수했다. 또한 중국에서 가장 큰 동영상 서비스인 유쿠를 2014년 12억 달러(한화 약 1조 6,035억 원)를 들여 투자하고 2009년에는 지도 검색 서비스인 유씨브라우저를 인수했다.

이러한 다양한 인수와 사업 확장으로 고객의 행위를 단순한 물건 구매를 넘어 서비스와 엔터테인먼트 소비까지 추적할 수 있었다. 즉, 타오바오와 티몰 같은 전자상거래 플랫폼에서의 쇼핑 정보부터 소셜미디어 플랫폼인 웨이보에 올라온 콘텐츠 정보, 그리고 동영상 플랫폼인 유쿠의 시청 정보까지 모두 추적할 수 있다.

이렇듯 알리바바는 전체 생태계를 통해 대량의 고객 데이터를 확보했다. 그뿐만 아니라 전자상거래와 미디어 매체가 결합된 리테일 미디어 매트릭스를 구축함으로써 고객의 심리, 행동, 의사 결정 과정의 변화를 심도 있게 파악하고 도달할 수 있게 됐다.

이렇게 확보한 데이터와 리테일 미디어 역량을 비즈니스로 전향하기 위해 알리바바는 2007년 마케팅 플랫폼 서비스인 알리마마를 출시했다. 알리마마는 알리바바 전체 생태계 내의 다양한 영역에서 얻은 대용량의 고객 데이터를 분석해 기업에게 정확한 마케팅 서비스를 제공했다. 동시에 인공지능과 IT 기술을 활용해 사용자 중심의 혁신적인 쇼핑 경험과 서비스 모델을 개발함으로써 소비자와 기업 양쪽 모두에 가치를 제공했다.

2022년 9월 개최된 알리마마 마케팅 M서밋에서 발표한 정보에 따르면 알리마마는 지난 1년 동안 280억 건의 고객 데이터를 수집했고, 기업들이 총 2,881만 개의 신제품을 출시하도록 지원했으며, 이 중 8,000개의 제품은 연 매출 1,000만 위안(한화 약 19억 원)을 넘는 좋은 성과를 냈다고 한다. 이러한 배경에는 알리마마가 보유한 핵심 기술들이 큰 역할로 작용했다.

알리마마의 첫 번째 핵심 기술은 다중 채널 평가 기술인 MTA^{Multi-Touch Attribution}다. MTA는 소비자의 구매 결정에 영향을 미치는 모든 경로와 채널을 추적하고 각 단계에서의 상호작용이 어느 정도 기여하는지 분석해 최적의 마케팅 채널을 조합해준다. 이를 통해 기업은 가장 효율적으로 예산을 투자할 수 있다.

두 번째 기술은 신제품 마케팅 솔루션인 NPA^{New Product Acceleration}다. 인공지능 기술을 활용한 신경망 같은 그래프 기반 머신러닝 모델을 개발해 매우 짧은 시간 내에 새로운 제품의 특성을 이해하고 신제품이 단시간 내에 많은 고객 트래픽을 받아오도록 한다.

마지막 핵심 기술로는 라이브 방송 스마트 기술인 ACE^{Alimama Content Express}가 있다. 이 알고리즘 기술은 라이브 방송을 통한 소비자 상호작용을 촉진하며 쇼트 비디오와 라이브 방송 간의 연계를 통해 기업이 라이브 방송 콘텐츠를 장기간 효과적으로 활용할 수 있도록 도와준다.

알리마마는 브랜드 성장을 지원하기 위해 이러한 3가지 주요 기술을 활용했다. 고객 분석을 토대로 제품 가치의 장기적인 실현을 구현해야 한다고 강조하고 있다. 알리바바그룹 CEO였던 장융은 "알리바바 마케팅의 주요 목적은 브랜드사가 알리바바 전 생태계 영역을 활용해 고객을 직접 운영하게 하고 이를 통해 브랜드의 수명 주기를 늘리면서 새로운 가치를 발굴하게 하는 것이다"라면서 알리마마가 나아갈 방향성을 규정한 바 있다.

알리마마는 리테일 미디어 시대를 주도하면서 자체 보유한 대용량 고객 데이터를 활용해 기업에게 효과적인 마케팅 서비스를 제공하고 나아가 고객에게 한층 더 정교한 상품과 쇼핑 경험을 제공하고 있다. 다음은 알리마마가 기업에게 제공하는 다양한 마케팅 서비스와 활용 기법들이다.

첫째, 주목할 만한 티몰의 마케팅 방식 중 하나는 데이터 기반의 신제품 초기 활성화 방법론이다. 이를 활용한 사례로 화장품 기업 로레알Loreal이 있다. 로레알은 신제품 출시를 앞두고 알리마마와 협력해 고객 수요와 제품 성분 데이터를 분석하여 고객의 심층적인 요구를 이해하기 위해 노력했다. 이 과정에서 해당 제품이 타깃하는 소비자 그룹이 KOLKey Opinion Leader이라는 마케팅 방식을 선호한다는 점도 발견할 수 있었다.

잠재 고객의 발견부터 인큐베이션(초기 활성화), 상호작용, 최초 구매, 재구매, 충성도 형성까지의 과정을 측정 가능한 지표로 분류해 각 단계에서 고객 행동을 추적했다. 그리고 소비자 결정에 영향을 미치는 요소를 분석하고 각 소비자 그룹에 대한 맞춤형 마케팅을 실행했다. 마케팅 투자 단계에서는 알리마마 MTA 모델을 활용해 최적의 채널에 마케팅 예산을 집중함으로써 투자 대비 수익률인 ROI^{Return On Investment}를 향상시킬 수 있었다.

둘째, 또 다른 마케팅 방법론으로 라이브 방송을 활용한 상품 홍보다. 타오바오와 티몰의 전자상거래 플랫폼 내에 타오바오즈보淘宝直播라는 라이브 스트리밍 서비스를 쉽게 적용할 수 있다. 2016년 출시한 타오바오즈보는 매년 크게 성장해 알리바바가 2019년에 발표한 자료에 따르면 타오바오 라이브 방송 시청 유저 수는 4억 명, 라이브 방송에서 판매된 상품은 4,000만 개의 규모라고 한다. 또한 중소기업 못지않게 연매출 1억 위안(한화 약 190억 원)을 돌파한 개인 스타 '왕훙网红'도 무려 117명에 이른다고 한다.

그림 2-19 티몰의 KOL 왕훙 마케팅 설정 페이지

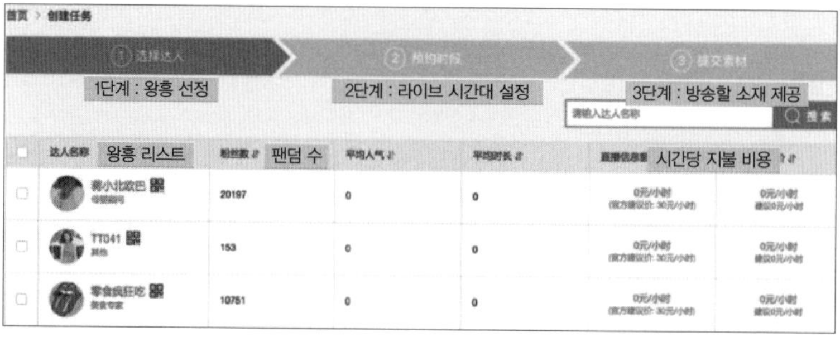

타오바오즈보의 강점은 무엇보다도 라이브 스트리밍이 콘텐츠, 전자상거래와 결합했다는 것이다. 타오바오나 티몰에 스토어를 개설한 기업은 상품 판매를 위해 왕홍과 인플루언서를 적절하게 활용할 수 있다. 기업은 관리자 계정을 통해 자사 상품 카테고리에 맞는 전문 왕홍 정보를 검색하고 판매할 상품, 기간, 비용 등을 설정한다. 매칭된 왕홍은 해당 상품의 링크를 끌어가 자신의 라이브 방송 채널에서 홍보하고 판매된 상품 금액의 5~10%를 수고비로 받는다.

한 중국의 시장조사 기관 아이리서치iRearch에 따르면 2023년 중국의 라이브 스트리밍 시장 규모는 4조 9,000위안(한화 약 931조 원)에 달하며 연평균 35.2%의 성장을 보인다고 한다. 그리고 중국의 대표적인 라이브 스트리밍 커머스 서비스로는 틱톡, 콰이서우快手, AAuto Quicker, 타오바오즈보 3가지가 있는데 2023년 3분기 기준 시장점유율이 각각 40%, 32%, 27%로 대부분을 차지했다. 라이브 스트리밍 서비스로 시작한 틱톡과 콰이서우도 이후 전자상거래 서비스를 역으로 도입하는 등 중국은 거대한 라이브 커머스 시장을 형성하고 있다.

셋째, 점포 활성화를 위한 마케팅 방법론으로는 티몰이 주최하는 각종 프로모션에 참가하는 방식이다. 개별 브랜드가 처한 서로 다른 성장 단계에 맞춰 기업의 브랜드 마케터는 티몰이 기획하는 다양한 마케팅 IP 활동을 선택할 수 있다. 티몰은 매년의 마케팅 캘린더에 맞춰 트래픽 유입 규모별로 S급, A급, B급 등 마케팅 IP를 기획하고 이를 입점 기업에게 유료 또는 무료로 제공한다. 광군절 행사 역시 티몰이 자체 기획한 S급 행사 중 하나다.

그러나 S와 A급의 대형 행사에 참여하는 기업이 간과하지 말아야 할 것은 행사 시작 전 철저한 사전 준비가 필요하다는 점이다. [그림 2-20]은 11월 11일 광군절 행사 기간 동안 티몰 매출 상위 50%와 하위 50% 스토어의 매출 추세 곡선을 보여준다. 매출 상위 50% 스토어는 행사 30일 전부터 고객을 대상으로 상품 노출을 늘리고 브랜드를 강화하는 등의 사전 준비를 철저히 했고 이를 통해 행사 개시 뒤 폭발적인 매출 상승 효과를 거뒀다. 반대로 매출 하위 50% 스토어의 경우 행사 기간 동안의 매출 증가세가 상대적으로 낮다. 결국 티몰의 다양한 마케팅 IP 행사 기간에 맞춰 기업의 초기 준비와 활성화 단계부터 유기적으로 협업하는 것이 매우 중요하다는 것을 보여준다.

그림 2-20 광군절 행사 기간 동안 매출 상위 스토어와 하위 스토어 간 매출액 추이 곡선 비교

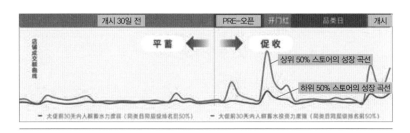

그림 2-21　목적별로 활용 가능한 티몰 마케팅 IP 종류

이제는 새로운 디지털 시대의 마케팅과 온라인 비즈니스를 준비해야 할 때다. 과거에는 '사람이 상품을 찾는' 전자상거래 모델이었다. 따라서 검색 논리에 중점을 두고 브랜드 성장을 위한 노출 강화가 주요 관심사였다. 하지만 현재는 '상품이 사람을 찾는' 모델로 변화했다. 이에 따라 스마트 매칭과 개인화 맞춤형 노출이 중요한 성공 변수로 떠올랐다.

알리마마의 디지털 마케팅 전략 역시 더 이상 전통적인 전자상거래에 국한되지 않고 대량의 데이터 분석과 사물인터넷, 5G 같은 기술을 활용해 소비자 행동을 정확히 예측하는 데 집중하고 있다. 알리마마는 2007년 최초 출시 당시 단순한 광고 거래 플랫폼이었으나 이후 종합적인 마케팅 서비스 플랫폼으로 변화했고 현재는 인공지능 데이터 운영 플랫폼으로 진화하기 위한 노력을 가속화하고 있다.

새로운 디지털 마케팅 트렌드
: 인공지능과 맞춤화된 콘텐츠

필립 코틀러는 《필립 코틀러의 마켓 4.0Marketing 4.0: Moving from Traditional to Digital》이라는 책에서 첨단 기술을 활용해 고객의 브랜드 친밀도를 높여야 한다는 개념의 마케팅 4.0을 처음 언급하면서 이제는 하이테크와 하이터치의 융합 시대라고 말한다. 기업들이 내세우는 브랜드 마케팅의 주요 메시지는 더 이상 사회적기업, 공정기업 등의 기본 자질만을 홍보하는 데서 그치지 않는다고 전망한다. 재미를 추구하고 호기심을 불러일으키는 콘텐츠 마케팅을 구사해 고객의 감성을 터치하고 고객에게 몰입도를 주는 쇼핑 경험까지 제공해야 한다고 한다. 더불어 고객이 주체가 되는 고객참여형 미디어 서비스를 활용해야 함을 강조한다.

변화하는 고객의 구매 습관과 소비 트렌드에 따라가기 위해 리테일 업계는 부단히 노력 중이다. 마케팅 4.0시대를 맞이하면서 우리는 몇 가지 새로운 디지털 마케팅 트렌드를 발견하게 된다.

첫째, 고객의 상품에 대한 요구 사항이 세분화되고 점점 더 개인화 맞춤형 상품과 서비스에 대한 수요가 높아지고 있다. 이를 충족시키기 위해서는 데이터 기반의 고객별 분석과 예측 기법을 통한 정확한 상품 추천이 성공의 관건이다. 알리바바는 오래전부터 자사 생태계를 통해 대량의 구매 관련 비즈니스 데이터를 축적했고 심지어는 웨이보나 유쿠처럼 엔터테인먼트 미디어 채널을 통해서도 고객의 심리, 행동, 의사 결정 과정의 변화를 포착할 수 있는 개인 취향 관련 데이터까지 확보했다.

그리고 알리바바는 데이터에 인공지능 기술을 도입해 고객의 구매 의사 결정 과정을 중심으로 맞춤형 상품을 지능적으로 매칭하고 반복적으로 재구성해 최적의 추천 상품 조합을 만들어낸다. 향후에는 인공지능이 인간을 대신해 의사 결정을 할 수 있도록 노력하고 있는 셈이다.

알리바바 내부 인사의 말을 인용하면 "고객의 요구를 충족시키는 것뿐 아니라 수요를 예측하고 심지어는 수요를 창출하는 것을 최종 목표로 보고 있다"라고 한다. 결국은 고객 심리를 파악하고, 고객 행동에 영향을 미치고, 고객 변화를 측정하며, 대규모의 고객에게 개별화된 커뮤니케이션을 할 수 있는 것, 이것이 가장 핵심이 될 것이다.

기업은 리테일 플랫폼을 통해 개인별로 맞춤화된 콘텐츠를 제공하고 잠재 소비자와의 교류를 강화하면서 브랜드 경쟁력을 제고할 수 있다. 디멘드 젠Demand Gen의 연구에 따르면 맞춤형 서비스를 제공하는 기업은 경쟁 기업 대비 판매 기회를 약 20% 증가시킬 수 있다고 한다.

앞서 챕터2-3에서는 알리바바가 신유통 시대를 대비해 데이터 기반으로 어떻게 개인화 고객 운영을 하는지 소개한 바 있다. 알리바바의 10억 명 Uni-ID 회원 데이터를 바탕으로 고객 위치와 경로를 가시화해 보여준다. 기업이 좀 더 쉽고 가시적인 형태로 고객 운영을 할 수 있도록 돕는 A-I-P-L이란 개념은 결국 개별 고객의 맞춤형 수요에 의해 생긴 관리 방안 중 하나다.

둘째, 오프라인과 결합된 디지털 쇼핑 체험은 고객의 즉각적인 구매 욕구를 충족시키고 쇼핑 경험을 업그레이드하고 있다. 이를 위해 기업들은 하이테크 디지털 기술을 도입해 고객에게 온라인과 오프라인 채널 간 구분 없는 새로운 쇼핑 경험을 제공하고자 시도 중이다. 이것을 '하이테크 리테일 마케팅'이라 부르겠다.

하이테크 리테일 마케팅은 어떻게 구현되고 있는가. 웹3[10], 메타버스, 증강현실, 가상현실, 확장현실 등 디지털 첨단 기술의 등장은 리테일 업계에 전에 없던 새로운 변화의 바람을 불러일으켰다. 디지털 기술을 도입한 구매 여정의 설계는 고객에게 상품을 더욱 매력적으로 어필하면서 심지어는 고객의 소비 관념과 쇼핑 습관까지 변화시키고 있다. 영국 디지털브리지DigitalBridge 조사에 의하면 소비자의 41%가 제품의 증강현실 기능을 경험한 뒤 오프라인 소매점을 방문하기 원하며 33%의 소비자가 증강현실 쇼핑 기능을 통해 구매 욕구를 높인다고 한다.

일례로 아마존 패션 부문은 2022년 11월 스냅Snap과의 협력을 발표하고 아마존 플랫폼에서 판매되는 수천 개 안경에 대한 증강현실 필터 서비스를 제공하기로 했다. 고객은 스냅챗Snapchat 애플리케이션에서 가상 착용 증강현실 필터를 통해 수천 가지 안경 스타일을 검색하고 가상으로 시착한 뒤 아마존 패션 플랫폼에서 구매할 수 있다. 아마존은 이 증강현실 서비스를 의류, 신발, 뷰티 등 다른 품목으로 점진적으로 확대 중이다.

---

10 웹3(Web3) 웹 3.0과 유사한 개념으로서 거대 플랫폼 기업의 시장 우월적 지위를 활용한 개인 데이터의 독점과 오남용 및 불공정 거래 등을 방지하고자 블록체인 등 분산화 기술을 이용한 탈중앙화 웹 형태를 말한다. 웹 2.0에서는 사용자 데이터 및 개인 정보가 소셜미디어, 게임, 리테일 등 플랫폼 서버에 보관되고 관리됐다면 웹 3.0에서는 플랫폼에 종속시키지 않고 개인이 소유하고 보호하게 한다.

그림 2-22   아마존 패션 : 증강현실 기능을 활용한 가상의 안경 착용

월마트Walmart 역시 2022년 7월부터 자사 모바일 애플리케이션에 'Try on frames', 'Virtual try-on view in your home' 등 다양한 증강현실 기능을 탑재했다. 그중에서 'View in your home'은 월마트에서 판매되는 가구와 인테리어 상품을 자기 집에 어떻게 배치할지 가상으로 보는 기능이다. 소비자는 자신의 휴대전화에서 원하는 상품을 선택한 뒤 해당 상품이 가상으로 자신의 방에 배치되는 3D 효과를 경험할 수 있다.

그림 2-23 월마트 : 증강현실 기능을 활용한 가상의 가구 배치

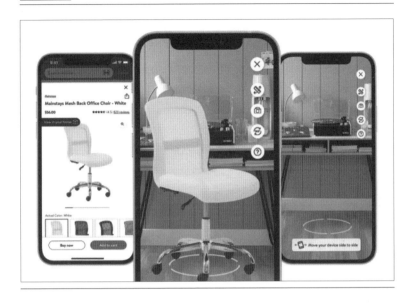

알리바바의 경우 2022년 광군절 행사 기간에 다모아카데미达摩院,
DAMO Academy 확장현실 실험실이 개발한 메타버스 기술을 최초로 소
개했다. '포켓몬', '산리오', '카카오프렌즈', '도라에몽', '건담' 등 30개
가 넘는 유명 만화 캐릭터를 모아 가상의 상점을 개설하고 고객은
가상 공간을 돌아다니며 3D로 구현된 캐릭터 상품을 경험하고 구매
할 수 있다. 상품 구매는 각 IP 캐릭터를 보유한 기업의 플래그십 스
토어로 연결해 매출로 이어지도록 했다.

그림 2-24   알리바바 확장현실 실험실의 IP 캐릭터 가상 체험

하이테크 디지털 기술을 활용한 상품 마케팅은 아직은 초기 단계며 일부 대형 리테일 기업 주축으로 시도되고 있다. 그러나 오프라인에서만 체험할 수 있는 쇼핑 경험을 디지털 환경까지 확장 제공한다는 점에서 고객들의 좋은 반응을 얻으며 점차 산업 전반으로 확대되는 추세다.

셋째, 구매 결정에 큰 영향을 미치는 요인이 과거에는 가성비였지만 이제는 상호작용을 증진하는 마케팅 방식이 대세가 될 것으로 예측된다. 콘텐츠, 감성, 느낌, 상호 교감 등이 크게 작용하며 KOL과 인플루언서의 추천에도 큰 영향을 받는다. 사용자 생성 콘텐츠 UCC^{User Created Contents}는 여전히 중요하다. 통계에 따르면 85%의 사

람이 다른 사람의 소셜미디어나 쇼트 비디오 등 외부 플랫폼에서 생성한 콘텐츠를 신뢰한다고 한다. 지인 네트워크 혹은 추종하는 팬덤 네트워크가 소비자의 구매를 결정하는 새로운 변수로 떠오른 것이다.

인스타그램과 유튜브 같은 전통적인 인플루언서 마케팅 플랫폼도 아직 인기가 높지만 틱톡의 경우 현재 가장 빠르게 성장하는 인플루언서 마케팅 채널이다. 이마케터의 데이터에 따르면 2022년 틱톡의 인플루언서 마케팅 비용은 페이스북을 초과했으며 2024년에는 유튜브를 넘어설 것으로 예상하고 있다.

이는 Z세대를 주축으로 한 젊은 층의 새로운 소비 습관에서 기인한다. Z세대에게 소셜미디어와 쇼트 비디오는 자신을 표현하고 구매를 결정하는 주요한 채널이다. 심지어 그다음 세대를 잇는 A세대의 경우 이미 소셜미디어는 자아 표현의 채널이 아닌 자신의 라이프스타일과 동일시되는 수준이라고 한다.

따라서 기업 역시 사용자의 흥미를 자극하고 소비자에게 가깝게 다가갈 수 있도록 브랜드와 상품의 스토리를 담은 콘텐츠를 자체적으로 생성할 필요가 있다. 이것을 소셜미디어를 이용해 배포하고 잠재 소비자에게 감성적 터치 포인트를 제공하는 과정을 통해 브랜드와 소비자가 상호 교류하면서 이들을 팬덤화하게 된다.

소비자 역시 상품 정보를 수동적으로 받아들이기보다는 설문 조사, 퀴즈, 게임 등을 통해 기업과 상호작용하기를 희망한다. 기업은 이를 통해 상품이나 서비스에 대한 고객의 실시간 피드백을 받으면서 개선을 이뤄나갈 수 있다. 기업은 앞으로도 소셜미디어와 네트워크 소통 방식을 가져가면서 지속적으로 고객 팬덤을 쌓고 충성도를 관리해야 한다.

또한 플랫폼에 단순한 상품 추천 혹은 서비스 기능 개선에만 주력할 것이 아니라 고객의 체류 시간을 늘리고 재미 요소를 주는 방안도 필요하다. 게임적인 요소를 제공하거나 구매에 있어 몰입형 환경을 구축함으로써 고객의 쇼핑 경험을 한층 업그레이드하는 것이 주요 목적이다.

일례로 중국의 쉬인은 자사 유저 대부분이 20대 젊은 여성층인 것을 감안해 쉬인 전자상거래 애플리케이션에 고객과의 상호 소통과 연결을 강화하기 위한 몇 가지 게임 요소를 반영했다. 출석 체크 포인트와 상호작용 기능을 추가해 고객이 애플리케이션을 사용하는 데 즐거움을 부여한 것이다. 또한 갈스Gals라는 콘텐츠 커뮤니티 및 라이브 쇼핑 섹션을 추가 구성해 고객이 주동적으로 사진 등 UCC 콘텐츠를 공유할 수 있게 했다. 이를 통해 체류 시간을 늘리고 한편으로는 그들 간의 상호작용성을 강화할 수 있었다.

이처럼 커머스에 게임 요소를 삽입한 게이미피케이션Gamification 커머스, 콘텐츠를 기반으로 고객과 상호 교류하는 콘텐츠 커머스, 더 나아가서는 가상현실과 확장현실 등 첨단 기술의 도움으로 구축하는 몰입형 커머스 등이 모두 앞으로 다가올 새로운 디지털 마케팅 트렌드 중 일부가 될 것이다.

중국의 리서치기관인 디지털100数字—百市场调研이 발표한 중국 리테일 서비스 체험 연구보고서에 따르면 이제 소비자는 다양한 상품에 대한 욕구보다는 다양한 소비 체험에 대한 욕구가 더 커졌다고 한다. 따라서 기업은 단순한 상품 판매를 넘어 소비자에게 우수한 쇼핑 경험을 만들어주는 것이 중요해졌다. 즉, 서비스로서의 리테일 시대가 개막했음을 의미한다. 새로운 리테일 시대에서는 개인별 맞춤형 상품과 쇼핑 경험, 쇼핑 서비스를 제공하는 것이 중요해졌다. 이를 통해 고객의 충성도를 확보하는 것이 최우선 과제가 될 것이다.

넷째, 기술의 발달로 소비자가 정보를 취득하고 실제 구매에 이르는 경로가 콘텐츠, 미디어 채널, 가상현실로까지 확장되면서 리테일 직접 판매와 결합된 리테일 마케팅이 뜨고 있다. 디지털 마케팅이 단순한 마케팅 영역에만 머무르지 않고 커머스 영역과 미디어 홍보 영역으로까지 확장되는 추세다. 우리는 이것을 리테일 미디어 시대가 개막됐다고 말할 수 있다. 리테일 미디어 관점에서 보는 마케팅은 기존 전통적인 광고 마케팅 방식과 비교해 몇 가지 근본적인 차이를 보인다.

먼저 자체 고객 데이터(First-party Cookie)의 수집을 가능하게 한다. 구글Google은 2024년부터 제3자 쿠키(Third-party Cookie)를 타사에 공유하기를 중단하겠다고 발표했고, 애플Apple은 2021년 1월부터 개인의 승인 없이 외부 애플리케이션이 제3자 쿠키(Third-party

Cookie)에 접근할 수 없도록 하는 개인 정보 보호 조치를 시행 중이다. 따라서 앞으로 기업은 자사 애플리케이션과 홈페이지 등을 통해 직접 자체 고객 데이터를 수집해야 할 필요성이 높아졌다.

두 번째는 고객 마케팅과 판매 매출이 직결되는 효과 높은 광고 마케팅 방식이다. 기업이 리테일에 매체 광고를 투입하는 가장 큰 이점 중 하나가 광고 지출과 판매 매출 간 연관성이 높고 그 효과를 바로 파악할 수 있다는 점이다. 효과를 가시적으로 측정 가능하다면 기업은 후속적인 마케팅 광고 전략을 수립하기에 용이할 것이다.

세 번째는 콘텍스트 기반의 광고가 가능하다. 리테일 미디어는 소비자를 대상으로 강력한 구매 유인 효과를 발휘한다. 제공되는 콘텐츠 주제가 상품과 직접적으로 관련되므로 관련 광고 메시지를 고객의 쇼핑 맥락에 배치하기가 쉽다.

마지막으로 대규모의 유저 규모를 보유하고 있다는 점이다. 기업이 광고를 집행할 때 고려하는 것은 얼마나 많은 잠재 소비자에게 노출될 수 있는지다. 리테일 유통사는 이미 대규모의 회원 기반과 충분한 사이트 트래픽을 가지고 있어 기업으로 하여금 더 넓은 범위의 고객에게 도달할 수 있도록 지원할 수 있다.

현재는 알리바바뿐만 아니라 미국 아마존, 월마트, 까르푸Carrefour, 세븐일레븐7-eleven, 울타뷰티ULTA beauty 등과 같은 대형 리테일 유통사들도 RMNRetail Media Network을 구축하면서 리테일 미디어 영역에 뛰어들었다. 리테일 미디어의 개념은 약 10년 전에 등장했으나 코로나19의 대유행으로 고객과 브랜드 간 상호작용 방식이 변경되고, 쿠키를 기반으로 한 제3자 데이터가 고객의 개인 정보 보호법에 제한받게 되면서 최근에 새롭게 부각됐다.

기업의 관심은 이제 리테일 유통사와 공동으로 디지털 마케팅을 수행하는 것으로 옮겨왔다. 리테일 유통사의 애플리케이션 또는 온라인 사이트를 기반으로 하여 기업은 자체 고객 데이터를 확보하고 고객에게 접근할 수 있는 기회를 확보하고자 한다.

그룹엠GroupM의 전망에 따르면 리테일 미디어 광고 시장은 2021년 기준 연간 성장률 53.4%로, 고성장을 이어나가고 있고 전 세계 광고 총지출의 11%를 차지했다고 한다. 또한 2023년까지 광고 지출액이 500억 달러(한화 66조 5,150억 원)를 넘어 2027년까지 1,600억 달러(한화 약 212조 8,320억 원)에 이르는 등 지속 성장할 것으로 전망하고 있다.

리테일 산업 현장에서 벌어지는 하이테크 기술의 경쟁적인 도입과 리테일 미디어로의 새로운 변화의 움직임은 앞으로 더 가속화될 전망이다. 기술의 발달로 소비자가 상품을 접하고 경험할 수 있는 채널이 다양해지고 실제 구매에 이르는 경로가 콘텐츠, 미디어 채널, 가상현실로까지 분절화되고 확장됐다. 우리는 이러한 새로운 변화의 움직임에 주목하는 동시에 우리의 현 상태를 점검해볼 필요가 있다.

5

플랫폼 너머를 바라보다
: 인공지능이 참여하는
신제품 개발

알리바바는 플랫폼인가,
신제품 개발 연구소인가
: TMIC 시스템

2017년 설립된 티몰이노베이션센터Tmall Innovation Center; TMIC는 글로벌 브랜드가 중국 시장에 신제품을 출시하고 빠르게 성공할 수 있도록 지원하는 곳이다. 현재까지 전 세계 160개 기업 산하 2,200개 브랜드가 TMIC와의 협업을 통해 5,500개 이상의 신제품을 출시했다.

TMIC의 신제품 개발 시스템을 활용하면 브랜드사는 기존에 6~12개월 이상 소요되던 신제품 출시 기간을 2주~2개월까지 단축할 수 있다. 급변하는 소비 트렌드와 구매 패턴에 빠르게 대응함으로써 신제품 출시의 성공 확률을 높일 수 있다. 또한 제품 테스트와 시제품 판매, 초기 인큐베이션 마케팅까지 모두 알리바바 플랫폼을 통해 이뤄진다. 소비자 인사이트, 시장 트렌드 분석부터 일원화된 마케팅과 판매 라인 구축까지 지원하는 TMIC의 원스톱 시스템 덕분에 신제품을 성공적으로 시장에 안착시킬 수 있다.

TMIC와 협업했던 브랜드로는 로레알파리Loreal Paris, 에스티로더Estee Lauder 등 대형 브랜드사부터 인지도가 미약한 신생 브랜드사까지 다양하다. 개별 브랜드마다 중국 시장에서 발아기, 성장기, 성숙기 등 발전 단계가 다르므로 신제품을 공동 개발하기 전에 먼저 브랜드별 상황과 수요에 따라 개발 초점을 다르게 가져간다.

인지도가 높은 대형 브랜드의 경우 Z세대 소비층 니즈의 빠른 변화에 대응하기 위해 신제품 개발 사이클을 단축하는 데 관심이 높다. 따라서 TMIC는 실시간 소비자 인사이트와 빅데이터 분석 정보를 제공하는 데 주력함으로써 신제품 연구 개발 과정을 단축해 최종 제품 출시를 앞당길 수 있도록 돕는다.

반대로 신생 브랜드의 경우 데이터를 중심으로 한 효율적인 사업 운영 환경을 구축하고, 생산과 판매 공급 사슬을 강화하는 것이 신제품 출시 속도보다 우선시될 때가 많다. 따라서 필요하다면 브랜드사가 주요 상위 공급 업체들과 전략적 제휴를 맺도록 지원하기도 한다. 예를 들어 어느 화장품 신생 브랜드는 알리바바 데이터 분석 툴을 통해 다음 연도에 코슈메디컬[11]이 인기를 얻을 것이라는 인사이

---

11 **코슈메디컬** '화장품(cosmetic)'과 '의약품(pharmaceutical)'을 더해 탄생한 합성어로, 단순한 기능성 화장품에 의약품의 전문적인 치료 기능을 합친 제품을 말한다.

트를 확보했다. 신제품 개발의 콘셉트를 잡은 뒤에는 TMIC가 연결해준 중국 OEM^{Original Equipment Manufacturer} 제조 업체와 제휴했다. 즉, TMIC의 역할은 신제품 개발에 필요한 단순 정보를 브랜드사에 제공하는 것 이상으로 생산과 제조 효율성을 향상시켜 가격 경쟁력을 확보하고 전반적인 서비스 능력을 강화하도록 지원한다.

신제품 하나를 개발하는 것에는 큰 노력과 시간, 경비가 들어간다. 따라서 소비자 특징과 시장 환경을 정확히 분석해 신제품 방향을 설계해야 한다. 테스트 시제품을 내고 빠르게 고객의 예상 반응을 파악해 필요시 수정 작업도 진행해야 한다. 또한 제품이 정식 출시된 이후의 판매 및 홍보 방안까지 고려해야 한다. 신제품을 개발하고 출시하는 전 과정에서 브랜드사가 겪는 애로점과 도움이 필요한 상황에 맞춰 TMIC는 [그림 2-25] 같은 솔루션을 제공한다.

인공지능으로 구동되는 TMIC의 솔루션은 첫째로 소비자 수요 분석과 인사이트를 제공하고, 둘째로 고객의 잠재 욕구와 산업 내 새로운 트렌드를 예측한다. 셋째로 브랜드사와 공동으로 신제품을 개발 및 출시하거나, 넷째로 신제품 출시 이후 테스트와 이어서 인큐베이션 마케팅까지 지원하는 등 다양한 기능을 구비하고 있다.

신제품 개발 절차에 맞춰 TMIC가 제공하는 솔루션

TMIC 신제품 개발 절차

시장 및 소비 트렌드 분석

신제품 콘셉트 확정

(필요시) 외부 전문 기관, 연구소,
제조·생산 업체와 연계한
신제품 연구 개발

시제품 반응 테스트 및
정식 신제품 출시

판매 초기 인큐베이션 지원

TMIC 기능 및 솔루션

• Consumer Insights Bigdata System : 빅데이터를 활용한 소비자 인사이트 도출
• Digitalized Industry Data Map : 관련 산업의 전방위적이고 세분화된 데이터 맵 구축

• Tmall Worldwide Trend & Style Alliance(TWTA) : 개별 카테고리의 최신 유행 트렌드 제공
• Intelligent R&D System : 신제품 방향성 및 방안의 연구 개발

• Industry Innovation laboratory(TLAB) : 효과적인 신제품 개발 방안 제안
• Dark horse Factory Project : 중소·중견 신규 브랜드사를 대상으로 제품 설계부터 필요시 제조 생산까지 지원

• Innovation Factory Project : 대형 브랜드사를 대상으로 신제품의 인큐베이션 및 초기 판매 촉진 지원

브랜드사들이 TMIC를 찾아와 신제품 공동 개발을 의뢰한 배경과 그들이 직면한 어려움은 제각각이었다. 지금까지 한국을 비롯한 글로벌 브랜드사들이 TMIC와 제휴해 좋은 성과를 거둔 바 있다.

라이프스페이스Life-space는 1993년 호주에서 출시된 전문 유산균 브랜드다.[12] 티몰을 통해 크로스보더 역직구 방식으로 중국 시장에 최초 진출했다. 초반에는 기존 제품 판매만으로 사업을 진행했으나 소비자들의 관심이 증가하지 않았다. 그래서 중국 시장과 소비자에 특화된 신제품을 출시해 강점 상품을 보유하고자 했고 이에 TMIC와 협업을 진행했다.

---

12 2018년 중국 건강기능식품 기업 탕천베이젠(汤臣倍健, BY-HEALTH)에 인수됐다.

TMIC는 우선 젊은 소비자들의 건강기능식품에 대한 수요와 현재 유산균 트렌드에 관한 정보를 조사했다. 또한 유산균 카테고리뿐만 아니라 건강기능식품 내에서 피부 탄력, 장 건강, 노화 방지 등 총 9개의 관련 카테고리 트렌드를 함께 분석했다. 이러한 작업을 통해 최종적으로 몸매 관리 유산균이라는 새로운 기회 시장을 포착했다.

　　이어서 TMIC는 타깃 고객으로 선정한 성공한 직장인, 고소득·고학력 맘, 자기개발 학습자 등 3개 유형의 소비자 집단을 모아 신제품 개발을 위한 회의를 소집했다. 이 회의를 통해 소비자들이 몸매 관리에 대한 큰 수요가 있음을 발견했다. 더불어 1,000명 이상의 소비자 조사를 보완해 과학적으로 허릿살을 빼는 유산균이라는 새로운 콘셉트와 그에 맞는 포장 디자인을 확정했다. 이 제품은 출시 이후 단 3개월 만에 100만 개 이상의 판매량을 기록하며 기존 유산균 시장에 새로운 바람을 불러일으켰다. 동시에 구매자의 85%가 브랜드를 처음 접한 신규 고객으로 확인되면서 새로운 소비자들을 유치하는 것에도 성공했다.

　　또한 라이프스페이스는 젊은 고객층을 넓히고자 했는데, 이를 위해 TMIC와 함께 광군절 행사를 대비한 신제품 개발에 들어갔다. 타깃으로 선정한 젊은이 집단들이 보통 오후 티타임을 가질 때 복숭아 맛 차를 즐긴다는 것에 착안해 차처럼 우려먹는 복숭아 향 유산균 차를 개발했다. 유산균 영양제를 물로 복용하던 기존 방식을 대체한 획기적인 시도였다. 유산균 차는 출시 2개월 만에 1억 위안(한화 약 190억 원)의 매출을 내는 등 성공을 거뒀다. 그러나 무엇보다 '오후 다과 시간을 겸한 건강 관리'라는 새로운 문화 트렌드를 만들었다는 점에서 큰 의의가 있었다. 이러한 결과는 TMIC가 보유한 고객 데이터와 정교한 분석 덕분에 얻을 수 있었다.

그림 2-26　라이프스페이스의 몸매 관리 광고(왼쪽)와 우려먹는 콘셉트의 유산균 차 광고(오른쪽)

　앞으로의 추세는 소비자가 점점 더 세분화되면서 다양한 색, 맛, 성분, 스타일, 재료 등을 추구하며 전에 없던 새로운 제품에 대한 수요가 등장할 것이다. 전통적으로 자신의 제품이 속해 있던 단일 카테고리를 넘어 인접 품목 및 새로운 영역과의 통합이 신제품 개발의

돌파구가 될 것이다. 결국은 시장과 소비자의 새로운 트렌드를 정확히 파악해 이에 기반한 제품을 개발함으로써 브랜드의 새로운 성장 동력으로 삼아야 한다는 의미다.

그러나 개별 브랜드사 입장에서는 자신의 제품이 속하지 않은 품목과 영역의 고객 반응까지 파악하기 쉽지 않으며 필요한 정보의 절대량이 부족하기도 하다. 그리고 신제품은 출시했지만 이에 적합한 판매 채널을 찾고, 마케팅하고, 홍보하는 데 어려움을 토로하기도 한다.

이러한 이유로 인해 신제품 개발이 이제는 판매, 유통, 마케팅을 위한 리테일 플랫폼과 점점 더 불가분의 관계가 될 것으로 예단한다. 리테일 플랫폼은 고객을 보유하고 있다. 알리바바 역시 10억 명의 방대한 고객 데이터를 기반으로 개별 브랜드사에 정확하고 통찰력 있는 소비자 인사이트와 산업 트렌드 정보를 제공한다. 중소기업의 신생 브랜드든 상위 기업의 대형 브랜드든 신제품을 연구 개발하고 출시하는 데 있어 그들만의 고충과 가려운 부분들이 있다. 중국에서는 이미 많은 브랜드사가 리테일 플랫폼과 협업해 해법을 지원받고 있다.

중국에서 온라인 리테일 플랫폼은 브랜드사에 단순히 물건을 판매하는 거래 장터를 제공하는 것에 그치지 않는다. 필요하다면 별도 프로젝트를 통해 브랜드사가 새로운 성장 동력을 찾도록 제품의 연구 개발을 지원하는 연구소 역할도 수행한다. 그리고 신제품 출시 이후 판매를 확대할 수 있도록 마케팅 판촉까지 지원한다.

이러한 제휴 구조를 통한다면 브랜드사는 신제품 연구 개발 주기를 단축함은 물론이고 신제품을 성공적으로 시장에 안착시킬 확률이 높아진다. 제품 개발은 더 이상 브랜드사 혼자만의 영역이 아니다. 중국에서는 이미 많은 브랜드사가 신제품을 준비하는 과정에서 판매 플랫폼과 공동으로 제품 개발 및 판매 제휴를 선택하고 있다. 리테일 플랫폼의 방대한 고객 기반, 선진적인 데이터 역량, 전방위적 서비스 지원을 받으며 단기간 내에 새로운 대박 아이템들을 만들어 내고 있다.

이것이 바로 현재 중국에서 벌어지고 있는 신제품 개발의 혁신 현장이다. 브랜드사의 자원과 리테일 플랫폼의 역량이 결집해 만들어 내는 신제품의 연구, 개발, 출시의 새로운 방법론이다. 그리고 이 중심에는 '신제품 이노베이션센터'라고 불리는 알리바바의 TMIC가 있다.

제품 출시와 동시에
스타 상품이 된다

    현재 중국은 전자상거래 업계와 온라인 리테일 업계의 최고 전성
기가 지났다는 의견이 대부분이다. 실제로도 그러하다. 고성장을 거
듭하며 팽창하던 전자상거래 플랫폼은 예전 트래픽 수준을 회복하
지 못하고 있다. 매년 광군절 행사에서 전년 대비 50% 이상씩 성장
하며 최고 거래액을 경신하던 모습 역시 이제는 자취를 감춘 지 오
래다.

    하지만 특이하게도 2022년에 열린 광군절 행사와 2023년 3월 8일
이벤트 시즌에서 일부 브랜드가 놀라운 성과를 거두면서 주목을 받
았다. 이름도 들어본 적 없던 몇몇 브랜드의 새로운 아이템들이 소
속 카테고리 랭킹 1위 자리에 오르기도 했다.

예를 들어 중저가 라이프 스타일 패션 브랜드 세미르森马, Semir는 최신 시즌 의류 신제품 출시 뒤 83% 이상이 소진되는 성과를 거뒀다. 동종 패션 카테고리에서 평균 재고 소진율의 1.5배 이상을 기록한 수치다. 또 다른 사례로는 중국의 중위권 아웃도어 브랜드 361도361°는 단일 신제품 아이템 하나만으로 스토어 방문객 유입이 362%가 늘어나기도 했다.

이 두 사례에서 발견한 중요한 공통점은 알리바바의 TMIC와의 협업이 성공의 단초가 됐다는 점이다. 그럼 TMIC가 어떻게 신제품을 바로 히트 상품으로 만드는지 그 방법론을 알아보자.

TMIC가 제공하는 전체 기능과 솔루션은 방대하지만 결국 신제품의 성공 여부를 좌우하는 가장 핵심적인 방법론은 3가지다. 첫째는 소비자 인사이트 확보, 둘째는 시제품 테스트, 셋째는 콘텐츠 추천 홍보가 그것이다.

신제품 성공 방정식의 첫째는 정확한 소비자 인사이트를 확보해야 한다는 점이다. '최근 들어 왜 두드러지는 히트 상품이 나오지 못했을까?'를 돌려 말하면 소비자가 진정으로 좋아할 만한 제품을 만들지 못했다는 말과 일맥상통한다. 패션 산업을 예로 들어보자. 많은 기업이 신제품을 개발하고 출시하는 수순은 여전히 시장의 새로운 흐름을 따라가지 못하고 있다.

대다수의 브랜드사 마케팅 팀 혹은 연구소에서는 내년도 인기 예상

스타일을 예측해 6개월 전에 제품을 개발한다. 그다음 제품과 스타일을 소비자에게 주입하는 순서다. 그러나 이런 전통적인 제품 개발 구조는 항상 소비자 및 시장과는 큰 갭이 있었고, 특히나 젊은 Z세대의 빠른 구매 욕구 변화를 따라갈 수 없다는 한계가 있다.

TMIC는 몇 년 전부터 이미 소비자의 구매 패턴, 선호도, 소비 동향 등을 데이터로 분석해 트렌드를 파악하고 이에 기반해 미래의 히트 상품을 예측했다. 또한 온라인 커뮤니티와 설문 조사를 통해 고객의 직접적인 피드백을 수집해 제품 개발에 반영했다.

로레알의 '리바이탈리프트 페이스 모이스처라이저'가 대표적 사례 중 하나다. 로레알은 TMIC를 통해 티몰에서 페이셜 크림을 구매한 적 있는 1,000명의 18~35세 고객을 모집해 이들로부터 967개에 이르는 새로운 인사이트 정보를 확보했다. 그런 뒤 다시 500명을 선별해 포커스 인터뷰를 진행했고 고객 투표 절차 등을 거쳐 14개 후보군 제품 중 최종 1개를 선정했다.

소비 트렌드 분석부터 최종 제품 출시까지 불과 2개월이 채 걸리지 않았다. 이 신제품은 티몰에서 판매를 개시한 첫날 10만 개 이상을 판매하는 성과를 거뒀고 티몰 전체 페이셜 크림 카테고리에서 당일 랭킹 1위를 차지했다.

TMIC는 제휴 브랜드를 대상으로 한 맞춤화된 소비자 인사이트 분석 외에도 향후 전반적으로 인기를 끌 트렌드 산업과 소비 성향을 수집하고 연구해 외부 기업에게 공유하기도 한다. 2022년 7월

TMIC 산하 티몰월드와이드트렌드스타일연맹 TWTA^{Tmall Worldwide} Trend & Style Alliance는 2022년 FW 유행 색감으로 히비스커스 오렌지색과 연청색을 제시하기도 했다.

그림 2-27 TWTA가 발간하는 트렌드 컬러보고서 표지(왼쪽)와 관련 브랜드사 사례(오른쪽)

연청색 트렌드

프라다와 메종키츠네 상품 색상 시안

TMIC가 강조하는 두 번째 신제품 성공 방정식은 시제품 테스트를 얼마나 정확하게 하는지다. 보통 신제품 출시를 앞두고 제품 테스트는 빠질 수 없는 과정이다. TMIC가 제공하는 제품 테스트 기능(TMIC智能測款)은 브랜드사가 자체적으로 진행하는 테스트 대비 여러 측면에서 높은 성공률을 보장한다. 먼저 제품 반응을 파악하기 위해 둘 중 어느 것을 선호하는지 PK 형식을 빌어 시판 테스트[13]를 진행한다. 실제 타깃 고객을 대상으로 진행하므로 더욱 정확한 데이터를 확보할 수 있다. 또한 시판 테스트와 실제 판매가 동시에 일어나므로 브랜드사 입장에서는 신제품 출시 주기를 단축할 수 있다.

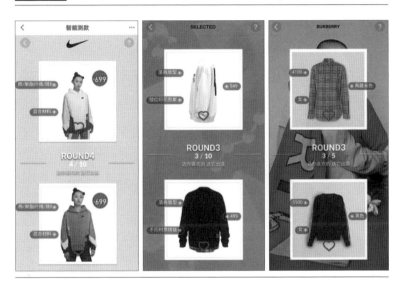

그림 2-28 TMIC 시판 테스트 브랜드 사례(나이키 · 셀렉티드 · 버버리)

그리고 테스트는 참여 대상자가 많을수록 정확도가 높아지기에 많은 브랜드사는 대량의 트래픽이 모이는 광군절 행사 기간을 테스

---

13 **시판 테스트(A/B 테스트)** 2가지 또는 그 이상의 시안을 실험해 최상의 결과를 가져오는 버전을 알아내는 최적화 방법이다.

트 기간으로 선택하기도 한다. 따라서 2020년 11월 11일 광군절 행사에서 총 764개 브랜드의 1만 2,200여 개 제품이 TMIC 시판 테스트 판매를 진행했고, 3주라는 짧은 기간 내에 100만 명의 고객으로부터 다양한 피드백을 접수했다.

마지막으로 TMIC가 강조하는 세 번째 신제품 성공 방정식은 콘텐츠를 활용한 상품 추천과 홍보를 병행해야 한다는 점이다. 브랜드사는 적지 않은 비용과 시간을 들여 시제품 테스트까지 마친 뒤 정식 제품을 출시한다. 그러나 이내 직면하는 어려움은 인지도를 올려야 하는 제품 홍보와 마케팅 부분이다.

쉬안마轩妈, Xuanma는 중국인이 즐겨 먹는 달걀 페이스트리 과자 브랜드다. 쉬안마의 신제품은 출시된 지 얼마 되지 않아 2022년 연말 대전 대형 행사에서 1,000만 세트 이상을 판매했다.

중국에서 달걀 페이스트리는 주로 연말에만 판매되는 시즌성 제품이다. 보통 해당 시즌이 지나면 다시 판매 비수기가 돌아온다. 쉬안마는 이런 상황을 타개하고자 TMIC와 협력해 1년 내내 먹을 수 있는 신제품을 출시하고자 했다. 이를 위해 TMIC는 먼저 티몰 내 마케팅 프로모션을 겸한 고객 반응 테스트를 기획해 [그림 2-29]와 같이 2개 중 어느 상품에 더 끌리는지 클릭을 유도하는 PK이벤트를 진행했다.

먼저 사전에 분류해둔 4가지 유형의 타깃 고객군을 대상으로 상품의 어떤 점에 매료됐고 어떤 환경에서 섭취하는지 등 피드백을 수집해 이를 바탕으로 홍보 콘텐츠를 기획했다. 그다음 알리바바 내외부 채널을 통틀어 소비자에게 노출했다. 샤오홍수나 웨이보 등의 소셜미디어와 매체를 통해 PK이벤트 내용을 홍보했고, 동시에 상품 특성에 맞는 대중 친화적인 왕홍과 KOL을 섭외해 OTT 매체와 라이브 방송 채널을 통해 일관된 메시지를 전달했다. 즉, 실제 판매할 고객을 대상으로 확보한 정확한 고객 반응과 피드백에 바탕해 홍보 콘텐츠를 기획 및 제작했고 이를 알리바바 내외부 미디어와 홍보 채널을 통해 통합적인 마케팅을 진행했다. 이러한 체계적인 사전 준비 덕분에 쉬안마의 신제품을 성공적으로 출시할 수 있었다.

그림 2-29 티몰 상품 PK이벤트와 샤오홍수 홍보 사례

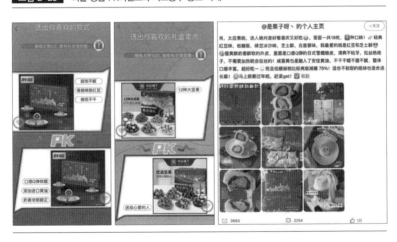

TMIC는 알리바바에 축적된 핵심 역량이 집약적으로 발휘되면서 전 세계적으로 전에 없던 고부가가치 서비스를 제공하는 사업 부서 중 하나가 됐다. TMIC는 알리바바가 리테일 사업 수익을 증대시키기 위해 만든 부서가 아니다. 오히려 알리바바의 데이터와 리테일 역량을 활용해 입점 브랜드사의 성공을 지원하는 역할이 더 크다.

브랜드사와 협업해 신제품 연구 개발에 성공을 거두기 위해서는 후방에서 알리바바의 다양한 역량이 활용된다. 알리바바 생태계에 축적된 10억 명의 소비자 빅데이터 자원, 데이터 기반으로 고객 계층을 타깃팅하고 세분화하는 기술, 인공지능으로 구동되는 소비자 분석 기술이 사용된다. 또한 자체로 수집하거나 외부 전문 기관을 통해 확보한 시장 트렌드 인사이트 정보, 온라인과 오프라인을 포괄한 전 채널 유통과 마케팅 능력 등도 빼놓을 수 없다.

이러한 혁신적인 접근 방법을 통해 알리바바 TMIC와 협업을 수행한 브랜드사들은 새로운 시장 기회를 창출하고 경쟁력을 향상하며, 소비자의 요구에 더욱 적합한 제품을 개발함으로써 계속해서 성공 가능성을 높이고 있다.

인공지능과
신제품 연구 개발

패션 업계는 그 어느 산업보다 소비자의 취향과 산업 트렌드 변화가 가장 빠른 영역 중 하나다. 중국의 한 조사 기관에 따르면 소비자는 자신만의 스타일을 찾기 위해 평균 3.5가지의 서로 다른 스타일을 시도하고 3.6가지의 서로 다른 스타일 요소를 활용한다고 한다. 또한 83%의 응답자는 여성도 시크하고 쿨한 중성 스타일을, 남성도 오밀조밀한 귀여운 스타일을 추구할 수 있다고 답했다. 88%의 응답자는 아름답다는 정의는 정형화된 것이 아닌 다양한 형태로 구현될 수 있다고 대답했다.

이처럼 패션에 대한 중국 Z세대의 태도는 실제 패션 상품을 구매할 때도 드러난다. 과감하게 자신만의 스타일을 찾기 위해 다양한 코

디를 시도하면서 개인마다 추구하는 스타일이 천차만별로 다양하다.

스타일에 대한 젊은 고객층의 취향이 세분화되면서 패션 업계의 고민이 깊어지고 있다. 시장 트렌드 변화를 따라가야 함은 물론이고 소비자의 서로 다른 스타일에 대한 욕구도 충족시켜야 한다. 그러나 실제로 현장에서는 이를 실현할 방법이 마땅치 않다. 전문적인 정보가 부족하기 때문이다. 결국에는 개인의 기존 경험치에 의존하거나 의사 결정권자의 주관적인 예측 전망에 기댈 수밖에 없다. 공략할 세분화 시장에 대한 정보가 부족하다 보니 그보다 더 상위의 펀더멘탈 산업 데이터에만 의존하고 있는 것도 사실이다.

TMIC는 패션 산업 내 중국 기업들의 이러한 애로점을 지원하기 위해 나섰다. 알리바바 플랫폼의 빅데이터와 인공지능으로 구동되는 지능화 제품 개발 기능을 활용해 기업의 신제품 개발을 돕는다. 기업이 매년 신제품을 개발하는 과정에서 빠른 트렌드 변화 물결에 올라타는 동시에 자신만의 브랜드 특징을 유지할 수 있도록 도와주는 것이다. 비정형화되고 변화가 빠른 패션 산업 내에서 기업은 알리바바의 인공지능 기반의 신제품 연구 개발 체계를 실무에 바로 적용할 수 있다.

TMIC의 주요 기능은 패션 브랜드의 스타일을 데이터베이스화하고, 데이터에 기반해 시장 트렌드를 예측하여 그에 맞는 스타일을 개발하며, 출시 뒤 고객별 맞춤형 스타일을 추천하는 것까지 모두 포괄한다. 모든 단계가 어렵지만 그중 스타일의 다양성을 표준화하고 체계적인 데이터베이스로 변환하는 것이 가장 어렵다. 이를 위해서는 먼저 디자인, 색상, 소재, 패턴, 스티칭, 장식 등 제품의 다양한 요소들을 해체해 파악해야 한다. 그리고 각 요소가 어떤 스타일 형태와 관련성이 있는지 파악해야 한다. 예를 들어 특정 디자인 요소가 클래식한 스타일과 연관되거나 특정 색상의 조합이 모던한 스타일과 연관될 수 있다.

이렇게 요소별로 해체한 뒤에는 각 스타일 카테고리의 고객 특징을 반영한다. 고객의 구매 기록, 선호도, 인기 제품 등을 통해 스타일 세부 카테고리별 트렌드를 파악하는 것도 데이터베이스화 작업에 포함된다. 다양한 스타일을 요소별로 해체하고 분석해 관련 정보를 빅데이터화 및 표준화 작업을 실행하는 것이다.

이러한 작업을 기반으로 브랜드가 보유한 스타일 요소와 소비자 트렌드 요소를 결합해 새로운 스타일의 제품을 개발해낸다. 그다음에는 해당 제품에 맞는 타깃 소비자를 찾아내고 맞춤형 노출 마케팅을 통해 더 많은 잠재 소비자를 고객으로 전환시키는 것이다. 이런 TMIC의 스타일 인공지능 시스템을 통해 기업은 주관적이고 맹목적인 신제품 개발이 아닌 도달하고자 하는 고객을 타깃으로 한 정교한 제품 개발을 할 수 있다.

기업별로는 자사 브랜드의 성숙 단계에 따라 TMIC 스타일 인공지능 기능을 활용하고자 하는 의도가 조금씩 달랐다. 시장에 출시된

지 얼마 안 된 신흥 패션 브랜드의 경우 타깃 소비자의 인사이트 정보와 스타일 관련 취향 정보를 얻고자 하는 목적이 크다. 이와는 달리 대형 패션 기업의 경우 기존의 브랜드 스타일을 유지하면서 시장 변화에 따른 새로운 스타일 유형까지 확장해 궁극적으로 시장점유율을 높이려는 목적이 더 크다. 이에 해당하는 브랜드 사례가 있다.

티니위니TeenieWeenie는 이랜드가 1997년에 출시한 곰 캐릭터를 내세운 의류 브랜드다. 중국에서 큰 인기를 끌면서 중국 현지화 생산과 판매 체계를 갖췄고, 순조롭게 성장하던 2017년 중국 진홍그룹锦泓集团, Jinhong Fashion Group에 매각됐다. 이후에도 티니위니는 계속 성장해 2022년에는 중국 틱톡 618행사에서 여성복 판매량 1위를 기록하기도 했다.

이미 확고한 브랜드 스타일과 기존 고객층이 있었던 티니위니였으나 애로점도 있었다. 매 시즌 신제품을 출시했지만 기존 스타일과 다른 새롭다는 느낌이 다소 부족했다. 새로운 돌파구를 마련하기 위해 티니위니는 TMIC와 신제품 공동 개발에 들어갔다.

TMIC의 스타일 인공지능 기능을 활용해 티니위니의 전체 스타일 타입과 종류를 분석하고 타깃 고객층의 스타일 취향과 매칭했다. 최종적으로 적합한 스타일을 선정([그림 2-30] 참조)하고 이를 기반으로 다음 시즌의 신제품 기획에 들어갔다. 동시에 해당 스타일과 관련성 높은 고객층과 반응할 잠재 고객층을 발굴해 홍보 마케팅 단계에서 활용했다.

그림 2-30　티니위니 트렌드 추세 분석을 통한 맞춤형 상품 제안

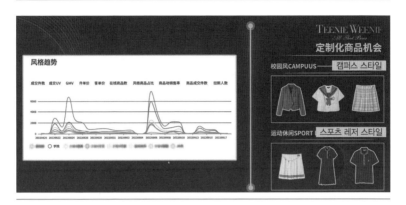

그림 2-31　티니위니 고객층과 스타일 취향 적합도 90% 이상

즉, 제품 개발 단계에서 필요한 스타일 빅데이터 정보, 제품 출시 뒤 정확한 타깃을 대상으로 한 추천 알고리즘, 알리바바 플랫폼 내 홍보 마케팅까지 결합하면서 성공 확률을 높인 것이다. 그 결과 티니위니가 출시한 캠퍼스 스타일 신제품은 618행사에서 고객들의 큰 호응을 얻었다. 해당 신제품의 구매 고객 수는 전년도 신제품 대비 167% 증가했고 구매 전환율은 117% 성장하는 등의 성과를 거뒀다.

이를 두고 티니위니 전자상거래 부문 대표 야오잉姚莹은 이렇게 말했다. "TMIC 스타일 인공지능 시스템은 우리에게 다면적인 정보와 광범위한 스타일에 대한 선택지를 제공했습니다. 우리는 신제품 개발에 들어가기 전 설정한 포지셔닝과 타깃 소비자를 대상으로 정확한 콘셉트를 잡을 수 있었습니다. 나아가 홍보 마케팅까지 원스톱으로 진행할 수 있었습니다."

스타일의 확장이 매우 정교하고 세밀한 전략을 기반으로 이뤄졌다. 브랜드 본연의 핵심 스타일을 유지하면서도 새로운 추세와 고객 취향을 적용한 신제품을 출시함으로써 기존 고객층을 계속 붙잡아 두는 것은 물론이고 신규 고객까지 늘릴 수 있었다.

이제는 전 산업에 걸쳐 새로운 변화의 물결이 일고 있다. 소비자와 산업의 변화 추세를 읽어내고 끊임없이 혁신하지 못하면 소비자에게 외면받는다. 시시각각으로 변하는 소비자의 취향과 트렌드를 정확하게 파악하고 이를 바탕으로 제품을 개발하고 마케팅 전략을 최적화하는 것이 생존의 기본 요건이 됐다.

대용량의 데이터를 빠르게 분석해 어떤 스타일과 디자인이 시장에서 인기가 있고 미래 트렌드로 부각될지 예측할 수 있어야 한다. 고객 선호도와 구매 기록을 분석해 개인에게 맞춤형 제품을 추천하고 제작 및 디자인할 필요가 있다.

이러한 방법은 개별 기업에 있어 이론적으로는 알지만 실행하기 쉽지 않은 도전으로 다가온다. 이것이 알리바바가 단순한 플랫폼 기업으로만 남지 않고 개별 기업을 도와 신제품 개발 영역까지 뛰어든 최초의 배경이기도 하다. 알리바바는 자체 보유한 방대한 소비자 빅데이터 분석과 인공지능 추천 알고리즘 역량을 활용해 기업에게 신제품 개발에 필요한 정보와 서비스를 제공한다. 기업으로 하여금 적중률 높은 신제품을 개발하게 하는 것은 알리바바 플랫폼 고객들에게 최상의 쇼핑 경험을 제공하는 것과 직결되기 때문이다. TMIC는 많은 기업의 호응을 얻으며 현재까지도 혁신적인 제품 개발 사례를 늘려나가고 있다.

6

인공지능+빅데이터 +클라우드=신제조 : 스마트 팩토리 전략

클라우드·인공지능·
빅데이터가
제조와 결합하다

"산업 시대의 기업은 제품을 스스로 디자인하고 생산해 고객에게 판매하는 것이었습니다. 그러나 디지털 경제 시대에는 반대로 고객의 수요를 먼저 파악하고 그들의 요구에 따라 어떤 제품을 디자인하고 생산해야 할지 결정해야 합니다." 2022년 3월 1일 중국 인민정치협상 신문사가 주최한 한 좌담회에서 당시 정무위원 친룽성秦荣生이 한 발언이다.

현재 전 세계적으로 제조 산업은 공급자 중심 대규모 생산에서 소비자 수요 기반의 온디맨드On-demand 맞춤형 생산으로 진화하고 있다. 더욱 정교하고 개인화된 제품을 만들어야 하고 소비자의 요구에 더욱 민첩하게 선제적으로 대응해야 하는 과제에 직면해 있다. 이를 위해 제조업은 과거 수백 년 동안 이어오던 전통적인 산업의 틀을 벗어던지고 디지털 제조 경제로의 전환이라는 격변의 시기를 맞고 있다.

소비자 주도의 맞춤형 제조를 실현하기 위해서는 먼저 제품의 설계, 개발, 유지 보수, 품질 관리, 공급망 관리 등 모든 기반 과정을 혁신해야 하는 과제를 안고 있다. 이를 위해서는 클라우드, 사물인터넷, 인공지능, RFID^{Radio Frequency Identification} 등 4차 산업혁명 핵심 기술을 전통적 제조 산업에 도입해 제조 전 과정을 디지털화해야 한다.

이것을 미래형 제조 공정인 '스마트 팩토리'라고 부르겠다. 스마트 팩토리의 대표적 기반 기술은 크게 2가지가 있는데, 정보 통신 프레임워크인 디지털 스레드^{Digital Thread}와 가상 공장을 활용하는 디지털 트윈^{Digital Twin}이 그것이다. 먼저 디지털 스레드는 설계, 제조, 사용, 최종 폐기 또는 재활용에 이르기까지 제품 수명 주기에 따라 통합된 데이터 기반 의사 결정을 위한 통신 프레임 워크를 의미한다. 그리고 디지털 트윈은 현실 세계에 존재하는 기계나 장비, 사물 등을 가상공간에 동일하게 구현해 실제 제품을 만들기 전 모의시험을 통해 미리 문제점을 파악하고 운영을 최적화하는 기술이다.

실제로 스마트 팩토리로 가동되는 의류 생산 공장에 가보면 구성원은 단순 노동자가 아닌 대다수 기술 엔지니어로 채워져 있다. 겉으로 봐서는 전통적인 의류 생산 공장과 다를 게 없지만 분명 차이점이 있다. 자동화된 자수, 피싱, 분류, 운송 등 전 공정이 인공지능 기능과 로봇 프로세스 자동화를 통해 모두 스마트하게 연결돼 있다는 점이다. 공장 내 각 생산 디바이스와 시스템에는 인공지능 기능과 스마트 모듈이 탑재돼 있다.

이런 인공지능 기술은 제조 공정의 생산 효율을 높여 비용을 절감하고, 제품 품질을 향상시키며, 제품 출시 기간을 단축하는 등의 다양한 장점을 가져다준다. 실제로 생산에 들어가기 전 디지털 환경에서 시뮬레이션해 불필요한 비용을 절감하고 품질을 향상시킨다. 주어진 파라미터와 제반 환경을 기반으로 수천 가지 옵션을 테스트해 최적의 자동화 프로세스를 설계하기도 한다.

인공지능을 제조업에 활발하게 적용하고 있는 국가로는 미국이 있다. 코트라 실리콘밸리무역관이 발간한 〈인공지능(AI)이 불러온 미국 제조업의 새 시대〉라는 보고서에서는 미국 제조업이 인공지능 기술을 적용해 어떻게 변화하고 있는지 소개하고 있다.

미국은 세계에서 세 번째로 넓은 국토를 가진 국가이므로 물류와 공급망 관리 난도가 높고, 지역별로 경제 활성화 차이로 인해 제품과 원자재 수요 공급도 지역별 편차가 심하다. 미국 내 기업들이 인공지능을 활용한 전략적인 공급망 설계와 관리에 주력하는 배경이기도 하다.

그럼 한국은 어떨까? 주요국의 제조 산업 혁신 흐름에 발맞춰 한국도 2014년 6월 '제조업 혁신 3.0' 정책을 수립하고 스마트 팩토리 시범 사업을 시작했다. 2017년까지 5,000여 개의 스마트 팩토리 구축을 지원했고 2022년까지 3만 개의 중소기업을 스마트 팩토리로 전환하겠다는 계획을 실행 중이다.

현재까지도 제조업 내 IT와 소프트웨어 융합으로 제조 기술 수준을 높이고 세계시장 내 제조업 점유율을 높여나가기 위해 노력하고 있다. 하지만 로봇 스마트 공정과 인공지능 공정에서는 중국과 미국에 비해 아직 나아가야 할 길이 멀다.

인공지능 기술력 자체로만 보면 한국은 우수한 수준이다. 그럼에도 불구하고 여전히 제조업에서의 인공지능 도입은 뒤처지고 있는 모습이다. 왜일까? 바로 데이터 활용 능력 때문이다. 인공지능을 구동시키는 핵심 요소는 얼마나 데이터를 확보하고 있고 어떻게 데이터를 분석하느냐에 달려 있다.

또한 글로벌 컨설팅 기업 맥킨지에 따르면 "오늘날 제조 산업은 아직까지 데이터 분석을 통해 얻을 수 있는 잠재 가치의 20~30%밖에 사용하지 못하고 있다"라고 진단했다. 즉, 소비자 관련 분석 데이터를 기반으로 전체 제조 공정 모듈 간에 원활히 흐르도록 해야한다. 정확한 데이터와 알고리즘이 있어야 수요와 디자인 설계, 프로토타입, 생산 라인에 이르는 전 공정에서 최적의 구성과 계획이 가능하기 때문이다. 결국 스마트 팩토리의 성공 여부를 결정짓는 핵심 요소는 데이터 분석력과 이에 기반한 인공지능 기술의 결합으로 정의할 수 있겠다.

이러한 데이터와 디지털 기술, 인공지능을 결합한 스마트 제조 역량에 있어 현재 중국은 전 세계에서 가장 선두적인 위치에 있으며 차별화된 기술 수준을 자랑한다. 특이할 만한 점은 본업이 제조업이 아닌 알리바바, 징둥, 쉬인 등 인터넷 기업들까지 제조업에 뛰어들어 제각기 조금씩 다른 행보를 이어나가고 있다는 점이다.

먼저 알리바바는 2018년 '쉰시迅犀, Rhino' 프로젝트를 가동하면서 항저우와 안후이성 두 지역에 자체 공장과 2,000여 개 협력 공장을 뒀다. 당시 이 프로젝트의 총책임자이자 알리바바그룹의 총재였던 장판은 "알리바바가 추구하는 스마트 팩토리는 데이터를 제조 과정에 실질적으로 적용하고 생산과 판매를 하나로 통합시켜 중소기업이 생산 과정에서 직면하는 여러 문제를 해결하는 데 도움을 주고자 하는 것이다"라고 스마트 제조업에 뛰어든 배경을 밝힌 바 있다. 알리바바는 타오바오와 티몰에 입점한 제3자 중소기업에 소비자 분석 데이터와 판매 트렌드 데이터를 제공하면서 제품의 최적화 생산을 위해 공급자와 수요자 양측을 연결하는 지원 전략을 구사했다.

또 다른 인터넷 기업인 징둥의 JD플랫폼 역시 2018년 '징둥징짜오京东京造' 프로젝트를 발족시키고 중국 1,000개 산업 단지 10만 개의 영세한 중소 공장과 협력했다. 다만 징둥은 주로 PB상품[14]과 공

---

14 PB상품(Private Label Brand) 마트, 슈퍼마켓 등의 유통 업체가 독자적으로 만든 자체 브랜드 상품을 말한다.

동 개발 제휴 IP상품 등의 개발에 집중하는 모습을 보였다. 프로젝트 출시 뒤 5년이 흐른 2023년 3월 17일, 5개년 연평균 성장률 CAGR^{Compound Annual Growth Rate}은 3자리 수의 증가율을 보였고 협력 공장들의 평균 재고 회전 기간을 30일 이상 대폭 줄였다는 성과를 발표했다.

마지막으로 중국의 쉬인이 있다. 쉬인은 중국에서 가장 먼저 스마트 팩토리 공정을 의류 제조업에 도입하고 성공시킨 기업이다. 자체 공장 없이 중국 전역에 6,000여 개의 중소 제조 공장과 협업하고 있다. 의류 디자인 단계부터 제품 출시까지 4~5일이라는 짧은 시일 내에 완성하고 100개씩 소량 생산하면서 재고 소진율을 98%까지 올렸다. 이러한 성과로 스마트 팩토리 개념을 성공적으로 시장에 확립시킨 대표적인 기업으로 평가받고 있다.

쉬인은 PB브랜드를 출시해 소비자 수요에 기반한 온디멘드 맞춤형 생산을 실현하고 효율적인 제조 과정을 통해 원가를 절감했다. 이로 인해 2022년 말 기준 쉬인의 글로벌 애플리케이션 다운로드 수는 나이키, H&M, 자라^{ZARA} 같은 선두 패션 브랜드들을 앞지르며 전 세계 1위 인기 브랜드로 등극했다.

사실 의류 제조 산업은 디지털 전환과 스마트 팩토리 구축이 가장 어려운 산업 중 하나다. 시즌별로 신제품을 끊임없이 출시해야 하고 소비자의 취향이 시시각각 변해 수요 예측이 쉽지 않기 때문이다. 따라서 단순히 기존 제조 공정에 스마트 하드웨어를 추가하거나 생산 라인을 개선하는 정도로는 부족하다.

진정한 스마트 팩토리를 실현하기 위해서는 클라우드, 사물인터넷, 인공지능, RFID 기술을 도입해 제조 전 과정을 디지털 전환해야 한다. 여기에는 인공지능을 통한 예측 분석, 자동화된 생산 라인과 공정, 데이터 분석을 통한 품질 관리 등이 포함된다. 또한 사물인터넷 기술을 활용해 생산 시스템을 연결하고 모니터링하며 데이터를 수집해 실시간으로 생산 상황을 파악하고 문제에 신속하게 대응해야 한다. 사실 여기까지는 한국과 미국을 비롯한 글로벌 기업들이 공통으로 추진하고 있는 기술 영역이다.

중국 기업들은 여기서 한발 더 나아간다. 사전에 소비자 수요 데이터와 판매 트렌드 데이터를 활용해 개발과 디자인 설계, 생산 단계에 반영한다. 소비자 수요를 기반으로 정확도 높은 온디멘드 맞춤형 생산을 진행하는 것이다.

게다가 소량 생산이 가능한 유연한 생산 체계를 갖춰 생산 효율성 증가, 비용 절감, 품질 향상, 제품 출시 기간을 단축한다. 생산과 동시에 제품을 판매하고 판매되는 중간중간 고객 반응을 실시간 체크하면서 이를 다시 생산 모듈과 프로세스에 녹여냄으로써 수요와 공급 사이클이 유기적으로 맞물리도록 한다. 단순한 스마트 팩토리 디지털 기술 외에도 데이터 분석 능력과 유연한 공급망 체계까지 갖춰 제조의 효율을 극대화하는 것이다.

앞으로 스마트 팩토리의 성공 여부를 가름하는 중요한 잣대는 디지털과 제조업을 융합하는 데 있어 얼마나 정확한 데이터 분석에 근거해 개발하는가다. 또한 하드웨어를 지탱하는 기술에 그치지 않고 소비자 수요를 기반으로 소프트웨어 파워를 얼마나 발휘하는가다. 이미 전 세계적으로 경쟁은 시작됐다. 다음 소단원에서 인터넷 기업이지만 제조업에 뛰어들어 혁신 사례를 보여주고 있는 두 기업을 살펴보겠다.

쉰시
: 알리바바가 세운
디지털 제조 공장

알리바바는 '신제조'라는 디지털 제조 산업 전략을 추진하기 위해 2018년 3월 쉰시 프로젝트를 선보였다. 2016년 마윈이 주창한 5대 미래 혁신 전략인 신유통, 신금융, 신에너지, 신기술, 신제조 중 하나다. 2017년 9월 마윈은 "제조업과 인터넷의 융합은 매우 중요하다"라고 강조했다. 그는 "알리바바의 새로운 신제조 전략은 제조업과 인터넷을 상호 연계시키는 데 있다"라고 설명했다.

쉰시 프로젝트는 항저우에 공장을 두고 3년간 비밀리에 개발을 진행했다. 1차로 의류 제조 산업을 시범으로 선택했고 많은 연구 개발 자원을 투입한 끝에 의류 관련 특허를 60건 획득하면서 쉰시는 2018년 처음 세상에 알려졌다.

이후 알리바바 쉰시 공장은 2020년 의류 제조업에서는 전 세계 최초로 '등대공장Lighthouse Factory'에 선정되기도 했다. 등대공장은 세계경제포럼 WEFWorld Economic Forum에서 2018년부터 매년 선정하는 '인텔리전트 제조 공장'을 말한다. 이는 인공지능, 사물인터넷, 빅데이터 등 4차 산업혁명의 주요 기술을 활용해 생산 시설을 완전히 새로운 인공지능형으로 변화시켜 글로벌 제조업의 모범 사례로 간주하는 공장을 의미한다. 2019년을 시작으로 한국에서도 최초로 포스코 포항 공장이 등대공장으로 선정됐으며 2022년에는 LS일렉트릭과 LG전자도 등대공장에 선정됐다.

그림 2-32 알리바바 쉰시 공장 내부

그림 2-33   쉰시 프로젝트 제휴 브랜드사

사실 쉰시 공장은 알리바바가 본격적으로 제조업에 진출하기 위한 목적으로 설립된 것은 아니다. 제조 분야와 인터넷을 융합해 하나의 혁신적 신제조 사례를 만들고 이를 외부에 보여주기 위한 일종의 샘플 공장이라 할 수 있다. 클라우드, 사물인터넷 등 디지털 기술과 데이터를 기반으로 좋은 스마트 팩토리 사례를 만들어 향후 수만 개 중국 의류 공장이 제조업의 디지털 전환을 달성하는 데 도움을 주려는 목적이 크다.

알리바바는 편직, 우븐, 스웨이드, 다운, 데님 등을 포함한 70% 이상의 의류 카테고리 상품을 생산할 수 있는 3개의 산업 단지와 8개의 직영 공장을 자체로 구축했다. 그 외 중국 전역에 20개의 외부 공장과도 협업했다. 2020년 말 기준 외부에 공개한 숫자 기준으로 쉰시 공장의 직원 수는 2,000명에 달했다.

　알리바바가 패션 의류 제조업을 시범 사업으로 선택한 것에는 나름의 이유가 있었다. 이 결정은 패션이 타오바오와 티몰의 가장 큰 소비 카테고리로, 오랜 기간 판매로 인해 풍부한 데이터가 축적돼 있었기 때문이다. 또한 다양한 의류 생산 공장과 패션 브랜드 업체가 알리바바에 입점돼 있어 여러 실험과 시도를 할 수 있는 환경이 구축돼 있었다. 또한 한화 4,000조 원이 넘는 중국 패션 의류 시장 규모는 스마트 제조라는 혁신적인 개념을 충분히 받아들일 수 있는 크기였다.

　특히 의류 제조업은 다양한 선호도와 스타일, 개성을 충족시켜야 하는 맞춤형 생산 기능이 필수적이다. 또한 일반적으로 의류 생산 과정은 4~6개월 전부터 준비해야 하며 평균적으로 최소 1,000개 이상의 주문이 필요하다.

　정확한 수요 예측과 개발, 생산의 세밀한 조율을 위해서는 스마트 제조가 필수적인 요소로 작용한다. 만약 이러한 요소를 고려하지 않으면 이후 생산 과정에서 수요와 공급 사이의 불일치로 인해 판매 부진이 발생하고 결국은 과도한 재고 부담을 초래하는 악순환에 빠질 수 있다.

　알리바바의 쉰시 공장은 타오바오와 티몰의 판매 데이터 분석을 통해 상품 카테고리의 판매 트렌드와 고객 수요를 사전에 예측한다. 이를 기반으로 맞춤형 주문을 기본 100장 단위로 제조 공장에 소량으로 발주한다. 상품이 판매된 이후에는 실시간으로 고객의 반응과 판매 실적을 모니터링해 추가 생산 여부와 생산량을 결정한다.

이와 같은 신속한 리오더와 공급 체계로 인해 제조 공장은 불필요한 재고를 줄이고 빠른 공급 능력을 갖추면서 품목을 확장하는 등 제조 경쟁력을 향상시킬 수 있다. 고객 역시 이 과정에서 개성과 취향을 반영한 더욱더 다양한 상품 구매 옵션이 생겨난다. 이는 스마트 제조 솔루션을 통해 제품에 맞춘 생산을 촉진하는 등 유연한 생산과 공급 시스템을 구현한 결과다.

쉰시 공장은 더 빠른 공급망 체계, 더 개인화된 서비스, 더 많은 중소 판매자를 모으는 것을 목표로 한다. 더 많은 소비자가 생산자와 직접 연결되는 C2M Customer to Manufacturer 방식은 현재와 미래 비즈니스에 필요하며 앞으로 모든 기업은 이것을 피할 수 없다. 쉰시 공장의 소량 맞춤 생산 모델을 활용한다면 기업뿐만 아니라 대리점, 판매상, 심지어는 개인까지도 자체 브랜드를 출시하고 생산할 수 있다.

'생산자–유통업자–소비자'가 전통적인 생산과 소비 모델이었다면 이제는 '소비자–디자이너–생산자'로 역전되고 있다. 생산이 디지털화, 클라우드화 되면서 직물과 의류의 생산 납품 대응이 더욱 민첩해졌을 뿐만 아니라 중소 의류 생산 업체, 개인 창업 브랜드, 개발자, 유통 벤더, 개인 유튜버, 디자이너 등 다양한 참가자들이 시장에 참여할 수 있는 길이 열렸다. 2021년 초 기준 200개 이상의 타오바오 개인 판매상, KOL, 패션 인플루언서가 쉰시 공장을 통해 상품을 공급받기도 했다.

쉰시 공장의 스마트 제조 플랫폼은 판매자와 공급자를 직접 연결하면서 협력의 효과 사례가 나오고 있다. 한 타오바오 개인 판매상인 웨이홍魏洪은 2021년 광저우의 란마蓝玛라는 의류 생산 업체와 협업을 시작했다. 이 협업을 통해 웨이홍은 기존에 판매하던 홈웨어 외에 니트, 속옷, 자외선 차단 의류, 해충 방지 의류 등 다양한 상품을 출시할 수 있었다. 1년의 판매 기간 동안 매출은 3배 이상 증가했으며, 특히 타오바오 속옷 카테고리에서는 2위 판매자로 올랐고 홈웨어 카테고리에서도 순위가 크게 상승했다.

동시에 쉰시 공장 스마트 제조 플랫폼 파트너이자 의류 생산 업체인 란마는 2020년 10월 4개의 스마트 생산 라인을 개조해 주문 수취부터 생산, 품질 관리, 출하까지의 전 과정을 디지털화했다. 란마는 맞춤형 제조와 소량 리오더 생산 요구(100개 단위 7일 납기)를 신속하게 맞추면서 평균 납기 기간을 50% 이상 단축시켰다. 더불어 다품종 소량 생산 체계를 갖추면서 취급 상품을 요가 바지, 속옷, 후드 티셔츠, 자외선 차단 의류 등 10개 품목까지 늘릴 수 있었다.

알리바바가 쉰시 프로젝트를 통해 중국 제조업에 기여하고자 했던 목표는 크게 3가지다. 첫째는 소비자가 원하는 다양하고 개인화된 상품 수요를 최저 비용으로 충족시키는 것, 둘째는 더 많은 중소 제조 공장이 소량의 유연한 맞춤형 생산 능력을 갖출 수 있도록 지원하는 것, 셋째는 개인, 중소기업, 디자이너, 판매상 등 더 많은 생태계 파트너들을 의류 산업에 참여시켜 공급과 수요의 효율을 높이는 것이었다.

알리바바는 이를 구현하기 위해 플랫폼, 서비스, 디지털 솔루션을 제공하는 역할을 한다. 더 많은 생태계 협력 파트너를 끌어들이고 상호 연결한다. 목표는 10만 개의 패션 브랜드와 10만 명의 디자이너가 대상이다. 서로 다른 위치에 있는 각 파트너가 더 짧은 경로로 생태계에 참여함으로써 소비자 수요 기반의 진정한 온디멘드 맞춤형 생산으로 진화하는 것이다. 나아가 중국 의류 제조 산업에 종사하는 약 200만 개의 중소기업을 도와 디지털 전환을 지원하겠다는 것이 알리바바의 당초 중장기 목표였다.

현재 알리바바는 2023년 중순부터 수익성을 내지 못하는 산하 계열사를 정리하면서 전사 차원의 턴어라운드 전략을 추진하고 있다. 쉰시 공장이 알리바바 플랫폼의 핵심 사업 영역은 아니었기에 그룹 내 큰 지원을 받지는 못하고 있다.

하지만 우리가 주목할 점은 알리바바가 인터넷 기업임에도 불구하고 2017년부터 디지털과 제조업을 융합하는 혁신적인 아이디어를 제시하고 실행에 옮겼다는 점이다. 전통 산업에 인터넷과 IT 기술을 접목함으로써 중소기업의 디지털 매뉴팩처링Digital Manufacturing

역량을 강화하는 동시에 중국 제조업을 디지털 전환하겠다는 통찰
력이 흥미롭게 다가온다.

쉬인
: 글로벌 1위 패션 기업은 중국에 있다

다가오는 디지털 경제 시대에는 데이터 경영이 핵심 열쇠가 될 것이다. 산업을 막론하고 데이터는 기업 운영 표준과 조직을 재편하면서 확보해야 할 미래 경영 패러다임의 기준이다. 공장을 가동하는 전통적인 의류 제조업은 아니지만 인공지능 기술을 적용한 데이터 경영을 실현해 설립 5년 만에 글로벌 1위 패션 기업으로 성장한 회사가 있다. 바로 중국의 쉬인이다.

쉬인은 2015년 여성 의류 카테고리로 시작한 패션 브랜드 기업이다. 현재 170여 개 국가에 판매되고 있으며 2023년 매출은 약 300억 달러(한화 약 40조 원)에 달했다. 온라인 사이트 방문자 수, 유저 평균 체류 시간 등이 경쟁 업체보다 높으며 2022년에는 미국의 쇼핑 애플리케이션 다운로드 순위에서 아마존을 제치고 1위를 차지했다. 엄청난 성장세와 더불어 미국, 유럽, 중남미 국가에서 높은 시장점유율로 인해 많은 사람의 관심을 끌었다.

쉬인이 성공할 수 있었던 노하우는 무엇일까? 한마디로 요약하면 질 높은 대량의 데이터와 인공지능 알고리즘을 결합한 디지털 매뉴팩처링을 실현했기 때문이다. 이를 스마트 제조, 또는 스마트 팩토리라 부를 수 있겠다.

현재 전 세계적으로 스마트 팩토리 열풍이 불면서 클라우드, 사물인터넷, 인공지능 등 디지털 기술을 제조업에 도입하려는 움직임이 대세다. 그러나 단순한 IT 기술 역량만 확보해서는 충분치 않다. 관건은 데이터다. 정확한 데이터 분석에 기반해 인공지능 알고리즘을 최적화해야 한다. 나아가 조직 구조를 디지털화해 실제 운영과 마케팅까지 적용하는 등 '데이터-인공지능-디지털 조직 운영'의 선순환 구조를 이뤄야 한다.

쉬인은 이러한 이론을 실제로 증명해낸 기업 중 하나다. 쉬인을 성공으로 이끈 5대 핵심 전략은 크게 디지털 조직 역량, 스마트 데이터 분석 시스템, 스마트 디자인 시스템, 스마트 공급망 관리 시스템, 스마트 판매 운용 전략이다.

첫 번째 성공 요인은 디지털 조직을 구축한 것이다. 쉬인은 설립 초반부터 전체 직무와 조직 구조에 디지털화를 최우선으로 했다. 조직은 크게 IT 프레임워크 구축과 대규모의 데이터 분석 영역을 중심으로 산하에 IT개발센터, 디지털인텔리전스센터, 상품머천다이징센터, 공급망관리센터 등을 뒀다.

IT개발센터는 회사의 중추적인 핵심 역할을 하며 공급망 시스템에 IT 데이터를 구축하는 등 정보 시스템 소프트웨어 개발을 담당한다. 또한 수백 명 규모의 디지털인텔리전스센터는 대규모의 데이터 분석을 담당하며 개인화 추천 알고리즘을 개발하고 최적화하는 부서다. 쉬인의 채용 사이트에 디자이너와 제조 숙련공을 뽑는 공고는 거의 없고 늘 IT 분야의 채용 수요가 다른 분야보다 월등히 높은 이유가 이 때문이다.

두 번째 성공 요인은 스마트 데이터 분석 시스템을 구축한 것이다. 데이터 분석은 먼저 시장과 소비자 트렌드를 발굴하는 데 활용된다. 쉬인은 패션 브랜드이므로 글로벌 유행 트렌드와 시시각각 변하는 소비자의 선호 스타일을 민첩하게 포착할 필요가 있다. 쉬인은 내외부의 상품 판매 데이터, 유행 디자인 추세 정보, 경쟁사 신상품 정보, 유행 상품의 원단과 디자인 요소 정보, 소셜미디어의 소비자 반응 정보 등을 실시간으로 수집한다. 그리고 알고리즘을 적용해 회사 자체 정보 수집 시스템에 적용시킨다.

이러한 디지털 데이터의 수집과 분석은 새로운 디자인 모델을 개발하는 데 사용되기도 하고 협업하는 수천 명의 디자이너를 도와 스타일 성공률을 높이는 데도 활용된다. 그리고 수천 개의 협력 공급 업체의 주문, 생산, 납품 등의 제조 공정과 공급망 관리에도 활용된다. 디지털과 데이터에 기반한 공급망 관리로 생산과 재고 운영의 효율을 높였다.

방대한 데이터를 수집하고, 이를 측정 가능한 지표로 분해하고, 다시 인공지능을 활용해 새로운 의미로 재조립하면서 새로운 정보와 트렌드를 예측해내는 전 과정에서 스마트 데이터 분석 시스템이 활용된다.

세 번째 성공 요인은 스마트 디자인 시스템이다. 전자상거래에서 인기가 급상승하는 패션 아이템과 소셜미디어 인기 이미지 등 각종 정보를 포착하고 이를 디지털 기술을 사용해 디자인 요소로 분해하고 재조립하는 과정을 거친다. 디자인의 영역을 더 이상 디자이너 개인의 역량에 의존하지 않고 디지털 기술 영역으로 끌어오는 전략이다.

보통 디자인 작업은 디자이너 개인이 스스로 디자인 요소를 수집하고 이를 바탕으로 재디자인하는 것이 일반적이다. 그러나 쉬인의 디자이너들은 작업 과정이 다르다. 그들은 스마트 디자인 시스템에서 제공하는 디자인 정보를 바탕으로 작업에 들어간다.

스마트 디자인 시스템은 디자인 작업에 필요한 각종 고려 요소, 즉 무게, 부자재, 원단, 패턴, 장식, 색상, 스타일 등의 예측 정보를 디자이너들에게 제공한다. 디자이너는 지정된 범위 내에서 그대로 디자인하거나 약간의 창의성을 더하면서 쉽게 디자인을 완성할 수 있다.

스마트 디자인 시스템이 구동될 수 있는 뒷단에는 디지털인텔리전스센터가 있다. 디지털인텔리전스센터는 쉬인 자체 애플리케이션 판매 데이터, 미국과 유럽을 포함한 글로벌 상위 브랜드 공식 홈페이지 상품 정보, 인기 신상품의 판매량, 가격, 원단, 색상, 스타일 등 광범위한 패션 데이터를 수집한다. 이어서 수집한 데이터를 가공하고 분석해 국가별로 서로 다른 미래의 디자인 트렌드를 예측한다.

그리고 이것을 쉬인과 협업하는 전 세계 수천 명의 디자이너에게 제공한다. 한마디로 디자인 작업을 기술의 영역으로 끌어온 것이고, 디지털 SaaS[15]화시킨 것이다. 세상에 없는 디자인을 창조하는 것이 아니다. 디지털 데이터 피드백으로 수집한 정보에 바탕해 예측하고 현재 떠오르는 트렌드 혹은 가까운 미래에 유행할 디자인에 집중하고 확대하는 전략이다.

많은 결정을 디지털인텔리전스센터의 예측 데이터에 기반하므로 쉬인의 디자인 프로세스는 경쟁사 대비 간단하고 빠르다. 디자인 설계 비용을 절감하고 시장의 성공 확률을 높인다. 따라서 현재 쉬인 애플리케이션에는 매일매일 새로운 디자인 상품이 넘쳐나고 주간

---

15 SaaS(Software-as-a-Service) 개인이 필요로 하는 서비스만 이용할 수 있도록 한 소프트웨어.

평균 4~5만 개의 신상품이 출시되고 판매되는 놀라운 기록을 보이고 있다.

네 번째 성공 요인은 디지털화된 스마트 공급망 관리 시스템이다. 현재 쉬인의 자체 제조 공장은 1개뿐이다. 스마트 팩토리 사례를 시범적으로 구현하고 협업하는 외부 공장들에게 노하우를 전파하기 위한 시범 공장이다. 따라서 대부분 상품은 현재 6,000여 개 제조 공장으로부터 공급받아 시장에 출시하고 있다.

쉬인이 자체 개발한 공급망 관리 시스템은 공급 업체와 연결돼 있는데 그들의 디자인, 샘플 제작, 원자재 구매, 생산, 품질 관리, 재고 관리, 출하 등의 모든 단계를 커버한다. 영세한 공장들의 납기 정확도가 낮고 생산 능력이 불안정한 문제가 빈번했기에 쉬인은 이 시스템을 개발해 공급 업체를 디지털화했다. 재무 상황, 공장 생산 능력, 작업 포화 상태 등의 실시간 모니터링을 구현함은 물론이고 각 주문 단계를 시각화해 전체 공급망의 흐름 경로를 연결했다. 공급망 관리 시스템을 통해 모든 공급 업체를 하나의 네트워크로 유기적으로 연결하고 실시간 관리하면서 쉬인은 체계적인 생산 계획을 수립하고 생산 주기를 앞당길 수 있었다.

이러한 공급망 관리 시스템을 구축한 가장 큰 이유는 쉬인의 핵심 경쟁력인 애자일 프로덕션Agile Production을 구현하기 위함이었다. 이것은 고객과 시장의 요구에 유연하게 대처하고 빠른 결과물을 내놓는 제조 방식을 일컫는다. 전통적 제조 방식에 따르면 한 번 공장 생산 라인을 돌려 생산하려면 최소 1,000개 이상의 주문량이 필요했다. 하지만 쉬인은 공급자 중심이 아닌 소비자 중심으로 관점을 돌렸다. 시장이 원하는 상품과 스타일을 빠르게 출시하고자 했다. 시장 반응을 테스트하기 위해 100개 내외로 소량 주문하고, 4~5일 내에 납품을 요구하며, 상품의 시장 민감도를 구분한 뒤 빠르게 리오더하는 체계를 사용한다.

쉬인의 한 공급 업체의 공장장은 이렇게 설명하기도 했다. "현재 판매 상황을 볼 수 있으며, 판매가 잘 되면 재고를 늘리라는 안내를 받을 수 있고, 판매가 좋지 않다면 무엇을 해야 하는지 알려줍니다. 모든 것이 시스템을 통해 움직입니다."

그 결과 재고 회전 속도가 높아지고 재고율이 낮아지며 생산 주기가 매우 빨라지는 선순환 효과가 있었다. 예를 들어 재고 순환 주기 수치로 보면 H&M과 자라는 각각 138일과 92일인 반면, 쉬인은 30일 수준이다. 쉬인의 평균 재고율은 30% 수준으로, 업계 평균 대비 현저히 낮다.

마지막으로 다섯 번째 성공 요인은 테스트를 겸한 스마트 판매 운용 전략이다. 신상품이 나오면 쉬인은 대용량 데이터와 최적화 알고리즘을 구동해 온라인 시판 테스트를 진행한다. 신상품과 관련된 모든 유저 행동 데이터를 실시간 수집하는 것이다. 어떤 유저가 어떤 상품의 세부 정보를 봤는지, 어떤 상품을 장바구니에 담았는지, 어떤 상품을 어떤 플랫폼에 공유했는지 등의 정보를 포함한다. 유저 행동 데이터를 분석함으로써 히트 상품 정보를 확인하고 그것의 비율을 높이며 미판매 비율을 낮춘다.

예를 들어 개별 상품별로 인기도를 판정해 긍정적 피드백과 부정적 피드백 2가지 범주로 나눈다. 긍정적 피드백을 받은 상품의 경우 리오더를 시작하고 공급망 관리 시스템을 통해 가장 적합한 공급 업체를 매칭해 재고를 보충한다. 그리고 부정적 피드백을 받은 상품은 바로 폐기를 결정하기보다 디자인 보조 시스템을 통해 새로운 디자인을 재구성해 다시 출시한다. 그런 뒤 새로운 라운드의 시판 테스트를 진행한다.

쉬인은 자체 판매 애플리케이션이 있어 데이터 운영의 선순환 구조를 만들 수 있다. 애플리케이션에서 수집된 고객 판매 데이터는 다시 쉬인의 개발센터로 들어가 디자인 혁신과 제품 생산 계획 조정에 직접적으로 영향을 준다. 데이터에 기반한 디자인 설계와 빠른 상품 출시를 통해 유행을 따라가고 빠른 시장 변화에 대응할 수 있다.

여기까지 쉬인의 성공을 위한 5가지 핵심 전략을 소개했다. 물론 그 외에 쉬인의 성공 비결에는 기타 복합적인 이유도 있다. 적절한 시기에 적절한 선택을 했기 때문이다. 온라인 여성복 분야를 선택해 중국 의류 제조 산업의 강점을 기반으로 해외로 진출했다. 또한 구글, 페이스북, 아마존 등의 성장과 인터넷 황금기를 겪으면서 시기별로 검색엔진 마케팅, 소셜 마케팅, 인플루언서 등을 적절하게 활용하며 급성장했다.

현재 쉬인은 디지털 조직 구조와 4차 산업혁명 기술 역량의 강점을 살려 패션과 라이프 스타일 산업의 디지털 전환 선봉장이 됐다. 앞서 설명한 5개 스마트 시스템을 근간으로, 스마트 팩토리 개념을 실제 의류 제조업에 적용해 성공한 사례다. 그리고 스마트 팩토리를 구동시킨 하위의 핵심 역량은 결국은 데이터, 인공지능, 디지털화된 인력 조직이다.

대량의 빅데이터를 분석해 시장 수요와 트렌드를 신속히 이해했고 인기 상품과 새로운 동향을 예측했으며 이를 기반으로 상품 디자인과 생산을 진행했다. 또한 인공지능 기술을 활용해 생산 과정을 최적화하고 생산 효율과 품질을 향상시켰으며 디지털인텔리전스센터와 디지털 엔지니어 인력을 근간으로 제조업에 필요한 전 영역을 디지털 영역으로 끌어올렸다. 쉬인은 앞으로의 동향과 움직임이 주목되는 기업임에 틀림없다.

7

시간·공간·채널을 초월한
새로운 유통 방식
: 신유통 전략

글로벌 리테일 산업,
신유통으로 통한다

신유통이란 개념은 2016년 10월 마윈이 항저우에서 열린 한 콘퍼런스에서 언급하며 처음 세상에 알려졌다. 한국에서도 이미 리테일 산업 종사자들에게 '뉴리테일New Retail'로 불리며 주목받고 있었다. 2024년 1월 윤성대 이랜드리테일 대표는 취임사에서 다음과 같이 밝혔다. "유통 산업의 구조가 변하고 시장의 순위가 급변하는 지금이 제2의 성장을 이뤄낼 적기입니다. 기존의 고정관념을 탈피해 뉴리테일 시대를 여는 데 집중할 것입니다."

최근 많은 책에서 신유통을 화두로 언급한 바 있지만 주로 외형적 성과와 결과를 설명하는 데 그치고 있다. 아직 한국에서는 신유통 개념이 실제 비즈니스로 구현된 사례가 없어 참고하기도 쉽지 않기 때문이다.

내가 종합해본 신유통의 정의는 다음과 같다. '빅데이터, 인공지능, 클라우딩, 스마트 물류 등 첨단 IT 기술을 통해 상품의 생산, 유통, 판매 프로세스를 업그레이드함으로써 산업 생태계를 재편하고 온라인과 오프라인 채널을 통합한 소비자 중심 리테일 및 디지털라이제이션 리테일을 구현한 모델.' 이 정의만으로는 일반인이 이해하기 쉽지 않다.

신유통 개념 기저의 핵심 원리는 의외로 간단하다. 소비자(人)를 중심으로 최적의 상품과 서비스(货)가 시간, 공간, 채널을 초월한 새로운 유통 방식(场)으로 제공되는 것이다. 결국 상품·서비스 및 유통 방식, 이 2가지가 소비자에게 최적의 쇼핑 경험을 주기 위해 새로운 모습으로 변화한다는 것인데 현재까지 이것이 어떻게 구현되고 있는지 살펴보자.

첫째, 소비자를 최우선으로 하여 상품과 서비스가 어떤 새로운 방식으로 변화하는지에 대한 설명이다. 전통적 관점에서 본 쇼핑의 순서는 소비자가 먼저 필요와 욕구를 느껴 상품을 구매하는 순서다. 이런 단방향적 쇼핑을 신유통 관점에서는 양방향으로 바꾼다. 소비자가 미처 인지하지 못한 수요 상품과 취향 상품이 판매자의 운영 로직에 의해 역으로 추천되면서 구매가 일어나는 것이다.

이것이 가능하기 위해서는 소비자, 지역, 산업에 대한 정보를 유의미한 개인화 상품 정보로 도출하는 정교한 빅데이터와 인공지능 기술이 뒷받침돼야 한다. 현재 중국에서는 알리바바, 텐센트 등이 주축이 되어 전국 수십만의 영세 판매 채널에 데이터를 공유하면서 데이터 기반 신유통이 소비자 실생활까지 파고들었다.

또한 과거 전통적 방식에서는 소비자가 구매한 상품은 '최종 생산자-브랜드사-1급 유통 대리상-2급 유통 대리상-최종 소비자'에 이르는 복잡한 유통 체계를 거쳤다. 하지만 신유통 구조에서는 중간 유통 단계를 생략한 생산자와 소비자가 직접 거래하는 방식이 가능해진다. 쿠팡의 '로켓프레시'가 쿠팡 MD 직원이 직매입한 상품을 소비자와 연결해주는 3자 방식이라면 중국의 신유통은 생산자와 소비자 간의 2자 방식을 이용한다.

이것이 가능하기 위해서는 그때그때 발생하는 소비자의 소량 주문에 대한 대응이 가능하도록 제조 프로세스의 혁신이 필요하고 상품 공급 사슬을 디지털화해야 한다. 현재 중국에서는 이 제조 혁신 역시 신유통 트렌드와 맞물려 활발히 진행되고 있다. 자세한 설명은 챕터2-6에서 다뤘다.

둘째, 소비자에게 최적의 쇼핑 경험을 주기 위해 유통 방식이 어떻게 변화하고 있는지에 대한 설명이다. 일반적으로 소비자는 상품을 구매할 때 온라인과 오프라인을 따지지 않고 구매 채널과 형식에도 얽매이지 않는다. 마치 샴푸는 반드시 롯데 오프라인 매장에서 사고, 화장품은 신세계 모바일 애플리케이션에서 사야겠다고 생각하지 않는 것처럼 말이다. 이러한 소비자의 습성에 맞춰 과거 별개로 존재하던 온라인과 오프라인 쇼핑 채널이 이제는 하나로 융합된 체험 공간으로 바뀌고 있다.

이것이 가능하기 위해서는 온라인과 오프라인을 넘나드는 쇼핑 동선을 다시 짜고, 물류 배송 인프라를 새로운 쇼핑 동선에 맞춰 전면 재편할 필요가 있다. 중국의 허마셴성은 오프라인 매장을 소비자가 상품과 서비스를 체험할 수 있는 공간으로 만들었으며, 실제 구매는 온라인에서 이뤄지고 결제한 뒤 30분 내에 집 앞으로 배송되는 형태로 운영하듯이 말이다.

또한 좋고 저렴한 상품을 얻을 수 있다면 꼭 혼자 구매할 필요 없이 이웃 주민과 공동으로 구매하는 것도 마다하지 않는다. 예를 들어 과일 수확 철에 접어들어 선캡 모자가 대량으로 필요한 농촌 마을이 있다고 가정해보자. 마을 주민은 특정 쇼핑 모바일 애플리케이션이나 오프라인 매장을 방문할 필요 없이 집 앞 편의점 주인이 단체 채팅방에서 추천한 선캡 모자를 모바일 페이로 간단히 결제하고 아이를 학교에 데려다주는 길에 들러 상품을 픽업한다.

이것을 구현하기 위해서는 상품을 판매하는 유통 채널이 특정 온라인 채널이나 매장에 국한되지 않고 외부로 장(場)이 확장돼야 한다. 즉, 네트워크형 판매를 구현하는 유통과 마케팅 체계의 개편과 모바일 결제 인프라의 뒷받침이 필요하다.

소비자에게 최적의 쇼핑 경험과 가치를 주기 위해 재화 생산의 혁신, 유통 구조와 채널의 혁신, 마케팅과 서비스의 혁신이 일어나고 이것들이 신유통 비즈니스를 구성한다. 신유통 비즈니스에 있어 중국은 현재 선두 주자다. 중국에서는 온라인과 오프라인 통합 쇼핑 환경 구축, 소비자가 중심이 된 생산 혁신과 직거래 유통, 공동 커뮤니티 단체 구매 등 기존의 판매와 공급 사슬 구조를 완전히 변화시킨 새로운 모델이 실생활에 정착하며 중국만의 신유통 경제를 실현하고 있다. 더불어 새로운 신유통 비즈니스 사례를 창출하기 위한 시도도 계속되고 있다.

중국에서 신유통으로의 산업 구조를 전환하려는 움직임은 사실 중국 정부 국무원이 2016년 11월 오프라인 소매 산업의 혁신 전환을 위한 방안을 발표하면서 시작됐다. 이후 2021년 3월 중국 양회에서 신소비와 온라인 기술로 전통적 리테일 산업을 혁신하자는 신유통 정책을 통해 더욱 본격화됐다.

정부 정책에 부응해 많은 중국 디지털 플랫폼 기업이 신유통 시장에 진출했으며 우위를 점하기 위한 치열한 전쟁을 벌이고 있다. 중국 전역에 신유통 개념을 구현한 오프라인 매장을 경쟁적으로 확장 중이다. 2024년 초 신유통 직영 매장 수는 알리바바 허마센성 400개, 징둥 치샨七鲜, 7FRESH 52개, 메이르유샨每日优鲜 317개 등을 포함해 대도시를 중심으로 대략 1,000여 개로 추정된다. 이 외 지방 중소도시와 농촌지역까지 퍼져 있는 스마트 편의점과 신유통 제휴 매장까지 합치면 중국 전역에 30만 개가 넘는 방대한 규모다. 이미 중국에는 신유통 개념이 소비자 밑단까지 내려와 실생활에서 자연스럽게 구현되고 있다.

한국에는 아직 신유통 비즈니스 모델이 제대로 정착된 사례는 없어 보인다. 일부 리테일 기업을 중심으로 온라인과 오프라인 채널을 통합한 쇼핑 구조를 구축하고 정확도 높은 상품 추천을 위한 기술을 도입하는 등의 새로운 시도가 있지만 한국 리테일 산업 전반을 혁신시키는 수준까지는 아니다.

신유통 비즈니스는 단순히 개별 기업이 자사 서비스와 유통 채널을 개선하기 위해 디지털 기술을 도입하는 수준에 머무르지 않는다. 소비자 구매 습관의 변화, 유통 채널의 융합, 상품 공급망의 디지털화, 제조 혁신 같은 리테일 산업 전반을 업그레이드하는 수준이어야 한다.

이어지는 소단원들에서 알리바바가 중점적으로 추진하는 3가지 대표적인 신유통 서비스를 알아보겠다. 신유통 비즈니스라고 부를 수 있는 핵심 구성 요소와 산업에 끼친 영향력 사례들도 짚어본다. 중국에서 이미 구현되고 있는 신유통 비즈니스에 대한 이해를 통해 앞으로 한국도 한국만의 차별화된 신유통 모델을 만드는 데 참고할 수 있을 것이다.

허마센셩
: 신유통의 선두 주자

　허마센셩은 알리바바가 신유통 개념을 최초로 비즈니스로 구현한 중국의 대표적 신유통 서비스로, 2024년 초 기준 중국에 400여 개 슈퍼마켓 매장을 운영하고 있다. 빅데이터와 디지털 신기술을 접목해 기존 리테일 산업에서 보지 못한 혁신적인 소비자 쇼핑 경험을 만들어냈다.

허마센셩이 가진
차별화 강점

첫 번째 허마센셩의 차별화 요소는 소비자의 온라인 서비스 체험 강화를 위해 온라인과 오프라인 채널을 통합한 새로운 쇼핑 경험을 제공했다는 점이다. 소비자의 편의성과 동선을 중심으로 상품 검색, 주문, 서비스 체험이 온라인과 오프라인을 자연스럽게(seamless) 넘나든다.

예를 들어 소비자가 매장을 방문해 토마토를 사면서 진열대 하단의 QR코드로 접속하면 수확과 포장 시각, 검수 정보, 출고된 시각, 운송 차량 번호를 비롯해 조리 방법, 섭취 방법 등 다양한 정보를 확인할 수 있다. 토마토에 이어 해산물까지 고른 뒤 알리페이로 모바일 결제를 하고 테이블을 찾아 앉는다. 자신이 구매한 해산물은 매장 한편에 있는 식당에 맡겨져 조리된다. 휴대전화로 조리 상황을 실시간으로 확인하면서 음식이 완성되면 식사를 시작하고 필요하다면 모바일 애플리케이션으로 추가 주문할 수도 있다.

두 번째 차별화 요소는 매장 판매 상품의 선정과 재고 운용 관리가 효율적이라는 점이다. 알리바바의 빅데이터와 인공지능 기술을 활용해 요일별, 시간대별 판매량과 날씨 요인 등을 적용해 가격을 실시간으로 변동 책정하면서 상품 소진율을 높인다. PB브랜드 '르르샨日日鲜, Daily Fresh' 상품의 경우 당일 입고와 당일 소진을 원칙으로 한다.

고객 데이터에 기반해 주변 상권과 구매 행위 특징을 분석하여 판매할 상품을 선정하고 매대 진열 노출에도 반영한다.

알리페이를 통한 현금 없는 편리한 모바일 결제, 알리바바 산하배달 애플리케이션 어러머와 연계한 30분 내에 라스트 마일 배송[16] 시스템 등도 알리바바 산하 생태계 자원을 활용해 시너지를 내고 운영을 효율화했다.

세 번째 차별화 요소는 창고 관리와 배송 및 물류 방식에 혁신을 시도했다는 점이다. 별도로 재고를 보관하는 창고를 두지 않고 판매매장이 곧 풀필먼트 창고 역할을 한다. 그날그날 필요한 상품과 재고 적정량을 예측해 매장에 입고하여 진열하고, 집에서 주문하는 소비자와 매장을 방문해 결제하는 소비자가 동일 재고를 공유하는 구조다. 그러다 보니 소비자 반경 3km 내에 위치한 매장으로부터 주문 뒤 30분 내에 배송이 가능하다.

한국 사례와 비교해보자. 쿠팡은 주요 도심지 외곽 지역에 대규모의 풀필먼트 창고를 구축해 미리 상품을 보관하다가 주문이 들어오면 창고에서 상품을 골라 포장하며 대규모 인력을 고용해 배송한다.

이와 달리 허마센성은 매장이 곧 창고 역할을 하므로 진열대에 비치한 상품을 소비자가 바코드로 결제하면 바로 그 상품이 트레일러

---

16 라스트 마일 배송(Last Mile Delivery) 주문한 상품이 고객에게 최종 배송되기 바로 직전의 마지막 1마일 거리를 위한 배송을 의미한다.

에 담겨 이동하며 즉시 포장이 시작된다. 결제부터 발송까지 10여 분이 채 걸리지 않는다. 포장이 완료되면 상품은 어러머 배달 기사 시스템을 통해 라스트 마일 배송이 이뤄진다. 풀필먼트 창고 구축과 운영에 엄청난 비용을 투자하는 대신 대도시를 중심으로 곳곳에 매장을 출점해 소비자 접점을 늘리는 선택을 한 것이다.

알리바바가 오프라인 매장 사업에 진출한 이유

알리바바는 왜 전자상거래 사업을 하다가 오프라인 리테일 업태까지 확장했을까? 당시 알리바바 내부 사정과 추진 배경은 이러했다. 허마셴성의 창립자 허우이侯毅는 원래 징둥의 물류 총책임자였다. 그는 징둥에서 물류를 담당하며 신선식품의 유통 체계에 한계를 느꼈다. 신선식품이 소비자에게 판매되는 채널은 전자상거래, 슈퍼마켓 혹은 재래시장 정도인데 그 유통 경로가 복잡하다는 사실 때문이었다.

기존 유통 체계에서는 도매 업체나 유통 업체 등 중간 공급상이 집하 창고에 입고시키는 상품의 양이 방대했기에 창고 내에서 재고 회전율이 좋지 못했다. 또한 상품을 중심 허브hub 창고에서 각 지역 창고로 2차, 3차로 옮기는 구조다 보니 고객에게 배송되기까지 적어도 하루 이상의 시간이 걸렸다.

따라서 허우이는 신선식품 오프라인 유통에 전자상거래를 결합하는, 당시에는 조금 황당한 아이디어를 냈다. 이 아이디어는 징둥의 CEO 류창둥刘强东에게 거절당했고 얼마 되지 않아 징둥에서 퇴사한다. 그러다 2015년 초 알리바바그룹 CEO 장융을 만난 자리에서 이 아이디어는 5분 만에 채택됐고 이후 3개월 동안 2주에 한 번씩 만나면서 사업을 구체화했다.

허우이와 장융은 당시 신선식품 리테일 업계에 아직 대형의 유니콘 기업이 없다고 판단하고 알리바바가 선점하겠다는 계획을 세웠다. 전통적인 식품 산업에 신기술과 스마트 물류, 스마트 페이를 적용해 알리바바만의 새로운 리테일 생태계를 구축하고자 했다. 생태계를 구축한 이후 단계에서는 중소 유통 업체, 재래시장 상인, 개인 영세 상인, 농촌 종사자까지 자신의 생태계로 끌어들이자는 상생 구조를 최종 목표로 했다. 마치 알리바바가 최초에 타오바오와 티몰을 주축으로 한 전자상거래 생태계를 선점한 것과 유사한 전략이다.

그들은 이 계획을 구체화하면서 최우선 목표를 온라인 서비스를 강화하는 데 뒀다. 오프라인 매장은 온라인 고객의 서비스 체험을 강화하기 위해 존재하고 이를 통해 고객의 충성도를 높여 온라인 매출을 높이기 위함이었다. 온라인 매출 비중은 반드시 오프라인 매출을 상회해야 하고 단일 매장의 온라인 주문 건수는 최소 5,000건을 달성한다는 목표도 설정했다.

이런 목표하에 알리바바는 기존 전자상거래 생태계 자원에 빅데이터, 디지털 IT 기술을 적용함으로써 온라인과 오프라인의 경계 없이 소비자 중심의 새로운 쇼핑 경험을 제공하는 새로운 서비스를 기획했다. 또한 별도의 풀필먼트 창고를 두지 않고 판매 매장과 창고를 일원화하는 모델로 구체화시켰다. 이런 준비 과정을 거쳐 2016년 1월 허마센셩 1호점을 개점했다. 이 모델을 좋게 본 마윈이 2016년 10월 항저우에서 열린 한 콘퍼런스에서 신유통 개념을 처음으로 주창하면서 허마센셩은 전 세계에 알려졌고 현재까지도 신유통의 대명사로 불린다.

다음으로는 지난 6년간 허마센셩의 발전 변천사를 들여다보며 신유통 개념을 구체화할 수 있었던 핵심 요소들을 살펴보겠다. 허마센셩은 크게 세 번의 변곡점을 거쳤고 현재도 계속 발전 중이다.

▌중국의 신유통 발전 변천사

2017~2018년은 허마센셩이 탄생한 신유통 시장의 태동기로 볼 수 있다. 2016년 1월 알리바바가 허마센셩 매장 1호점을 내면서 새

로운 신유통 시대의 개막을 열었다. 이후 경쟁사들이 허마센셩과 동일한 콘셉트로 오프라인에 속속 진출했다. 2017년 1월 융후이마트永辉超市, Yonghui의 차오지우중超级物种, Super Species, 2018년 1월 징둥의 치샨, 2018년 3월 쑤닝苏宁, Suning의 쑤샨셩苏鲜生, Su Fresh 등이 시장에 진출해 매장을 확대하면서 신유통 시장은 팽창하기 시작했다.

또한 이들은 온라인을 통해 축적한 빅데이터와 인공지능 등의 핵심 기술을 바탕으로 매장 입지를 선정하고 소비자 특징과 선호도를 파악해 새로운 수요를 예측하고 발굴하는 등 시장의 질적 성장을 이끌었다.

그러나 얼마 가지 않아 모두 수익성 문제에 맞닥뜨리면서 2019~2020년 동안 시장은 1차 조정기를 거친다. 허마센셩도 예외는 아니었다. 2019년 공개한 수치에 의하면 단일 매장의 평당 매출은 5만 위안(한화 약 950만 원)으로 전통 슈퍼마켓 채널 대비 높다고는 하지만 손익은 여전히 마이너스였다. 허마센셩은 이를 타개하기 위해 전략을 수정했다.

먼저 대형 매장 위주로 확장하던 노선을 변경해 비용 부담이 상대적으로 적은 소형 업태를 강화했다. '대형 매장 1개+소형 매장 4개' 비율로 출점했다. 허마센셩 미니 매장인 허마미니盒马mini, 재래시장형 매장인 허마시장盒马菜场, 식음료 레스토랑인 허마F2盒马F2, Pick'n go, 소비자와의 배송 거리를 40분 내로 둔 창고 매장인 허마스몰스테이션盒马小站 4가지 소형 매장을 늘려나갔다.

다음으로는 1, 2선 대도시가 아닌 3, 4선 중소도시 위주로 적극 진출했다. 허마미니와 허마시장 모델을 중심으로 중소도시와 농촌 지역으로까지 확장해갔다.

마지막으로 허마센성은 수익이 나지 않는 실험적인 매장 모델을 접고 오프라인 매출 강화에 집중했다. 오프라인 유통업의 본질에 집중하면서 오프라인 매출 비중을 기존 30%에서 50%까지 올리는 것에 목표를 뒀다. 온라인 채널 매출을 높이기 위해 오프라인 채널이 보조하는 전략이 아닌 온라인과 오프라인 매출을 각각 5:5 비율로 함께 증가시키기 위한 계획을 세웠다.

2021~2022년 시장이 성숙기에 접어들면서 허마센성을 비롯한 동종 기업들이 손익 강화를 최우선으로 하게 된다. 2021년 상반기부터 중국에는 유료 멤버십 기반의 회원 매장이라는 새로운 업태가 엄청난 인기를 끌기 시작했다. 융후이마트, 까르푸 등이 이 시장에 뛰어들었다. 허마센성 역시 2020년 10월 상하이에 허마회원점盒马X会员店 1호점을 개설했다. 객단가가 1,000위안(한화 약 19만 원)으로, 일반 매장 대비 높고 PB상품 매출이 40%에 달해 1호점은 개업한 지 2개월 만에 흑자를 내기 시작했다.

2022년 말 허마센성은 중국 신유통 성장 정체기에 접어든 현실을 직시하고 향후 오프라인 유통업 본질에 더욱 집중하면서 수익을 강화하겠다는 계획을 발표했다. 사업성이 검증된 허마센성, 허마미니, 허마회원점, 허마할인점盒马奥莱 등 4가지 매장 유형에 집중하기로 했다.

그리고 수익성 개선을 위한 추가 방안으로 판매하는 상품 구성을 조정했다. 밀키트 등 즉석식품과 PB상품 비중을 높여 이윤을 높였다. 경쟁사 대비 회원 재방문율을 높이고 고소득 중산층을 끌어들이기 위해 고품질 위주의 상품을 강화했다.

이를 위해 글로벌 브랜드사로부터 직매입을 하거나 브랜드사와 제휴해 공동으로 전용 상품을 출시했다. 또한 100개의 신규 브랜드를 발굴하겠다는 허마엑셀러레이터 프로젝트를 가동했다. 상품 포트폴리오의 고급화와 다양화에 집중한 끝에 2022년 4분기에 처음으로 흑자를 냈다. 이 기세를 이어 2023년 9월 고급 상품 매장인 허마프리미어黑标店, Premier를 출시하면서 수익성 강화에 더욱 나서고 있다.

2023~2024년 중국은 신유통의 새로운 도약기를 맞고 있다. 허마센성의 CEO 허우이는 2023년 제2의 신유통 혁신을 주창하며 새로운 타깃 시장과 신규 고객을 확보하려는 비즈니스 모델을 제시했다. 이에 따라 몇 가지 중점 사업 방향을 발표했다.

그중 하나가 3선 이하 중소도시, 지역 커뮤니티, 농촌까지 밑으로 깊숙이 침투하자는 하침시장 전략이다. 중국 농촌지역의 인터넷 인프라가 개선되면서 2020년 기준 인터넷 보급률이 56%까지 올라갔고, 이로 인해 그간에 없던 새로운 온라인 소비층이 생겨났다. 여기에 대비하기 위해 허마센성은 허마미니와 허마할인점 2개 유형의 매장을 앞세워 지방 중소도시 시장과 농촌지역 커뮤니티 시장을 공략 중이다.

허마할인점은 허마센셩의 정상 매장 상품 중 유통기한이 임박한 상품만 모아 판매하는 소형 할인점인데, 재고를 분류하는 상품의 최소 단위인 SKU^{Stock Keeping Unit}가 많지 않은 대신 가격이 매우 저렴하다. 2022년 9월 기준 40개 매장을 시범 개설해 큰 호응을 얻었고 이후 농촌을 포함한 전국 3, 4선 도시에 매장을 2~3만 개까지 확대할 계획이다.

당초 하침시장 전략은 농촌지역의 빈곤 문제를 해결하고자 하는 목적이 컸다. 전자상거래를 통해 농산물 판로를 확대하고 재래시장을 업그레이드하자는 정부 정책에서 기인했다. 중국 디지털 플랫폼 기업들이 정부 정책에 부응해 새로운 신유통 모델을 시도한 것이다. 그러나 결과적으로는 농촌지역 소비자와 그간 온라인을 사용하지 않았던 새로운 사용자층을 창출하는 효과를 냈다. 중국 플랫폼 기업들은 앞으로도 하침시장을 공략하기 위한 새로운 시도를 계속할 것이다.

허마센셩은 알리바바 인프라를 십분 활용해 식품의 신유통 생태계를 장악한 '슈퍼 메가 플랫폼'으로 성장하겠다는 포부를 키우고 있다. 식품 산업에서 출발했지만 미래 계획은 전체 카테고리 산업을 점령하는 신유통의 공룡이 되고자 한다. 자사가 구축한 신유통 산업 생태계 위에 중소 리테일 업체, 파트너사, 심지어는 동종 업계 경쟁사까지 모두 산하에 편입시키고자 한다.

2023년 한 중국 매체와의 인터뷰에서 허우이는 이렇게 말한 바 있다. "허마센셩의 최종 목표는 온라인과 오프라인 리테일 체계를 구축한 기초 위에 압도적인 고객 트래픽 유입량을 확보하는 것입니다. 잠깐의 구매 목적으로 방문한 페이지 트래픽뿐만 아니라 해당 브랜드의 팬들이 주기적으로 방문하는 고객 트래픽도 함께 포함됩니다. 앞으로 허마센셩은 고객 트래픽으로 돈을 버는 더 다양한 방식에 주목할 것입니다."

구축된 생태계 위에 데이터와 상품, 고객이 모일 것이고 이를 통해 제3의 플레이어들과 떼려야 뗄 수 없는 의존과 공생 관계가 만들어질 것이다. 이것이 알리바바의 전통적인 성공 방정식이고 허마센셩이 추구하는 가까운 미래의 모습이다. 우리는 계속해서 허마센셩의 슈퍼 메가 플랫폼 전략 방향과 실행 방식에 주목할 필요가 있다.

타오차이차이
: 대세는 커뮤니티 리테일

    중국에서 태생한 또 다른 신유통 비즈니스로 '커뮤니티 공동구매 社区电商' 모델이 있다. 2018년 태생한 이 모델은 코로나19 시기에 재 택근무가 늘면서 시장 규모가 급속히 커졌다. 2019년부터 알리바바의 타오차이차이, 메이퇀의 메이퇀유쉰美团优选, Meituan Selected, 핀둬둬의 둬둬마이차이多多买菜, Duoduo Grocery 등 대형 플랫폼 기업들이 경쟁적 으로 유사 서비스를 출시했다. 그 외에도 수십 개 버티컬 플랫폼까 지 시장에 뛰어들면서 2020년 기준 880억 위안(한화 약 17조 원)으로 시장 규모가 폭발적으로 성장했다.

    그러나 많은 플레이어가 시장 선점을 위해 각종 보조금과 판촉비를 써가며 저가 출혈 경쟁을 이어가면서 많은 부작용이 생겨났다. 결국

이를 관리 감독하기 위해 중국 정부가 2020년 12월 9가지 금기 조항을 발표하면서 시장은 비로소 안정을 찾았다. 이 시기를 거치면서 커뮤니티 공동구매 모델은 비즈니스 본질에 더욱 집중하게 됐고 이제는 신유통의 새로운 다크호스로 떠오르고 있다.

커뮤니티 공동구매 모델은 간단히 말해 지인 네트워크를 기반으로 이웃 주민과 상품을 공동으로 구매하고 오프라인으로 수취하는 서비스다. 온라인 사전 판매와 오프라인 자체 픽업이 결합된 판매 방식이다. 이 모델이 대상으로 하는 시장은 온라인 침투율이 높지 않은 3, 4선 지방 중소도시와 농촌지역이다. 이는 중국 정부가 전략적으로 밀고 있는 하침시장 대상 지역과 일맥상통한다.

중국의 커뮤니티 공동구매 모델은 몇 명이 모이면 얼마를 할인해주는 한국의 공구마켓류 공동구매 서비스와는 사뭇 다르다. 이 모델이 중국에서 성공할 수 있었던 핵심 요소와 이것이 추구하는 리테일 비즈니스 본질에 대해 들여다보자.

중국의 커뮤니티 공동구매가 일어나는 전 과정은 이러하다. 1단계, 알리바바 같은 중간 커머스 플랫폼이 지방 중소도시를 중심으로 판매망이 돼줄 개인 슈퍼마켓 같은 소매점 점주들을 모집한다. 이들은 '퇀장團长'이란 역할로 플랫폼에 입점을 신청하고 판매 대리상 계약을 맺는다.

2단계, 퇀장이 주체가 되어 자신이 거주하는 반경 1km 내 주변 지역 주민을 대상으로 위챗 단체 채팅방을 운영하면서 수시로 상품을 추천하고 관련 링크를 보내 온라인 구매를 종용한다. 중국에는 수만 명에 달하는 퇀장이 있고 퇀장 1명당 관리하는 인맥은 수백에서 수천 명을 초과한다.

3단계, 단체로 구매한 상품을 1차 생산자와 제조 업체가 직접 해당 퇀장의 오프라인 매장으로 발송한다. 근접 거리의 생산자를 매칭해 배송 기간을 최대 하루를 초과하지 않는다.

4단계, 상품이 도착하면 퇀장은 지역 주민에게 알리고 주민은 집 근처에 있는 퇀장의 매장을 방문해 상품을 픽업해 간다.

5단계, 발생한 매출액에 대해 플랫폼 기업은 퇀장에게 일정 판매 수수료를 지급한다. 수수료율은 보통 5~10% 이상으로, 퇀장 1명당 평균 월수입은 4,000위안(한화 약 76만 원)을 넘는다.

왜 이러한 커뮤니티 공동구매 모델이 인기를 끌고 있을까? 이는 퇀장과 소비자 입장으로 나누어 설명할 수 있다. 퇀장은 지역사회에서 소형 슈퍼마켓을 운영하는 개인 사업자인데, 이들은 매장을 운영하면서 맞닥뜨리는 경영상 문제를 타파하기 위해 이 모델에 뛰어든다. 보통 개인이 매장을 운영하면 면적이 작고 취급하는 상품 수가 적어 매출을 늘리는 데 한계가 있다. 또한 미리 상품을 발주해 매장에 진열하고 판매해야 하니 만약 판매 적중률이 낮으면 바로 재고 부담으로 이어진다. 그리고 적은 수량의 상품을 개별 발주하다 보니 구매 원가가 높아져 판매 가격 역시 높아질 수밖에 없다. 개인 경영에 따르는 한계를 느끼고 중대형 마트와의 가격 경쟁에서도 밀리면서 새로운 돌파구가 필요했다. 따라서 이들은 튄장의 역할로서 알리바바 같은 플랫폼과 판매 제휴를 선택하게 된다.

소비자 입장에서 커뮤니티 공동구매 모델에 열광하는 이유는 고품질의 가성비 높은 상품을 구매할 수 있기 때문이다. 신선식품을 산지에서 바로 직배송받는다는 가치에 대해 큰 매력을 느낀다. 대도시가 아닌 지방 중소도시나 공업지역에 거주하는 주민은 주변에 농산지가 없고 교통 인프라도 좋지 못해 신선한 과일과 채소를 접하기 어렵기 때문이다. 또한 여러 명이 단체로 구매하면서 판매 가격이 낮아지는 효과도 부수적으로 따라온다.

중국의 커뮤니티 공동구매 서비스의 대표 사례 중 하나인 알리바바의 타오차이차이를 중점적으로 살펴보자. 타오차이차이는 2021년 3월 타오바오마이차이淘宝买菜와 허마마켓盒马集市을 통합해 탄생한 식료품 위주의 온라인 서비스다. 현재 중국에는 약 600만 개의 영세한 개인 슈퍼마켓이 있는데, 타오차이차이의 전략은 이 개인 슈퍼마켓 소매점에 알리바바의 전자상거래와 물류 인프라를 제공해 생산자와 소비자를 연결함으로써 스마트 유통 채널로 거듭나도록 하는 것이다.

그렇다면 어떻게 개인 소매점이 스마트 유통 채널이 될 수 있다는 것일까? 먼저 소매점 점주는 자신의 매장 정보를 입력하고 계정을 개설하면 알리바바의 상품 공급 중앙센터에서 제공하는 각종 생필품, 농특산물, 식료품, 심지어는 해외 브랜드 상품까지 상품 정보를 끌어와 온라인 판매를 시작할 수 있다. 협소한 자신의 오프라인 매장 외에도 알리바바 상품풀과 공급망 체계를 활용해 새로운 온라인 판매 채널을 확보하게 되는 셈이다.

그림 2-34 타오차이차이 애플리케이션 화면

다음으로, 판매에 앞서 알리바바의 고객 데이터 분석과 주변 지역 수요 예측에 따라 알리바바가 추천한 상품들의 정보를 검색한다. 소매점 점주는 추천 상품 링크를 끌어와 자신이 관리하는 단체 채팅방에 공유하고 이웃 주민에게 판매한다. 무작정 공유하는 게 아니라 지역 수요에 맞는 상품을 공유하므로 높은 구매 전환율을 가져온다.

배송은 알리바바 산하 계열사 물류 업체 차이냐오가 담당한다. 중앙센터 창고, 지역별 허브 집하 창고, 클라우드 방식을 활용한 웨어하우스, 판매지 창고 등을 거쳐 포장까지 완료된 상태로 단 하루 만에 소매점에 배송된다. 점주는 자신의 오프라인 매장을 주민들이 구매한 상품을 픽업하러 오는 장소로 제공한다. 상품을 최단 시간 내에 전달하기 위해 낮에는 점주가 매장에 상주하고 밤에는 무인 매장으로 전환해 24시간 상품을 픽업할 수 있게 한다.

그림 2-35 타오차이차이 매장 전경(앞)과 매장에서 구매 상품을 픽업하는 고객(뒤)

　타오차이차이에서 주로 판매되는 상품은 달걀, 정육, 과일, 채소, 신선식품 등의 식료품이며 중간 유통 대리상을 통하지 않고 산지 직 공급을 원칙으로 한다. 판매 상품의 공급처는 [그림 2-36]과 같이 알리바바 산하 신선식품을 유통하는 플랫폼 채널들이 모두 동원되는데, 상품 취급량은 100만 개를 초과한다. 허마센셩의 신선식품, 다룬파의 생필품, 1688닷컴과 편의점 링서우퉁零售通, AlibabaLST의 일상 용품 등 다수의 플랫폼에 유통 중인 1차 생산자와 직영 농장의 상품 공급망이 함께 활용된다.

그림 2-36 타오차이차이에게 상품을 공급하는 다양한 공급처

공급처

　또한 주로 취급하는 상품이 농산물이다 보니 1차 생산자를 소비자와 더 매끄럽게 연결하기 위해 타오차이차이는 '농촌의 디지털화数字农业'라는 슬로건 아래 광둥성, 저장성, 쓰촨성 등 성급 단위 지방정부와 협력 파트너십을 맺었다. 이를 통해 많은 농장과 직접 공급 계약을 맺고, 수확하는 즉시 중간 유통 단계 없이 바로 소비자에게 판매될 수 있는 체계를 구축했다.

　나아가 농작 재배 기술을 연구 개발하면서 농산물의 생산성을 높이는 데 기여하기도 했다. 예를 들어 쓰촨성 산지에서 수확한 1,500톤의 키위에 대해 알리바바 농촌 디지털 TF와 타오차이차이는 재배 즉시 상품화될 수 있도록 키위의 후숙 처리 기술을 쓰촨성 지방정부에 제공해 산지의 생산 효율을 높인 바 있다.

그림 2-37 타오차이차이와 협력하는 감귤 농장

이렇듯 농산물과 신선식품 산업에는 영세한 농장이나 개인 단위 생산자가 많은 편인데, 이들은 타오차이차이를 통해 가까운 지역사회 소비자를 찾고 온라인 채널로 판로를 확장해 부가 수입을 확보하는 데 도움을 받는다.

지금까지 타오차이차이의 세부 서비스 분석을 통해 커뮤니티 공동구매가 어떤 모델인지 살펴봤다. 요약하면, 신선식품 산업에서 중간 유통 단계 없이 생산자와 소비자를 직접 연결하는 새로운 유통 모델이며 여기에 지역사회의 개인 소매점이 중간에서 판매와 유통을 책임지는 중추적인 역할을 한다. 겉으로만 보면 알리바바 같은 플랫폼 기업들이 온라인 침투율이 낮은 지방 도시와 농촌지역을 공략하고자 마치 다단계 판매상을 관리하듯 각 지역사회 소매점 점주에게 상품 판매와 영업 판촉 역할을 맡긴 것처럼 보일 수 있다.

하지만 커뮤니티 공동구매 모델을 신유통이라고 부를 수 있는 이유는 다른 데 있다. 소비자가 원하는 상품 정보를 1차 생산자에게 전달해 상품과 서비스를 만들게 한다는 소비자 중심의 C2B^{Consumer to Business} 방식을 구현했기 때문이다. 소비자가 중심이 되어 새로운 산업을 형성해가는 신소비의 일종이고, 이 신소비를 기반으로 신유통 비즈니스 혁신을 만든 것이다.

첫 번째 혁신은 새로운 '소비자-공급자' 패러다임을 형성한 점이다. 개인 소매점을 운영하는 점주는 지인 네트워크 판매라는 새로운 방식을 통해 전자상거래 침투율이 높지 않던 낙후된 지역의 신규 소비자들을 발굴해냈다. 게다가 이 소비자들에게 농촌의 1차 생산자들을 직거래 형식으로 연결해주면서 전에 없던 새로운 공급자도 시장에 등장했다. 개인 농장주, 농식품협회 등 1차 생산자들은 과거에는 오프라인 도매 유통에만 의존했던 구조를 탈피해 새롭게 전자상거래 시장에 진출할 수 있었다. 결과적으로 커뮤니티 공동구매라는 새로운 소비 방식을 통해 새로운 소비자군과 공급자군을 창조하는 혁신을 이뤄낸 것이다.

두 번째 혁신은 최적의 쇼핑 경험을 위해 온라인과 오프라인 채널의 경계를 없애고 내외부 채널을 연계한 점이다. 소비자가 상품을 구매하고 정보를 교류하며 물건을 수취하기까지 일련의 쇼핑 경험은 온라인과 오프라인을 넘나들면서 일어난다. 예를 들어 위챗 단체 채팅방을 통해 지역사회 커뮤니티 주민끼리 원산지 정보를 포함한 상품 세부 정보를 교류하고 서로 추천한다. 실제 구매를 위해서 타오차이차이 애플리케이션에 들어와 온라인 결제를 하고 배송 현황을 확인한다. 그리고 상품이 도착하면 자신 주변의 여러 오프라인 매장을 방문해 픽업할 수 있다. 편의성을 높이고자 중국 난징시 전예구에 위치한 한 마을은 택배보관함, 편의점, 커피숍, 개인 소매점까지 1km 반경 내에 9개 이상의 매장을 하나의 네트워크로 묶었다.

세 번째 혁신은 품질과 가격 경쟁력을 위해 스마트한 상품 공급망 체계를 구축한 점이다. 소비자에게 최적의 상품, 최저가의 상품, 최단 시간 배송 등을 보장하기 위해 중간 유통 단계를 거치지 않고 1차 생산자와 직거래한다. 필요하다면 농촌과 지역사회의 디지털화를 촉진하면서 생산자 공급망을 업그레이드하기도 한다. 또한 전국 각지의 상품이 소비자에게 하루 만에 배달되기 위한 공급망 구조를 구축한다. 공급처는 타오차이차이 자사 플랫폼에만 국한하지 않고 외부 플랫폼 공급처까지 확대한다. 예를 들어 푸젠성 지역 마을 주민 500명이 공동구매로 주문한 상품은 허마센셩이 보내온 달걀, 다룬파가 공급한 배추, 쓰촨성 소재 직계약 농장에서 보내온 딸기 등이 함께 포장돼 배송되기도 한다.

이것이 바로 소비자가 중심이 되어 새로운 산업과 신유통 비즈니스를 창출한 C2B 모델이다. C2B는 소비자가 중심이 되어 새로운 비즈니스 프레임을 만들어간다. 커뮤니티 공동구매 모델을 더 이상 점조직 네트워크에 의존한 단순한 할인 판매 서비스로 이해해서는 안 된다. 신소비 역량으로 새로운 소비 계층과 소비 행태가 만들어지고 디지털 기술과 인프라를 등에 업고 소비, 유통, 공급 산업 전체를 업그레이드한 모델이다.

또한 커뮤니티 공동구매의 기본적인 거래 구조는 최종 소비자가 주문한 상품을 1차 생산자가 중간 유통 마진 없이 최저가, 최단 기간 내에 공급하는 것이다. 소비자가 1차 생산자 및 제조 업체와 직거래하는 형태이자 이미 구매가 확정된 상품과 수량에 따라 제조 업체가 그 수요를 맞춰주는 형태이므로 M2C 모델이다.

위와 같은 의미에서 타오차이차이 같은 커뮤니티 공동구매는 향후 중국 리테일 산업이 주목할 신유통의 혁신 모델이라 할 수 있다.

타오터
: 소비자 중심
C2M 리테일이 뜬다

중국에서 새롭게 떠오른 또 다른 신유통 비즈니스 중 하나로 소비자 중심 제조 모델인 C2M이 있다. 역으로 M2C라고 부를 수도 있는데, 내포하는 의미는 동일하다. 중국에서 C2M 모델은 2010년대 초반 출현했고 최초에는 브랜드사에 납품하는 제조 공장들로부터 저가로 상품을 직접 공급받아 소비자에게 판매하는 것으로 출발했다. 브랜드 상표만 없다뿐이지 유사한 품질의 좋은 상품을 낮은 가격에 구매할 수 있다는 입소문을 타고 소비가 급증했다. 중국 전자상거래 3위 기업 핀둬둬가 2015년 설립 당시 바로 이 모델을 기초로 하여 추가로 네트워크 판매나 할인 보조금 정책을 더하면서 급속히 성장했다.

그러나 진정한 의미에서 소비자 중심 제조라는 비즈니스 본질을 구현하기 시작한 것은 2019년 중반부터다. 중국 3대 디지털 플랫폼 기업인 알리바바, 징둥, 핀둬둬 모두 C2M 관련 사업 계획을 발표하기에 이른다. 당시 이 모델이 새롭게 재조명된 것에는 온라인 시장의 성장 속도가 둔화하면서 중국 디지털 플랫폼 기업들이 새로운 성장 동력을 모색하기 위한 것이 한몫했다. 오프라인 공급망의 최전선인 제조 산업, 온라인 침투율이 낮은 농촌 등 새로운 시장에 주목하기 시작한 것이다. 거기에 더해 코로나19 영향으로 해외 수출 판로가 막힌 중국의 중소 제조 공장들도 온라인이라는 새로운 유통 활로를 모색하면서 서로의 니즈가 맞아떨어졌다.

소비자 중심 제조 모델 C2M의 핵심 요건

C2M을 한마디로 정의하면 기업이 소비자의 요구에 따라 맞춤 제조 생산하는 프로세스의 비즈니스 모델을 말한다. 소비자의 구매 데이터, 사용 데이터, 행동 데이터 등을 활용해 제품 디자인, 생산, 유통 등 과정에 반영하고 최적의 맞춤형 상품을 출시함으로써 고객 만족도를 높이고 경쟁력을 강화하는 전략을 의미한다. 이 C2M 모델

이 실제 산업 현장에 구현되고 비즈니스 선순환을 일으키기 위해서는 몇 가지 조건이 필요하다.

첫 번째 조건은 정확한 소비자 데이터와 수요 예측을 통해 제품의 설계, 개발, 디자인에 반영하는 제조 공정과 프로세스를 혁신하는 것이다. 제조 인텔리전스라 표현할 수 있다. 보통 제조 공정 가장 끝단에 있는 원·부자재 업체나 생산 공장은 소비자와 괴리돼 있어 소비자 데이터를 파악하기 쉽지 않다. 알리바바의 경우 제조사와 소비자, 브랜드사를 직접 연계하는 중간 플랫폼을 놓고 관련 빅데이터와 디지털 기술을 제공한다. 이를 통해 제조 업체는 맹목적 추정이 아닌 정확한 분석 결과에 맞춰 타깃 소비자에게 어필하는 제품, 성분, 디자인, 포장 등을 결정한다.

두 번째 조건은 제조 업체가 생산 원가를 낮출 수 있도록 상품이 최종 소비자에게 전달되는 유통, 재고 관리, 물류, 배송 등 전 공급 사슬을 개편하는 것이다. 제조 업체는 자신이 만든 상품을 알리바바 등 중간 플랫폼에 공급만 하면 이후의 판매, 마케팅, 유통, 물류, 배송 등 소비자 손에 전달되는 전 과정을 알리바바가 대행한다. 이를 위해 알리바바는 내부에 자체 운영 팀을 꾸리고 제조 업체는 상품 위탁 판매 운영에 동의하는 계약에 사인한다.

세 번째 조건은 소비자의 상품에 대한 세분화된 요구 사항과 발주량을 충족할 수 있는 다품종 소량 생산 체계를 갖추는 것이다. 어떤 상품이 시장 반응이 있을지 모르니 먼저 소량 단위로 여러 모델의 제품을 시장에 테스트하고 반응이 좋은 최종 상품을 선정한 뒤 빠르게 리오더 생산하는 방식이다. 이를 통해 대량 생산의 부작용으로 발생하는 체화 재고를 미연에 방지하고 수익을 극대화할 수 있다. 최근 중국 패션 기업들이 수십 개 국가 해외 소비자들의 서로 다른 제품 수요를 맞추기 위해 유연한 맞춤형 제조 공정을 만들어 다품종 소량 생산을 실현하고 있다.

중국 디지털 플랫폼 기업별 서로 다른 C2M 전략

먼저 징둥을 살펴보자. 징둥은 2018년 C2M을 구현하는 징둥징짜오 서비스를 출시한 이래 2020년 11월 'C2M 인텔리전스팩토리^{C2M}智能工厂' 프로젝트를 본격적으로 시작했다. 그런데 구현하는 방식은 소비자와 제조 업체가 서로 만나게 하는 플랫폼 전략이 아닌 징둥이 직접 제품 개발에 참여하고 제조 업체와 신제품을 공동 출시하는 방식 위주다.

주요 사업 영역은 가전제품, 건강의료기, 주방가전, 식품, 화장품 등 카테고리에 집중돼 있는데 2023년 초까지 누적 3,000개의 브랜드 상품을 개발했다. 주로 자체 빅데이터와 소비자 수요 예측 분석 정보를 제공해 제휴 업체가 이에 맞춘 정확한 스펙의 브랜드 상품을 빠르게 출시할 수 있도록 지원한다.

예를 들어 기존의 게임용 노트북들은 기능에 충실하느라 두꺼운 것이 일반적이었지만 징둥은 소비자들이 가볍고 얇은 스펙을 원한다는 수요를 발견했다. 이를 바탕으로 중국 컴퓨터 제조 기업 거리格力, Gree와 협업해 신제품을 공동 출시하고 큰 인기를 끌었다. 현재 징둥에서 판매되는 게임용 노트북의 40%가 모두 C2M 제품이다.

이와 달리 핀둬둬의 경우 농산물 위주로 농촌 시장을 집중적으로 공략하는 전략을 실시했다. 심지어 농산물의 경작, 생산, 판매, 브랜드화에 이르는 전 과정에 직접 참여하고 디지털라이제이션 기술을 도입하면서 농촌 산업의 업그레이드를 꾀했다. 어찌 보면 사회적 책임기업 이미지를 표방하면서 디지털 농법을 가진 '신농부'를 많이 배출해 농촌의 탈빈곤에 이바지한다고 볼 수 있다.

그러나 더 근원적인 목표는 온라인 침투율이 낮은 지방 도시와 농촌지역에 퍼져 있는 잠재 소비자를 먼저 선점해 알리바바를 뛰어넘어 세를 확대하겠다는 것으로 해석된다. 핀둬둬는 2020년 '뉴브랜드계획2.0新品牌计划2.0'이라는 이름하에 C2M 프로젝트를 발족했으며 2025년까지 5,000개 제조 업체와 협업해 10만 개 신제품을 출시하겠다는 포부를 밝힌 바 있다.

다음으로 알리바바 사례를 살펴보자. 알리바바는 2019년 11월 C2M 사업 계획을 정식 발표했는데, 현재의 타오터 서비스가 이에 해당한다. 알리바바는 이 모델과 유사한 서비스인 1688닷컴을 1999년 선보인 이래 20년 이상 운영해온 바 있다. 이때 구축한 제조 업체와의 협력 관계와 상품 자원을 타오터 서비스에 그대로 가져왔고, 덕분에 타오터는 출시 3개월 만에 120만 개 제조 업체를 입점시킬 수 있었다. 사실 알리바바가 타오터를 출시한 이유는 당시 알리바바의 유저 수를 넘어서면서 급성장한 핀둬둬를 견제하기 위함이 더 컸다.

당시 알리바바가 취한 C2M 방식은 완전한 마켓플레이스 플랫폼 전략이었다. 소비자와 제조 업체가 직접 만나는 플랫폼을 선 구축하고 소비자의 상품 수요와 오더를 바탕으로 제조 공정과 상품 공급에 후 반영하는 형태다. 전 과정에서 소비자 수요 측면에 먼저 방점을 두고 이를 통해 공급 사슬 업그레이드를 추구하는 방향이다. 소비자의 매우 세분화된 수요에 맞추기 위해 제조 업체는 소량의 다양한 개성화 상품을 공급하는 유연한 생산 체계를 가져간다.

예를 들어 전통적으로 인기를 끄는 값이 싼 생활용품 외에도 전기 면도기, 휴대전화 같은 고가 상품과 승마복, 전통 의복 같은 세분화된 특정 소규모 시장 상품까지 판매가 원활히 이뤄진다. 2022년부터 타오터는 10위안 가게10元店와 100위안 가게100元店 2개의 온라인 매장을 분리해 운영하고 있다. 10위안 가게는 한화 2,000원 미만의 가성비 높은 저가 생필품과 생활용품을, 100위안 가게는 한화 2만 원 수준의 싸면서도 고품질 상품 위주로 판매한다.

또한 알리바바는 더 많은 소비자 수요를 만족시키기 위해 업종을 불문한 수많은 제조 업체를 입점시켰다. 실제 공장을 보유하고 있는지 증빙서류와 사업자등록증, PB브랜드 등록증만 있으면 10분 만에 입점이 완료된다. 입점 이후 알리바바 직영 팀은 자체 온라인 채널인 타오공장淘工厂을 통해 판매한다. 마케팅, 물류, 배송, 고객 CS 등 일련의 과정을 제조 업체를 대신해 위탁 운영한다.

그 덕분에 제조 업체는 제조와 생산에만 집중할 수 있고 중간 유통 단계 없이 소비자에게 직공급하는 구조로 가성비 좋은 상품을 공급한다. 결과적으로 소비자의 만족도가 높아지면서 구매가 일어나는 선순환 구조가 만들어진다. 알리바바는 2022년 3월 말 실적 보고에서 타오터가 서비스 개시 3년이 채 되지 않아 활성화 유저 3억 명을 확보했다고 발표했다. 이 중 20%는 타오바오나 티몰을 이용한 적 없는 신규 고객이었다. 당시 상황에서는 제조사 직공급 모델을 통해 완전히 새로운 고객 시장을 창출했다는 의미다.

C2M 모델은 리테일 산업의 미래 트렌드, 이제는 2.0시대로 접어든다

과거 3년간 중국 디지털 플랫폼 기업들은 각기 다른 C2M 전략을 구사하면서 시장 선점을 위해 치열한 경쟁을 벌였다. 현재 그 승부의 결과는 어떠할까?

징둥은 본래 강점을 가진 리빙과 가전 카테고리에 집중하며 히트 상품 개발에 모든 자원을 투입했던 전략이 주효했다. 스마트 도어락, 스마트 비데, 스마트 정수기, 안마기 등 시장에 반향을 일으키는 히트 상품을 연이어 출시하고 있다. 이는 징둥이 트렌디한 디자인 설계와 소비자 수요에 맞는 상품을 기획하고, 협력 공장은 고품질의 가성비 제품을 생산하는 등의 C2M 인텔리전스 제조를 위한 역할 분담이 시너지를 낸 덕분이다. 징둥이 파트너십으로 출시한 신제품은 성공 확률이 90%에 이른다.

반대로 알리바바의 방향은 다소 달랐다. 핀둬둬가 선점하던 저소득층 소비자와 지방 중소도시, 농촌지역 소비자를 쟁취하기 위해 타오터를 출시해 저가 상품의 출혈 경쟁에 뛰어들었다. 본래 타오터가 중점적으로 밀던 10위안 가게의 상품은 판매하면 할수록 손해를 보는 장사였다. 알리바바가 쏟아붓는 쿠폰 할인액은 100억 위안(한화 약 1조 9,000억 원)에 달했다. 또한 C2M 협력 모델로 외부 공장과 공동 제조한 상품들의 매출이 신통치 않으면서 협력 공장들도 하나둘씩 등을 돌리기에 이르렀다. 결국 알리바바는 C2M 영역에 진출한 지 5년 만인 2024년 초 핀둬둬와 쉬인 등의 아성을 넘지 못하면서 백기를 들었다. 타오터 서비스를 타오바오에 편입시키기에 이른다.

그와 달리 C2M 비즈니스 영역을 기반으로 급속하게 성장해 이제는 중국 전자상거래 시장 1위 자리를 넘보게 된 건 바로 핀둬둬다.

2023년 11월 30일 기준 핀둬둬의 기업 시가총액은 알리바바그룹 전체의 1,980억 달러(한화 약 261조 3,600억)를 뛰어넘었다. 이러한 성공 신화의 바탕에는 신유통 비즈니스를 만들어낸 C2M 모델을 미래 성장 동력으로 하여 새로운 전자상거래 시장과 수요를 창출했다는 데 있다. 새로운 전자상거래 판도가 열리고 있다는 것, 이것이 바로 우리가 주목해야 할 점이다.

C2M 모델은 중국 소비 시장에 등장한 하나의 강력한 트렌드다. 중국의 C2M 모델을 신유통 비즈니스라 부를 수 있는 이유는 기존 리테일 산업의 상품 제조와 유통의 공급 사슬 구조를 바꿔놓았기 때문이다. 과거 전통적인 상품 공급 체계에서는 제조 업체가 생산한 제품을 슈퍼마켓 등 소매 업체가 조달해 자신의 매대에 진열하고, 소비자가 마지막 단계에서 해당 상품을 구매하는 것이 일반적이었다.

그러나 C2M 모델에서는 소비자가 먼저 필요로 하는 상품과 수량, 스펙에 대해 구매 요청을 하면 제조 업체가 이에 맞춰 제품을 생산하고 공급한다. 알리바바 같은 기업은 소비자와 제조 업체 간의 직접 거래를 중개하는 플랫폼 역할을 한다. 이는 소비자가 필요로 하는 상품과 수량, 스펙에 대한 구매 요청을 받아 제조 업체에게 전달하고 제조 업체는 해당 요청에 맞춰 제품을 생산 및 공급하는 프로세스를 중개하는 것이다. 추가로 플랫폼 기업은 고객과 시장의 빅데이터 분석 정보와 디지털 비즈니스 인프라를 제공하면서 시장의 혁신을 가속한다.

제조 업체에서 출발해 유통 업체를 거쳐 소비자로 향하는 기존 단방향의 공급 사슬이 신유통 환경에서는 그 반대인 소비자로부터 시작한다. 이를 통해 진정한 의미에서 소비자가 주축이 되는 시장 경제가 실현되는 것이다. 소비자가 일으킨 상품 구매와 소비 수요가 해당 산업 전반에서 제조와 유통 구조까지 재편하고 전체 산업 규모를 결정짓는 요소로 작용한다. 따라서 기존 유통 구조 패러다임을 바꾸고 그 과정에서 새로운 소비자 가치를 창출하기 때문에 이것을 신유통 혁신이라고 부를 수 있다.

알리바바가 설계하는
신유통 미래 전략

앞서 중국에서 출현한 신유통 비즈니스와 대표적인 사례로 알리바바 서비스 모델을 살펴봤다. 현재까지 중국에서 등장한 신유통 비즈니스 유형은 크게 3가지다. 어떤 유형에 속하든 신유통이라고 부르기 위해서는 소비자에게 혁신적인 쇼핑 경험을 제공해야 하고 리테일 산업 전반을 개혁에 가까울 정도로 재편할 수 있어야 한다.

첫 번째 신유통 유형은 소비자 편의성 중심으로 온라인과 오프라인 쇼핑 채널을 융합한 O2O 모델이다. 이는 스마트 물류에 기반해 온라인과 오프라인 채널 간 경계 없는 쇼핑 경험을 제공함으로써 전통적인 리테일 산업의 공급 사슬에 변화를 가져왔다. 알리바바의 허마셴성이 대표적인 서비스다.

두 번째 유형은 소비자가 네트워크를 이룬 공동구매 방식으로 신수요와 신시장을 개척한 C2B 모델이다. 과거는 기업이 소비자를 대상으로 한 B2C 시장이라고 한다면 신유통 환경에서는 소비자가 출발점이 되는 C2B로 전환된다. 지역 주민이 공동체를 이룬 공동구매라는 특이한 소비 방식을 통해 농촌과 저소득 지역 시장까지 디지털화한다. 알리바바의 타오차이차이가 관련 서비스 중 하나다.

　세 번째 유형은 소비자와 생산자의 직거래라는 신유통 방식을 구현한 C2M 모델이다. 소비자 데이터 분석과 수요에 따라 생산을 가동하는 제조 인텔리전스와 중간 유통 단계를 건너뛴 경쟁력 있는 가격 모두 소비자 만족도를 높이는 데 기여한다. 알리바바의 타오터가 이를 구현한 서비스다.

신유통 비즈니스 유형별 대표 서비스

　중국에서 지금까지 출현한 신유통 비즈니스 유형과 각각의 대표적인 서비스를 알아보자. 아울러 신유통이라 불리우기 위해서는 해당 산업을 재편할 만한 혁신적인 비즈니스 요소들을 내포해야 한다. 대표 서비스들은 중국의 메이저 신유통 플랫폼 위주로 나열했다.

표 2-5 신유통 비즈니스 유형별 대표 서비스

신유통 비즈니스 유형	핵심 구성 요소	대표 서비스
온·오프라인 채널 융합 O2O (Online to Offline)	• 온·오프라인 채널의 경계 없는 쇼핑 동선 구성 • 데이터와 인터넷 신기술을 상품 운영과 스토어 구성에 도입 • 최단 시간 라스트 마일 배송을 위한 스마트 물류 체계	• 알리바바의 허마센성 • 융후이마트의 차오지우중 • 징둥의 치샨 • 쑤닝의 쑤산성
커뮤니티 공동구매 C2B (Customer to Business)	• 지역 커뮤니티 네트워크를 활용해 공동구매 서비스 및 집객 마케팅 • 온라인 사전 판매와 오프라인 픽업이 병존하는 O2O 방식 • 제3자 개인 소매점을 상품 유통과 공급 접점으로 활용하는 스마트 유통 방식	• 알리바바의 타오차이차이 • 핀둬둬의 둬둬마이차이 • 메이퇀의 메이퇀유쉰
소비자 중심 제조 C2M (Customer to Manufacturer)	• 소비자와 생산자를 직접 연계하는 공급 사슬 구축 • 데이터와 수요 예측에 기반한 인텔리전스 제조 공정	• 알리바바의 타오터 • 핀둬둬의 뉴브랜드계획2.0 • 징둥의 징둥징짜오

중국 신유통은 이제 2.0시대

중국에서 신유통 개념이 처음 태동하고 성장한 단계를 신유통 1.0시대(2017~2021년)라고 한다면 이 시기에 중국 디지털 플랫폼 기업들이 바라본 사업 방향과 추진 방식은 조금씩 달랐다. 중국 디지털 산업의 양대 산맥인 알리바바와 징둥의 추진 전략을 비교해보겠다.

알리바바의 경우 신유통 1.0시대에는 허마센셩을 필두로 오프라인 매장의 회원, 매출, 상품 3가지를 디지털화하자는 기조에 따라 움직였다. 따라서 모든 게 온라인 서비스를 강화하는 것에서 출발했다. 오프라인 매장을 통한 서비스 체험은 궁극적으로 온라인 매출을 늘리고 온라인 회원의 충성도를 높이는 데 사용됐다. 그런 이유로 허마센셩은 현금과 카드 결제가 아닌 100% 알리페이를 통한 온라인 결제만 허용한 것이다.

징둥의 신유통 전략은 이와 사뭇 달랐다. 징둥이 주력했던 것은 프론트엔드 창고 방식의 오프라인 직영 매장을 출점하는 것이었다. 별도의 재고 창고 없이도 판매 매장이 곧 상품 창고 역할을 하는 프론트엔드 창고 방식이 잘 운용될 수 있도록 빅데이터와 디지털 인텔리전스 기술을 지원했다. 이런 전략의 배경에는 징둥의 태생적인 장점이자 현재도 수익의 큰 부분을 차지하는 가전제품과 직영몰 전용 상품, PB상품 매출을 위한 유통 공급망으로 활용하려는 목적이 컸다.

2022년부터는 중국에 신유통 2.0시대가 새롭게 전개되고 있다. 현재 알리바바와 징둥은 서로 다른 각도에서 제2의 신유통 전쟁을 준비하고 있다. 이들이 바라보는 신유통의 미래 방향은 무엇일까?

알리바바는 신유통 2.0시대를 맞아 더 이상 직영 오프라인 매장을 맹목적으로 늘리지 않을 예정이다. 오히려 공동 투자와 합자 방식을 통해 중국 전역에 퍼져 있는 기존의 매장들과 공동 운영 비즈니스를 구축할 계획이다. 알리바바는 데이터 자원과 디지털 IT 인프라를 제공하고 상대 파트너사가 매장 운영을 관장하는 형태의 협업 모델이다. 알리바바는 이를 위해 이미 싼장쇼핑三江购物, 인타이리테일银泰商业, 롄화마트, 둥팡증권东方股份 등 슈퍼마켓, 마트, 백화점 등 리테일 회사에 신규 투자를 하거나 추가 투자를 통해 지분 비율을 높이고 있다.

징둥의 경우 온라인 고객이 오프라인 매장에서 상품을 체험하면서 선택의 폭을 넓히고 구매 전환율을 높이도록 매장 체험을 더욱 강화하는 전략을 구사하고 있다. 징둥의 본래 강점인 가전 카테고리는 구매 전에 실제로 상품을 테스트하고 사용해보는 경험이 중요하며 사후에는 A/S 지점 구축이 필요하다. 따라서 오프라인 직영 매장 수를 계속 늘려 가전제품 위주의 징둥 직영몰 상품과 PB상품 매출을 강화하는 데 중점을 둘 것이다. 즉, 소비자 최전선에 자사 상품들이 도달할 수 있도록 배치하고 상품과 서비스 체험을 오프라인 매장을 통해 최대한 강화하면서 매출을 견인하겠다는 전략이다.

▌신유통 비즈니스의 미래 모습

지금까지 신유통 시장을 바라보는 중국의 양대 디지털 플랫폼 기업의 시각과 그들이 추진하고 있는 사업 방향을 살펴봤다. 이것을 통해 우리는 신유통 시장의 미래 발전 방향을 예측하고 새로운 사업 기회를 발견할 수 있다. 2019년 알리바바그룹 CEO 장융은 "신유통은 단순히 유통 영역에서 바라보는 것이 아닌 데이터 기반의 전방위적 산업화 역량을 구축하는 것이다"라고 말한 바 있다.

신유통 비즈니스의 출발은 결국 소비자다. 소비자는 점점 더 개성을 추구하고 특색 있는 체험 소비를 원한다. 또한 개인별로 세분화된 수요를 바탕으로 다양한 소비 습관을 보인다. 따라서 과거 온라인과 오프라인 통합 쇼핑 경험을 제공하는 데 집중하던 것에서 이제는 개인별로 맞춤형 서비스를 제공하는 등 개인화 서비스 리테일로 무게 중심이 옮겨가고 있다. 소비자에서 비즈니스가 출발한다는 C2B 개념이 여러 방식으로 구현되면서 새로운 시장, 새로운 소비자, 새로운 사업 기회가 열리고 있다.

또한 소비자 끝단까지 퍼져 있는 지역 커뮤니티와 네트워크를 중심으로 한 커뮤니티 리테일이 주목받을 것이다. 개별 소비자의 좀 더 정교한 수요에 맞춰 상품, 정보, 콘텐츠를 제공하기 위해서는 '커뮤니티'라는 키워드에 주목할 수밖에 없다. 중국에서 알리바바, 징둥, 월마트 등이 3~5선 지방 중소도시를 공략하기 위해 대형 매장이 아닌 소형 매장을 더 많이 개설하겠다는 전략이 이와 일맥상통한다. 또한 한국을 비롯한 전 세계에서 인플루언서라든지 해당 커뮤니티에 입김이 센 개인들이 떠오르면서 이들을 중심으로 한 네트워크형 리테일 모델도 계속될 것이다.

그리고 유통과 제조가 불가분 관계가 되면서 제조 인텔리전스 기반의 리테일이 트렌드로 떠오를 것이다. 소비자 수요에 맞춰 소비자가 브랜드사를 거치지 않고 바로 제조 업체와 만나는 C2M 모델을 구현하는 유통 채널이 만들어질 것이다. 이를 통해 제조 업체와 농촌지역을 포함한 1차 생산자가 소비자 접점을 가져가면서 리테일 산업에 본격적으로 진출하게 된다. 제조 업체가 브랜드사 위치가 되고 상품 생산자이면서 창고 보관과 배송 역할까지 담당하는 것이다.

유통 채널과 서비스 형식은 이를 보조하기 위한 수단이므로 그때그때 바뀔 수 있다. 현재 중국에서는 새로운 잠재 시장으로 떠오른 저소득 시장, 지역 커뮤니티 시장, 농촌 시장을 공략하기 위해 새롭게 저가 상품을 개발하고 지역 커뮤니티 유통 채널을 개발 중이다. 결국은 소비자의 변화하는 수요를 맞춰 새로운 잠재 시장을 개발하고 그에 부합하는 서비스와 콘텐츠, 채널을 제공하는 등의 소비자 중심 경영이 신유통의 핵심이다.

CHAPTER

3

빅테크
리테일 4.0
: 알리 쇼크 이후의
성공 전략

진출 전략
: 새로운 비즈니스
솔루션을 찾으라

중국 코로나19 리오프닝 국면을 맞아 한국 기업들의 명암이 크게 엇갈렸다. 억눌렸던 소비 심리가 되살아나며 모두 기대감을 키웠지만 전통적인 강세 기업이 지고 신흥 기업이 뜨는 등 중국 시장 진출 성적이 달라졌다. 아모레퍼시픽, LG생활건강 화장품 부문의 2023년 1분기 중국 매출은 전년 동기 대비 40% 감소했지만 'MLB', '디스커버리' 등 의류 브랜드를 운영하는 한국 F&F는 동기 대비 38% 증가했다.

중국 리테일 산업에 불고 있는 디지털 트랜스포메이션 추세와 소비자의 소비 취향 변화에 얼마만큼 선제적으로 대응했는지가 성공을 가른 주요 요인이었다. 대기업과 중소기업을 막론하고 중국 시장에 진출하기 위해서는 중국 디지털 플랫폼을 활용한 전략과 자신에게 맞는 비즈니스 솔루션을 찾는 게 중요하다.

나는 20년 넘게 중국 비즈니스 개발과 사업 기획, 컨설팅을 진행하고 있다. 알리바바의 티몰에서는 7년 동안 대기업부터 중소기업, 개인 무역상까지 수많은 기업의 CEO 및 중국 사업 책임자들과 같이 중국 디지털 플랫폼에 진출하는 방안을 설계하고 실행을 지원한 경험이 있다. 그 경험을 살려 이번 챕터에서는 한국 기업이 중국에서 비즈니스를 전개할 수 있는 방식과 주의할 점을 실제 한국 기업 사례를 들어 설명했다.

중국 진출을 준비하는 기업들이 향후 언제든지 직면할 수 있는 비즈니스 상황을 미리 경험한 기업들로 선정했다. 당시 어떤 상황에서 어떤 목표를 달성하기 위해 어떤 의사 결정을 했었는지에만 초점을 뒀다. 과거 상황을 설명한 것이므로 현재와 다를 수 있고, 기업의 사업 방향에 따라 향후 얼마든지 변할 수도 있음을 알린다. 또한 해당 기업의 중국 사업 전략 전체를 대변하지 않는다는 점도 미리 일러둔다.

진출 전략 1
: 화장품과 퍼스널 케어

중국 시장에서 가장 인기 높은 수입 상품 카테고리는 화장품이다. 그러나 화장품의 경우 내수 시장에 바로 진출하기는 어렵다. 일반 무역으로 정식 수입 통관에 위생 허가 인증이 필요하기 때문이다. 2019년부터 정책이 다소 완화돼 일부 품목은 온라인 사후 심사제로 바뀌었으나 여전히 진입 장벽이 있는 게 사실이다.

이러한 이유로 대부분 중소기업 브랜드는 정식 수입 통관이 필요 없는 크로스보더 역직구 시장을 먼저 타진한다. 역직구 시장 규모 역시 작지 않다. 한국 화장품의 경우 역직구 비즈니스인 티몰글로벌 매출 규모가 티몰 내수 규모와 비교하면 80% 수준이다. 또한 티몰 글로벌과 티몰 내수를 통틀어 한국 화장품 브랜드의 공식 스토어는 매년 180개 이상씩 개설되고 있다. 2023년 말 기준 알리바바에서 판매되는 한국 화장품 브랜드 수도 5,500개 이상으로 상당하다.

브랜드 세부 상황을 살펴보자. 한국의 화장품 대기업 3개와 중소기업 1개를 선정했다. 중국 시장에 진출할 당시 이들이 취했던 전략과 성공 방정식을 들여다보자.

표 3-1 한국 화장품 기업·브랜드의 중국 진출 사례

기업·브랜드	진출 방식		타깃 시장		현지화
	직접 운영	위탁 운영	역직구	내수	현지 생산
아모레퍼시픽	O	X	O	O	X
애경산업	△	O	O	X	X
정샘물	O	X	O	O	X

아모레퍼시픽의 과거 5년간 중국 매출 규모는 경쟁사 LG생활건 강과 비교했을 때 비슷하거나 화장품 카테고리에 한해서는 다소 작은 수준이었다. 이에 아모레퍼시픽은 경쟁 우위를 확보하기 위해 다각도의 신사업을 시도했다. '설화수', '에뛰드', '이니스프리' 브랜드 등의 오프라인 매장은 점차 철수하고 2019년부터 본격적으로 중국 디지털 플랫폼 채널에 관심을 갖기 시작했다.

아모레퍼시픽은 알리바바와 연간 단위 운영과 마케팅 파트너십을 체결하고 디지털 플랫폼 채널을 통한 매출 강화와 신규 인기 브랜드 육성에 힘썼다. TMIC와 협업해 소비자 데이터를 반영한 신제품 개발에도 힘썼다. 즉, 신규 전략 포트폴리오를 실행하는 데 있어 중국 디지털 플랫폼을 적극적으로 활용하고 이를 성장 동력으로 삼은 것이다. 사실 경쟁사인 로레알, 에스티로더 등은 오래전부터 이런 기조를 이어오고 있었다.

나는 아모레퍼시픽의 각 브랜드 그룹장들이 모두 배석한 자리에서 아모레퍼시픽 산하 브랜드들의 알리바바 티몰 내 실적 현황과 시사점에 대해 강연한 적이 있다. 이때 당시 아모레퍼시픽 CEO였던 안세홍 대표와 나눈 대화가 기억난다. "전 세계 프레스티지(고급) 브랜드가 성장하는 동인은 결국 중국인이었습니다. 아모레 면세점 매출의 대부분도 중국 유커가 차지합니다." 나의 대답은 이러했다. "중국인을 어떻게 타깃할지가 중요한데, 14억 명 잠재 소비자를 오프라인 매장으로 다 커버할 수는 없습니다. 결국은 중국 디지털 플랫폼이 관건입니다." 한국 기업들도 중국 전자상거래의 중요성을 인지하고 중국 디지털 플랫폼 기업들과의 적극적인 협업이 필요하다.

다음으로 애경산업 사례를 알아보겠다. 글로벌 경쟁 브랜드들과 중국 내수 시장 선점을 위해 치열한 싸움을 하는 아모레퍼시픽과 LG생활건강과 달리, 애경산업은 중국 크로스보더 역직구 시장을 집중적으로 먼저 공략했다. 애경산업 산하 화장품 브랜드는 4~5년 전만 해도 중국 내 인지도가 높지 않았다. 브랜드 상품을 판매하는 공식 온라인과 오프라인 채널이 없어 흡사 신규 브랜드와 다름이 없었다.

따라서 초기 중국 진출 전략은 크로스보더 역직구 시장을 우선순위로 하고, 전체 상품을 모두 홍보하기보다 특정 카테고리 영역에서 No.1 브랜드로 포지셔닝하겠다는 목표를 세웠다. 커버팩트 카테고리에 집중했고 브랜드 중 '에이지투웨니스'를 선택했다. 동시에 실력 있는 위탁 운영사 1개를 지정해 전적으로 운영을 맡겼다. 후발 주자로 시장에 진입한 터라 신중하게 전략을 실행했다.

애경산업은 먼저 중국 온라인 소비자가 한국산 커버팩트 상품을 선호하고 시장 규모가 크면서도 성장세가 높다는 점에 주목했다. 또한 다양한 상품 라인업을 보유하고 있어 잘 맞아떨어졌다. 커버팩트에 집중한 결과 2년 뒤 티몰글로벌의 한국 화장품 브랜드 중 매출 최상위권을 차지했다.

즉, 애경산업은 글로벌 화장품 공룡 기업들에 맞서기 위한 전략으로 타깃 시장과 타깃 상품의 포지셔닝을 좁지만 정확하게 설정하고, 디지털 플랫폼 운영 경험이 좋은 운영사를 찾아 위탁함으로써 시장에 빠르게 안착할 수 있었다.

중소기업 브랜드 예시로서 정샘물을 알아보자. 당시 중국에서는 유명한 브랜드가 아니여서 처음부터 원하는 중국 합작 파트너사를 찾을 수 없었다. 그러나 한국의 대표 메이크업 아티스트 브랜드라는 특징을 홍보에 집중적으로 활용했다. 초기에는 상품에 대한 마케팅보다 아티스트 이미지를 내세워 판매 스토어의 신뢰도를 높이는 데 마케팅을 집중했다. 또한 티몰글로벌 마케팅 팀과도 긴밀히 협업해 티몰글로벌에서 주관하는 각종 유료와 무료 프로모션에 참여하면서 초기 팬층을 구축해나갔다. 꾸준한 투자 덕분에 1년도 채 되지 않은 시점에 티몰글로벌 한국 화장품 카테고리에서 매출 상위권 스토어에 등극하는 성과를 냈다.

진출 전략 2 : 패션 잡화

패션 의류 카테고리는 한국과 해외 기업들이 중국 시장에서 성공하기 비교적 어려운 영역이다. 중국의 패션 시즌이 한국보다 다소 일찍 시작해 한국의 생산 납기 주기로는 따라가기가 힘들고, 중국 현지에 생산 체계를 갖추더라도 디자인 설계와 원가관리에서 경쟁력이 약할 수 있기 때문이다. 또한 반품되거나 미판매된 상품의 사후 처리도 어렵다.

따라서 한국 패션 기업들은 차별화된 중국 진출 전략이 필요했다. 한국 대형 패션 기업 2개와 중소기업 1개 브랜드 사례를 살펴보자.

표 3-2   한국 패션 기업·브랜드의 중국 진출 사례

기업·브랜드	진출 방식		타깃 시장		현지화
	직접 운영	위탁 운영	역직구	내수	현지 생산
MLB	O	X	X	O	O
헤지스	X	O	X	O	O
아크메드라비	X	O	O	O	X

중국에서 성공한 패션 브랜드로는 한국 F&F가 운영하는 MLB가 있다. 이 브랜드는 원래 미국 메이저리그에서 상표권을 소유하고 2019년 당시 중국 시장은 미국 본사가 직접 운영하고 있었다. 메이저리그 야구 모자로 중국 소비자에게 인기가 높았지만 미국 본사는 중국 현지에서 유통 채널을 많이 늘리지 못했고 매출 실적이 미미했다. 이것을 기회 요인으로 본 한국 F&F 당시 김창수 대표이사는 한국에서 MLB 브랜드를 다년간 라이선스 운영한 경험을 살려 2019년 새롭게 중국 지역의 브랜드 라이선스 독점 판권을 따냈다.

김창수 대표가 계약서에 최종 서명하기 전 나를 불러 중국 상황과 알리바바 플랫폼에 대해 자문하는 자리에서 기억에 남은 한마디가 있다. "우리는 중국 시장을 잘 알아야 하고 많이 배워야 합니다. MLB는 중국인에 맞는 브랜드로 다시 태어나야 합니다." 김창수 대표는 중국 패션 시장에서 성공하기 위해서는 완전하고 철저한 현지화가 필요함을 이미 궤뚫고 있었다.

F&F의 중국 진출 전략은 자체 운영화와 현지화였다. 기존 한국 상품으로 중국을 타진하지 않고 초기부터 중국 현지 생산, 유통, 마케팅 체계를 구축했다. 수많은 대리점 체계를 구축해 오프라인 시장을 빠르게 장악해나갔다. 또한 외부 파트너사에 맡기지 않고 현지에 자체 운영 조직을 두고 직접 사업을 전개했다.

중국 내수 시장을 우선순위로 한 현지화 전략과 과감한 투자를 통해 진출 3년 만에 오프라인 매장을 900개까지 확대했고, 알리바바 티몰 내수 플랫폼의 모자 카테고리에서 매출 최상위권 브랜드에 등극했다.

또 다른 한국 패션 대기업 LF의 사례를 알아보자. LF 산하 많은 브랜드 중 중국에서 인기 있는 브랜드는 '헤지스'다. 헤지스가 2007년 중국 시장에 최초 진입할 당시 LF는 직접 운영 방식이 아닌 중국 합작 파트너사를 통한 위탁 운영 방식을 선택했다. 중국 합작 파트너사는 자신들의 생산 체계를 구축하고 브랜드 디자인부터 생산, 품질 관리, 고객 CS 등을 모두 독자적으로 관장했다. 오프라인 매장도

2021년 말 기준 400개까지 확장했다.

LF는 브랜드 사용권을 주고 로열티를 받는 라이선스 방식의 수익 모델을 선택했다. 현재까지 15년 이상 별도의 추가 비용과 투자 없이도 수입을 거두고 있지만 라이선스 방식의 특성상 운영에 관여하지는 못한다. 중국 내 브랜드 판매 매출과 고객 데이터가 모두 중국 파트너사에 귀속되는 구조다. 자체 인력과 운영 조직을 구축해 중국 사업을 직접 전개하는 MLB와 비교해 헤지스는 운영을 위탁하는 수권 방식을 택한 것이다.

다음으로 중소기업 브랜드로 '아크메드라비'를 알아보겠다. 2017년 동대문에서 시작한 이 브랜드는 한국 매출이 미미했고 2019년 중국 시장을 노크할 당시 현지에서도 인지도가 전혀 없는 브랜드였다. 따라서 브랜드의 차별화 요소를 정하고 회사 역량을 집중하는 게 중요했다.

일단 역직구 시장을 1차 진출 채널로 정했다. 또한 의류에 프린팅된 독특한 캐릭터 문양이 중국 젊은이들 취향에 맞을 것으로 판단해 차별화 콘셉트로 잡았다. 그리고 의류 전체 상품 중에서 계절에 상관없이 입을 수 있는 티셔츠와 후드 티셔츠 등 2개 아이템을 선정했다. 그런 뒤 캐릭터 문양을 내세운 아이템에만 모든 홍보를 집중했다. 게다가 운 좋게도 한국 연예인 협찬 효과가 더해지면서 중국 시장에서 빠르게 자리를 잡아나갔다.

아크메드라비가 취한 전략은 소수의 장수 아이템을 먼저 만드는 것이었다. 초반에 이 아이템에 대한 젊은 소비자들의 공유하기와 입소문이 쌓였고, 일정 기간이 흐른 뒤에는 자연스럽게 브랜드 전체에 대한 관심도로 서서히 옮겨왔다. 역직구 시장에서 성공을 거둔 뒤 현재는 중국 내수 시장까지 진출해 오프라인 매장 수를 늘리고 있다.

진출 전략 3 : 유통사·마트·온라인 종합몰

브랜드 기업들 현황과는 다르게 한국 유통 기업들은 중국 진출 성과가 그리 좋지 못하다. 전자랜드와 이마트가 알리바바 티몰글로벌에서 겪었던 애로점을 설명하겠다. 동시에 한국 외 글로벌 유통 기업들은 어떻게 대응했는지 그 성공 사례로 일본의 앳코스메@COSME를 소개하겠다.

글로벌 유통 기업들이 중국에 진출할 때는 알리바바, 징둥, 핀둬둬 등 디지털 플랫폼 기업들을 경쟁자가 아닌 중국 진출을 위한 조력자로 보고 적극적으로 협력한다. 중국 디지털 플랫폼에 자사 공식 스토어를 개설하고 중국 내 공식 판매 페이지로 활용하기도 한다.

표 3-3 유통 기업의 중국 진출 사례

기업	진출 방식		타깃 시장		현지화
	직접 운영	위탁 운영	역직구	내수	현지 생산
전자랜드	O	X	O	X	X
이마트	O	X	O	X	X
앳코스메(일본)	O	X	O	X	X

전자랜드는 국내 최초의 가전 양판점으로 불리는 가전제품 종합
몰이다. 2016년 역직구 플랫폼 티몰글로벌에 입점해 중국 진출을
시도했다. 초반에는 국내 중소 가전 업체의 해외 수출을 돕는다는
취지로 국내 업계의 관심을 끌었고, 실제로 판매하면서 중국 소비자
가 호응을 보이는 인기 상품과 기회 품목군도 발견했다.

그러나 가격 경쟁력, 물량 공급, 마케팅 등에서 아쉬움을 남겼고
입점한 지 5년 만에 퇴점을 결정했다. 잘 팔리는 인기 상품은 물량
이 계속 부족했고 가격 경쟁력도 좋지 못했다. 인기 상품에 대해 브
랜드사와 협업해 전자랜드만의 전용 상품을 기획하는 등의 시도도
쉽지 않았다. 비인기 상품에 대해서는 상품의 특장점을 상세히 알리
는 콘텐츠 정보가 부족했고 상응하는 마케팅 활동도 없었다. 한국의
대표적 가전제품 종합몰이란 이미지와 신뢰도를 충분히 구축하지
못했고, 중국 소비자에게 우량한 한국 상품을 소개하는 정보 제공자
및 큐레이터로의 역할이 부족했다.

이마트 사례도 있다. 티몰글로벌 입점 초반에 중국에 판매 권한을 확보한 브랜드 상품이 많지 않았고 롱테일 상품[17] 위주라 판매가 부진했다. 이에 전략 방향을 수정해 수익성이 좋고 자체 마케팅을 진행할 수 있는 PB상품 혹은 NPB상품[18]에 판매를 집중했다. 이마트 NPB상품 중 하나인 전용 용량 '려'는 아모레퍼시픽이 판매하는 려보다 단일 용량 대비 가격이 저렴했고 이마트가 판촉 비용까지 투여하면서 초반 판매는 매우 좋았다.

그러나 스토어 운영 2~3년 만에 성장세가 꺾였다. 이유는 추가적인 신규 히트 상품을 발굴하지 못했고, 저가 상품으로 끌어들인 많은 고객을 이마트 자체 스토어의 충성 고객으로 편입시키는 고객 소통이 부족했다. 종합몰임에도 불구하고 다양성이 떨어지고 특색 있는 한국 상품 구색이 부족해 중국 소비자의 관심도가 떨어진 것이다.

비교 차원에서 종합몰로서 시장에 성공적으로 안착한 일본 앳코스메 사례를 들어보겠다. 앳코스메는 화장품 리뷰 사이트이자 오프라인 매장과 온라인 쇼핑몰을 가지고 있는 유통 업체다. 티몰글로벌에 입점해 공식 스토어를 개설하고 좋은 실적을 보였는데, 거기에는 몇 가지 이유가 있다.

---

17 롱테일 상품(Long Tail) 파레토 법칙에서 상위 20%의 인기 상품이 있는 '머리'와 하위 80%의 다수 상품이 있는 '꼬리'를 가리키는 용어로, 상대적으로 판매나 수요가 적은 상품을 설명할 때 사용한다.

18 NPB상품(National Private Brand) 제조 업체와 유통 업체가 공동 개발해 그 유통 업체에서만 독점적으로 판매하는 전용 상품을 말한다.

첫째, 앳코스메는 초기에 50개 화장품 브랜드 중 일부 기업과 연합해 티몰글로벌 스토어 신규 유입을 늘리기 위한 마케팅을 공동으로 진행했다. 일본 메이크업 아티스트 화장품 브랜드와 연합해 독점 상품을 최초 공개하거나 아티스트 인지도를 마케팅에 활용하는 등이다. 둘째, 일본 도쿄의 앳코스메 매장에서 현지 라이브 방송을 진행하고 이를 티몰글로벌 스토어와 연계 판매하는 등의 홍보를 진행했다. 이로 인해 판촉 효과 외 정품을 판매하는 스토어라는 신뢰도를 구축할 수 있었다. 셋째, 상품 판매에만 그치지 않고 추천 상품의 특장점, 성분, 리뷰, 화장법 등 관련 콘텐츠를 제공하는 큐레이션 기능을 강화해 구매 전환을 높였다.

유통 업체가 중국 디지털 플랫폼 시장에서 살아남기는 분명 쉽지 않다. 하지만 나름의 생존 전략을 구사할 수는 있다. 한국의 유통 업체 역시 종합몰의 장점을 살려 자산만의 강점 품목과 카테고리를 발굴하고 품질 좋고 특색 있는 신제품을 육성해갈 수 있다. 중국 디지털 플랫폼 기업들과 적극 협업하며 시장 트렌드에 맞는 품목을 개발하고 마케팅하면 결과적으로 다수의 중소기업 신제품을 위한 중국 진출 게이트웨이 역할을 할 수 있을 것이다.

진출 전략 4
: 영유아·식품·건강기능식품

영양제, 의약품 등 건강기능식품은 중국 내수 시장보다는 크로스보더 역직구 채널에 매우 적합한 카테고리 중 하나다. 일반 무역의 수입 통관에 필요한 허가와 심사 시간이 길기도 하지만 일반적으로 중국 소비자가 크로스보더 채널을 통해 미국, 호주 등지에서 직구한 상품을 더 선호하기 때문이다. 건강기능식품 시장은 브랜드 인지도가 없더라도 효능만 보장된다면 새로운 히트 상품이 쉽게 만들어지는 영역이다.

기저귀, 피부 보습제, 분유, 아기 의류 세정제 등 영유아 제품 역시 크로스보더 역직구 시장에서 더 환영받고 인기를 끈다. 동시에 제품 경쟁력, 차별화 성분, 안전성을 놓고 글로벌 브랜드사들이 치열한 경쟁을 벌이는 영역이기도 하다.

식품은 일반적으로 유통기한이 짧거나, 냉장·냉동 배송이 필요하거나, 중국 소비자에게 빠르게 침투할 수 있는 오프라인 매장 전략이 필요하므로 크로스보더 채널보다는 내수 시장에 먼저 진출하는게 일반적이다. 물론 특정 품목 상품들은 크로스보더 시장에 더 적합하기도 하다. 그러나 대부분의 전통적인 한국 식품 기업은 오래전부터 중국 내수 시장에 진출해 현지에서 생산, 유통, 마케팅 체계를 갖추고 있다.

표 3-4 한국 식품 및 건강기능식품 기업·브랜드의 중국 진출 사례

기업·브랜드	진출 방식		타깃 시장		현지화
	직접 운영	위탁 운영	역직구	내수	현지 생산
B&B	X	O	O	O	X
삼양식품	X	O	O	O	X
정관장	O	X	O	O	X

　영유아 카테고리의 대표적인 브랜드로는 보령메디앙스의 'B&B' 가 있다. 중국에서 유아 섬유 세제 품목 하나로 높은 인기를 끈 브랜드다. 보령메디앙스는 2013년부터 중국법인과 위탁 운영사가 주축이 되어 중국 내수 시장을 먼저 개척했고 차순위로 크로스보더 역직구 시장에도 진출했다. B&B는 중국 시장에서 성공하기 위해 필요한 태도와 솔루션을 잘 실천하고 있는 브랜드 중 하나다. 물론 최근에는 성장세가 주춤하고 있지만 그래도 중국 내 해당 카테고리 최상위권을 유지하고 있다.

　B&B의 성공 비결은 유통 확장, 마케팅, 신제품 출시 등에서 가장 모범이 될만한 사례다. 유통 채널을 확장할 때는 채널별로 전문 위탁 운영사와 계약했다. 알리바바 등 중국 디지털 플랫폼 자원을 충분히 활용해 내수와 크로스보더, 타오바오와 티몰 등 전 영역을 개척했다. 신제품은 기존 인기 품목 외에도 꾸준히 유연제, 비누, 비건 세제, 유아 스킨케어 등의 2차 인기 품목들을 발굴해나갔다. 마케팅 역시 적극적이었는데, 알리바바 마케팅 팀과 정기적으로 소통

하며 소비자 트렌드 정보도 얻고 연간 마케팅 플랜을 공동으로 실행했다.

식품 기업으로는 삼양식품을 예를 들어보겠다. 삼양식품의 '불닭볶음면'은 중국 시장에서 폭발적인 인기를 끌고 있다. 2019년 전부터 독점 위탁 운영사에 의존해 시장을 개척했다. 온라인과 오프라인까지 광범위하게 채널을 확장했고 오프라인 시장은 1선 도시뿐만 아니라 3, 4선 도시까지 그 침투율이 높다. 인기가 높은 탓에 알리바바 같은 중국 디지털 플랫폼들로부터 한국 본사에 직접 연락해 상품을 공급해달라는 요청도 많이 받는다.

그러나 삼양식품의 오랜 고민은 위탁 운영사에 대한 의존도가 높다는 점이었다. 중국 매출 규모는 이미 한국 매출을 상회하지만 중국 매출 대부분을 위탁 운영사가 책임지고 있기 때문이다. 이에 삼양식품은 2021년 해당 위탁 운영사와 공동으로 지분을 투자해 합자회사를 설립했다. 삼양식품은 상품을 공급하고 합자회사가 중국 유통 확대와 매출을 책임지는 등 안정적인 협업 구조를 구축했다.

또한 이 위탁 운영사와 삼양식품은 중국 디지털 플랫폼과 1:1 협업도 매우 개방적이고 적극적이다. 알리바바와도 직공급하는 모델로 협업을 몇 번 진행했다. 삼양식품은 알리바바의 전폭적인 지원을 받아 알리바바 산하 허마센셩, 렌화마트, 티몰마트 등 온라인과 오프라인에 걸쳐 광범위하게 유통 채널을 확대한 바 있다. 기타 한국 식품 기업들이 기존 위탁 운영사 눈치를 보며 알리바바와 선뜻 협업하지 못한 것과 대비된다.

한국 건강기능식품 카테고리의 대표 기업으로는 정관장이 있다. 건강보조식품 카테고리 특성상 중국 내수보다는 크로스보더 역직구 시장에 집중했다. 정관장의 티몰글로벌 스토어 매출은 티몰 내수 스토어 대비 몇 배에 이른다. 정관장은 이미 중국 소비자에게 인지도가 높고 알리바바 플랫폼 내 홍삼 카테고리에서 독보적인 1위 브랜드였다.

그러나 고객을 더 늘리기 위해 정관장은 알리바바와 긴밀하게 협업했다. 유통 확대, 고객 판촉, 상품 마케팅 등 제휴에만 그치지 않고 중국 소비자 취향에 맞는 새로운 맛의 전용 상품도 공동 출시했다. 해당 신제품은 개발하기에 앞서 TMIC에서 제공한 소비자 빅데이터를 활용해 제품 성분, 미각, 재료 등을 선정했다. 그 결과 해당 상품은 출시 뒤 시장에서 성공을 거둘 수 있었다.

중국에 성공적으로 진출하려면 이것만 기억하라

중국 시장은 규모가 크고 소비자 수요가 매우 세분돼 팔고자 하는 상품이 소수 시장을 겨냥하거나 특이한 상품일지라도 판로는 활짝

열려 있다. 다만 막연한 대박 신화만 꿈꾸고 준비 없이 진입한다면 상품의 진가도 발휘하지 못한 채 '중국은 역시 어렵네' 하며 포기하게 된다.

나는 출시 2년밖에 안 된 신생 패션 브랜드사 대표를 만난 적이 있다. 그는 이렇게 말했다. "저는 한국 시장에서 후발 주자기 때문에 한국보다는 중국 시장에 더 주력하고 싶습니다. 현재 한국 매출은 미미하지만 제가 도매 사업을 하며 얻은 네트워크와 공급 경쟁력을 살려 중국에서는 그 열 배 이상을 하고 싶습니다." 이 회사는 초반에 사업 전략을 꼼꼼하게 수립했고 알리바바 마케팅 팀과도 적극적으로 협력했다.

그 결과 티몰글로벌의 연간 매출은 한국 매출의 30배를 뛰어넘었다. 추가로 중국 내수 오프라인 매장까지 준비하고 있다. 진출 3년 만에 이룩한 결과다. 한국 사람들은 이 브랜드에 대해 아직 생소할 터인데, 중국에서는 매우 인기 있는 한국 대표 브랜드로 자리 잡았으니 아이러니가 아닐 수 없다.

자신의 브랜드와 상품 특성에 맞는 최적의 솔루션을 찾는 것, 이것이 중국 성공 스토리를 쓰는 첫걸음이다. 그럼 솔루션은 어떤 단계로 찾을 수 있을까?

첫째, 사업으로 전개할 주력 상품이 중국 최신 소비 트렌드에 부합하는지 점검이 필요하다. 알리바바 등 중국 디지털 플랫폼들은 매년 소비자 동향 조사를 통해 그해에 집중적으로 육성할 트렌드 품목과 인기 상품군을 선정한다. 이 정보를 바탕으로 자신의 상품과 교집합이 있는지 점검하자. 만약 플랫폼에 입점한 기업이라면 담당 MD와 마케팅 담당자들과 소통하면서 정보를 취득해야 한다. 중국에서 떠오르는 최신 트렌드 정보에 민감하게 반응하면서 그에 맞춰 자사 브랜드와 상품을 리뉴얼하는 것이 필요하다.

둘째, 우선 진입할 시장과 대상 채널을 선정하고 이에 맞는 사업 모델을 확정해야 한다. 자신의 브랜드 성장 단계에 따라 온라인과 오프라인, 내수와 크로스보더 역직구 등 타깃 시장을 선택한다. 시장별로 협업할 수 있는 플랫폼은 알리바바, 징둥, 핀둬둬, 샤오홍수, 틱톡 등 선택 옵션은 다양하다. 또한 이 플랫폼들의 시스템에 대한 이해를 바탕으로 최종 사업 진출 모델을 정한다. 예를 들어 이 플랫폼들을 대상으로 상품을 공급하는 공급상 역할을 할지, 브랜드 강화를 위해 직접 온라인과 오프라인 공식 스토어를 운영할지, 아니면 본격적인 진출 전 소셜 커뮤니티를 통해 사전 홍보에 집중할 것인지를 정한다. 이어지는 소단원에서는 한국 기업들이 중국 디지털 플랫폼을 잘 활용할 수 있도록 플랫폼별 특징과 시스템을 소개하겠다.

셋째, 사업 진출 모델이 정해지면 다음 단계는 실행을 위한 운영 방식 선택과 파트너 선정이다. 상품의 현지화가 중요하고 내수 오프라인 채널 확장이 필요한 브랜드라면 현지 파트너사를 골라 운영을 하면서 맡길 수 있다. 만약 아직 브랜드 인지도가 형성되지 않았고, 브랜드 초기 방향성을 잡고 시장을 테스트하는 단계라면 본사 차원에서 직접 운영을 하면서 진두지휘하는 것이 좋다. 일정 기간 경험과 브랜딩이 축적되고 나면 이후에는 역량 있는 파트너사를 찾거나 현지화까지 사업을 본격적으로 확장할 수 있다. 그러나 한국 본사에서 초반에 브랜드 홍보 작업이나 투자가 들어가지 않으면 이 기간이 매우 늘어질 수 있음을 명심해야 한다.

편승 전략
: 글로벌 플랫폼과
제휴하라

소셜네트워크의 대명사
샤오훙수

2016년 시작한 중국의 샤오훙수는 출시 6년 만인 2023년 기준 월 활성화 유저 3억 6,000명을 보유한 중국 최대의 SNS다. 출시 초반에는 주로 해외 직구 상품의 구매 정보를 교환하는 SNS로 출발했다. 그러다 점점 자신의 라이프 스타일 일상을 기록하는 서비스로 변하게 된다. 자신의 생활 방식을 공유해 다른 사람에게 영감을 주거나 영감을 받는 형태의 네트워크식 콘텐츠 소비 플랫폼으로 자리 잡은 것이다.

우리가 샤오홍수를 주목하는 이유는 네트워크 방식의 라이프 스타일 공유 방식이 가진 파급력 때문이다. 기업이 출시한 신제품을 대중에게 알리고 해당 브랜드의 인지도를 높이는 효과를 가져온다. 또한 커뮤니티 특성상 다양한 리뷰가 발생하는데, 상품에 대한 사용자 피드백을 통해 기업이 상품의 문제를 즉각적으로 발견하고 개선하는 데 도움을 받을 수 있다.

이러한 이유로 중국 시장에 최초로 진입하는 해외 브랜드 기업 혹은 신제품을 출시한 기업은 샤오홍수를 통해 테스트 론칭을 하면서 시장의 반응을 살필 수 있다. 1~3개월가량 샤오홍수에서 먼저 마케팅을 진행한 뒤 정식으로 전자상거래 플랫폼을 통해 판매를 개시하는 등의 수순이다.

또한 샤오홍수는 기업이 판매량을 늘리는 데 있어 기타 동종의 콘텐츠 플랫폼 대비 효율적이라고 알려져 있다. 2022년 퀘스트모바일 데이터에 따르면 샤오홍수의 평균 판매 전환율은 21.4%다. 틱톡과 웨이보의 전환율이 각각 8.1%와 9.1%임을 볼 때 상대적으로 높은 수준이다. 이는 상품을 언제든지 구매할 수 있는 대규모의 잠재 사용자 그룹을 보유하면서 이들이 상품을 다른 사람에게 추천까지 하는 커뮤니티 속성을 동시에 가지고 있기 때문이다. 기업 입장에서는 자사 브랜드 상품에 타깃이 맞을 만한 정확한 고객을 유치하고 홍보할 수 있다는 것에 매력을 느낀다. 이러한 이유로 샤오홍수가 가진 공유 네트워크 특징을 활용해 성공을 거둔 기업들 사례가 나오고 있다.

가장 흔하게 언급되는 성공 사례는 퍼펙트다이어리完美日记, Perfect Diary다. 2016년 설립된 중국 본토의 메이크업 화장품 브랜드 기업이다. 중국 기업의 사례긴 하나, 그들이 어떻게 샤오홍수를 활용하고 브랜드 홍보 채널로 삼았는지 방법론에 대해 우리도 학습할 필요가 있다. 2017년 8월 티몰에 처음 입점한 신생 브랜드였던 퍼펙트다이어리는 당시 티몰 화장품 카테고리에서 상위권에 있던 LG생활건강의 '후'보다 매출과 회원 수에서 한참 뒤처진 브랜드였다.

　퍼펙트다이어리의 운영 전략은 샤오홍수를 활용한 것이었다. 다른 유수 화장품 브랜드처럼 처음부터 많은 채널과 매체에 무작정 홍보하지 않았다. 오로지 모든 비용을 샤오홍수에 투자했다. 그런 판단에는 당시 샤오홍수 플랫폼이 2018년을 기점으로 엄청나게 트래픽이 성장하고 있었고, 또한 1선 대도시에 거주하는 18~34세 고소득 여성 유저가 70% 이상 몰려 있는 플랫폼임을 간파한 것이다.

　처음에는 신생 브랜드로서의 한계를 타파하기 위해 인기 블로거, 연예인 등을 자신들의 샤오홍수 블로거로 모집하고 이들이 입소문을 내게 하면서 브랜드 인지도를 빠르게 올렸다. 그러나 비용이 많이 드는 연예인 홍보를 계속할 수는 없었다.

　다음 단계로, KOL과 중간급 인플루언서에 집중적으로 투자했다. KOL들을 통해 상품에 대한 구매로 전환될 수 있도록 소비자를 유인하기 시작했다. 신상품 소개, 샘플 체험 이벤트, 색상 테스트 체험 등을 통해 자체적으로 입소문을 발생시키면서 잠재적인 구매 회원을 확보하는 전략이다.

그다음은 일반인을 대상으로 한 2차 확장 전략이다. 일반 소비자를 공략하면 위의 방법처럼 직접적인 거래를 촉발하지는 못하지만 다수의 소비자가 상품을 추천하기 시작하면 대중적인 인기가 있는 브랜드라는 분위기를 조성할 수 있다. 퍼펙트다이어리는 이러한 원리를 활용해 당장은 구매로 전환하는 목적이 아니지만 브랜드에 대한 소비자 관심도를 유지하기 위해 다수의 일반인 블로거를 활용했다. 이러한 3단계에 걸친 샤오훙수 홍보 방안은 결과적으로 브랜드에 대한 입소문을 증폭시키는 데 큰 역할을 했다.

그림 3-1   퍼펙트다이어리 샤오훙수 계정

현재 샤오홍수는 과거와는 다르게 이미 대형 SNS 플랫폼이 되어 한국 기업 입장에서 마케팅 비용을 투입하는 데 부담이 될 수 있다. 그러나 중국에서 홍보 목적으로 활용 가능한 플랫폼으로는 샤오홍수 외에도 여러 콘텐츠 플랫폼과 SNS가 있다. 틱톡, 위챗스핀하오 微信视频号, WeChat Channel, 즈후知乎, Zhihu 등이 그것이다. 한국 기업은 각 상품의 특성과 타깃 소비자를 고려해 선별할 수 있다.

우리가 무엇보다 꼭 염두에 두어야 할 점은 이것이다. 신규 상품을 중국 시장에 소개하고자 하는 한국 기업이라면 중국에서 이미 통용되고 있는 '씨 뿌리기种草-수확하기收割'의 원리를 꼭 기억해야 한다. 샤오홍수, 틱톡 같은 네트워크형 콘텐츠 플랫폼을 통해 브랜드를 소개하는 씨를 뿌리고 관심도를 상승시키는 것이 먼저다. 그리고 일정 기간을 둔 소셜 마케팅을 진행한 이후 다음 단계에 비로소 타오바오, 티몰, 징둥 등을 통해 판매를 푸시하면서 매출을 내는 수확기를 가지는 수순이다.

또한 최근에는 홍보 역할을 하던 플랫폼들이 자체적인 커머스 기능을 도입해 씨 뿌리기와 수확하기 양쪽의 헤게모니를 잡으려는 움직임도 있다. 틱톡샵이라든지 샤오홍수샵 등이 그것이다. 한곳에서 홍보와 판매를 동시에 진행할지, 아니면 이러한 SNS는 단순 홍보용으로만 사용하고 실제 판매 매출은 티몰이나 징둥에서 일으킬지는 선택의 몫이다. 다만 한국의 홍보 방식과는 사뭇 다른 중국의 마케팅 방식에 적응하고 중국의 소비 행태와 소비자 특징을 반영한 홍보 전략을 펼치는 것이 필수적이다.

라이브 커머스 플랫폼
틱톡

2023년 중국 인터넷 동영상 개발보고서에 따르면 2023년 중국의 온라인 동영상 서비스 유저 수는 10억 4,000만 명에 이르며 온라인 라이브 스트리밍 산업은 7,274억 위안(한화 약 138조 원) 시장으로 성장했다고 한다. 라이브 스트리밍에 전자상거래 기능을 추가한 중국 라이브 커머스 산업 규모는 2023년 1조 9,916억 위안(한화 약 378조 원)에 육박하며 전년 대비 30.4% 고성장을 유지하고 있다. 또한 2019년부터 아마존 라이브, 유튜브의 라이브 쇼핑 등 유사 서비스가 등장하는 데 영향을 주는 등 중국에서 시작된 라이브 커머스 열풍은 이미 전 세계로 확장된 지 오래다.

최초로 라이브 커머스를 시작한 것은 2016년 타오바오즈보다. 타오바오즈보는 최초로 '생방송+콘텐츠+전자상거래'를 결합한 라이브 커머스를 시장에 선보였다. 2021년에는 100만 위안(한화 약 1억 9,000만 원) 거래를 기록한 라이브 방송 수가 2만 5,000개 이상에 이를 정도로 성장했다.

이후 2018년 중국 시장에서 라이브 커머스가 성숙기에 접어들면서 틱톡, 콰이서우, 비리비리哔哩哔哩, bilibili.com 등 유사 서비스들이 출현했다. 이들은 본래 라이브 스트리밍 서비스로 시작해 기존 쇼트 비디오에 티몰 등 외부 커머스 플랫폼을 연동해 커머스 매출을 발생시키는 모델이다.

이후 코로나19를 겪으면서 매장을 방문할 수 없는 소비자와 소통하는 방법으로 라이브 스트리밍이 부각되면서 라이브 커머스는 전성기를 맞게 된다. 농부는 신선한 농산물을 라이브 스트리밍을 통해 소비자에게 직접 판매할 수 있었다. 영국 대영박물관과 프랑스 루브르박물관은 전 세계 잠재 여행객들을 대상으로 그전에는 대중에 공개되지 않았던 구역을 라이브 스트리밍으로 투어하기도 했다. 전성기인 2020년 1년간 타오바오, 틱톡, 콰이서우 3개 플랫폼의 톱 1,000 왕홍의 누적 판매액은 2,557억 위안(한화 약 48조 원)에 이를 정도였다.

라이브 커머스의 가장 큰 장점은 생방송을 통해 실시간으로 상품에 대한 고객 피드백을 받을 수 있다는 점과 새로운 콘텐츠 마케팅 방식을 제공한다는 점이다. 또한 24세 이하 젊은 층을 대상으로 네트워크 방식의 광고 홍보 효과를 거둘 수 있다는 점을 강점으로 급속히 떠올랐다.

타오바오즈보 외에 다른 라이브 커머스 플레이어로는 틱톡이 있다. 최초에는 광고 수익 플랫폼으로 시작한 틱톡은 2020년 10월 처음으로 현재 커머스 기능을 탑재한 틱톡샵을 출시했고, 심지어는 동일 모델을 복제해 해외 시장을 대상으로 '틱톡^{TikTok}(중국 명칭은 더우인)'이라는 이름으로 2021년 2월 최초로 글로벌 플랫폼까지 확장하면서 전 세계 소비자들을 공략하고 있다.

사실 아직까지 틱톡은 커머스 플랫폼으로서가 아닌 광고 플랫폼으로서의 장점이 더 크다는 평가다. 커머스 플랫폼은 아무래도 일원화된 고객 데이터 관리, 상품 공급망, 창고와 물류 체인 기능의 기초 설계가 더 중요하기 때문이다.

틱톡의 광고 플랫폼은 다른 광고 플랫폼과 비교했을 때, 특히 젊은 층의 감성을 자극하고 유저들의 공감을 불러일으키는 콘텐츠가 많다는 점에서 강점을 보인다. 〈What's Next 2024 Trend Report〉에 따르면 틱톡의 회원은 더 새롭고 신기한 콘텐츠를 기대하며 이러한 호기심의 수준은 기존 전통적인 미디어 매체 대비 1.8배에 이른다는 분석 결과를 내놓았다.

일례로 프랑스 디저트 브랜드 기업 다네트^{Danette}가 있다. 1970년에 설립된 오랜 역사의 기업인데, 그들의 고민은 어떻게 하면 Z세대 젊은 연령층까지 고객층을 확장할 수 있을지였다. 다네트는 틱톡을 통해 '#ToujoursDebout(#항상일어나세요)'라는 주제를 설정해 유저들이 상상력을 발휘한 콘텐츠를 올리도록 했다. 젊은 유저들은 잔디 깎기 기계 위에 서 있거나 식사하는 탁자 위에 서 있는 등 재미있는 장면을 올리면서 입소문을 내기 시작했다. 이벤트 결과 1만 7,000여

명이 영상을 올리고 4,000여만 건의 조회 수를 기록하면서 젊은이들 사이에서 화제를 일으킨 바 있다.

틱톡 다네트 계정의 '#항상일어나세요' 바이럴 이벤트

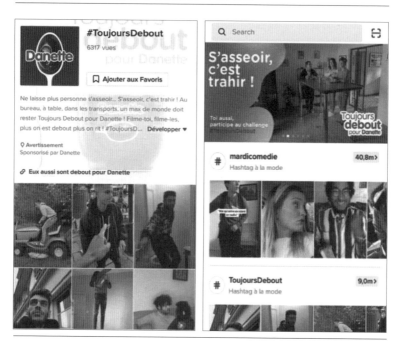

이는 완전히 새로운 방식의 콘텐츠 마케팅 접근 방식을 의미한다. 과거 기업은 광고 채널을 찾아 일방적인 홍보 메시지를 전달하는 방식 위주였다면, 이제는 소비자와 브랜드가 콘텐츠와 엔터테인먼트를 매개로 하여 양방향으로 커뮤니케이션한다.

따라서 중소 브랜드나 신생 브랜드라 할지라도 자신에게 맞는 소비자를 찾아갈 수 있다. 브랜드와 상품을 보여줄 수 있는 다양한 콘텐츠를 통해 더 넓은 잠재 소비자를 대상으로 다가가고 신규 고객의 접점을 가지는 하나의 수단이 될 수 있음을 의미한다. 아직 중국 시장에 완전히 공고한 판매 채널이나 방대한 고객층이 없는 한국 기업이라면 먼저 상호 교류가 가능하고 브랜드 철학과 상품 특징을 재미있는 엔터테인먼트나 게임 방식으로 풀어낸 라이브 방송을 최대한 활용하는 것도 좋은 해답이 될 수 있다.

'생방송+콘텐츠+전자상거래'를 결합한 라이브 커머스는 2021년까지 성수기였다가 2022년 잠시 숨 고르기 하는 모습을 보인다. 최근 2년간 리테일 시장에서 라이브 커머스가 매출에 기여하는 주요한 수단으로 등장하면서 여러 가지 부작용이 나타난 것이다.

기업은 브랜드 상품 초기 인큐베이션과 고객을 확보하는 방식으로 라이브 방송을 활용하지 않았다. 오히려 톱급 왕홍에게 저가로 상품을 공급하고 단번에 매출을 극대화하는 수단으로만 활용하면서 당초의 의미가 변질되기도 했다.

그러나 여전히 라이브 방송과 콘텐츠 마케팅을 기반으로 젊은 층을 공략하는 홍보 방식은 향후 지속적인 강세를 보일 전망이다. 마치 SNS를 통해 입소문 홍보를 내는 것과 마찬가지다. 라이브 커머스 역시 네트워크 효과를 통해 콘텐츠와 결합된 상품을 원하는 타깃 소비자를 대상으로 홍보하는 방식인 것이다.

한국 기업 역시 과거처럼 단순히 상품 광고만 진행하는 것에 그쳐서는 안 된다. 마케팅 4.0시대에는 다양한 형태의 콘텐츠를 생산하고 이를 관리하는 것도 중요하다. 콘텐츠는 소비자의 새로운 수요를 창출해내거나 기존 고객을 만족시키는 중요한 역할을 한다.

아울러 중국과 전 세계에서 인기를 끄는 콘텐츠 마케팅 채널에 대해 숙지하고 이에 발맞춰 대응하는 자세가 필요하다. 신생 브랜드를 출시하거나 기존 브랜드의 신상품을 출시한 뒤 상품의 인큐베이션, 브랜딩, 고객 운영 등의 기초 작업을 하기 위해 적합한 홍보 채널을 적극적으로 도입하길 바란다.

글로벌라이제이션 리테일 플랫폼 알리익스프레스·테무·쉬인

이제는 소비자의 구매를 결정 짓는 주요 요인은 더 이상 단순한 상품력과 가격이 아니다. Z세대를 중심으로 한 새로운 소비층은 콘텐츠와 감성에 반응하고 라이프 스타일에 대한 상호 교감을 중시한다. 나아가 상품이 아닌 라이프 스타일 취향에 동의하는 소비 행태로 인해 상품 구매 활동은 국경 간 경계까지 허물고 있다. 중국의 커머스 플랫폼들도 이제는 중국 시장만이 아닌 해외 시장을 공략하는 추세다.

그 배경에는 중국 정부의 중국 내수 시장 경기를 진작시키기 위한 2가지 방침이 숨겨져 있다. 하나는 과거 2019년까지는 해외 소비재 제품의 대규모 수입을 통해 내수 소비 시장을 진작시키려는 정책 위주였다면, 이후는 소비 진작을 위해 3~5선 중소도시와 농촌지역까지 활성화시키자는 하침시장 전략을 강조하고 있다. 더불어 해외 시장으로 진출해 매출과 글로벌 영향력을 넓힌다는 글로벌 전략이 촉발되기에 이른다.

이에 부응하듯 중국의 디지털 플랫폼 기업들도 앞다투어 해외 사업을 개진하기 시작했다. 라이브 스트리밍 플랫폼인 틱톡은 2017년 5월 이미 '틱톡'이라는 글로벌 버전 플랫폼 출시를 비롯해 해외 시장에 성공적으로 진출했다. 2022년 기준 활성화 유저 수가 미국 1억 5,000만 명, 인도네시아 1억 1,000만 명을 포함해 글로벌을 통틀어 10억 명을 확보했다고 하니 놀라운 성과가 아닐 수 없다.

또한 초기에 패션 라이프 스타일로 시작한 온라인 리테일 플랫폼 기업인 쉬인 역시 2015년부터 일찍이 해외 시장만을 타깃으로 한 애플리케이션을 출시했고, 현재 미국 내 1억 명 이상의 활성화 유저를 확보하면서 전 세계 170개 국가를 대상으로 3억 명 이상의 활성화 유저를 확보했다. 현재도 그 성장세를 계속 이어나가고 있다.

이에 자극받은 중국의 공동구매 커머스 플랫폼 핀둬둬 역시 2022년 9월 글로벌 버전 테무라는 애플리케이션을 출시하고 해외로 진출하기 시작했다. 심지어 테무는 2023년 7월 한국 시장에 정식으로 진출한다고 선포했다. 그리고 알리바바 산하 알리익스프레스도 대표적인 글로벌 플랫폼이다. 알리익스프레스는 2010년 4월 최초 출시 당시에는 해외 각국의 자영업자 간 교역을 단순 중개하는 사이트였지만, 이후 2015년 B2C 플랫폼으로 전향하면서 가짜 상품을 퇴출하고 일반 소비자에 맞춰 상품 구색을 갖췄다. 알리익스프레스는 2022년 말 한국 시장 공식 진출을 선포했다. 2022년까지 매출이 높은 주요 시장은 러시아, 브라질, 스페인 등이었으나 한국 진출을 기점으로 한국이 러시아에 이어 1, 2위를 다투는 최대 시장으로 성장했다. 2023년 6월 알리익스프레스가 발표한 자료에 따르면 한국의 월 활성화 유저 수는 1,000만 명이며 2022년 대비 150% 성장한 수치라고 한다. 2024년 초 기준 한국 매출 비중은 20%까지 성장했을 것으로 예측된다.

진출 초기에는 중국에서 생산하는 저가의 가성비 높은 상품 중 한국 사람들이 좋아할 만한 상품을 선별하고, 이를 빠른 물류 배송과 편리한 결제 방법을 동원해 한국 시장 매출을 증가시키는 데 1차적으로 집중했다. 그러나 2024년 초부터는 잡화류, 아웃도어 용품, 리빙 라이프 스타일 품목에 이어 추가로 패션, 화장품, 식품 등의 품목까지 확장했다. 나아가 저가의 비브랜드 외 브랜드 상품으로까지 상품 포트폴리오를 확대하고 있다. 게다가 'K-Venue' 전용관을 개설해 한국 내수 상품까지 소싱하는 등 본격적으로 한국 전자상거래 시장을 공략할 준비를 하고 있다.

그림 3-3 알리익스프레스 · 테무 · 쉬인의 한국 모바일 사이트

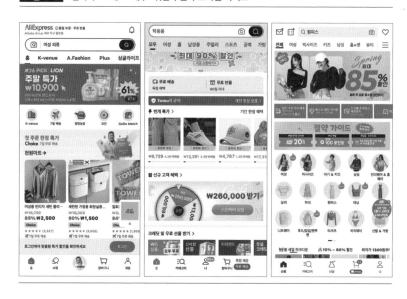

현재도 조짐을 보이고 있듯 중국 리테일 플랫폼들의 움직임은 결코 중국에서 한국 시장으로 상품을 판매하는 단방향 글로벌 시장 공략으로 끝나지 않을 것이다. 글로벌 소비자와 공급자가 국경 간 경계를 허물고 점점 더 융합하는 단계로 나아갈 것이다. 이미 중국의 테무와 쉬인의 경우 미국 상품을 한국과 일본에서 판매하고, 동시에 한국 상품을 미국과 유럽 등으로 판매하는 글로벌 판매와 공급 사슬을 구축한 것이 그 예시다.

막강한 자본력을 바탕으로 중국 리테일 플랫폼들은 한국을 비롯한 글로벌 시장으로 진출 중이다. 한국에 이제 막 상륙한 알리익스프레스와 테무는 한국 전자상거래 시장의 성장 가능성을 높게 평가하고 있다. 심지어는 한국 기업에 지분을 투자하거나 인수하는 방식으로 한국 내수 시장 본격 진출을 위한 공급망 체계를 공고히 할 것으로 예상된다.

그렇다면 한국 기업들의 글로벌 진출 현황은 어디에 와 있는가? 한국의 일부 디지털 플랫폼 기업도 글로벌 진출 움직임을 보이고 있다. 쿠팡과 무신사가 그 예시다. 쿠팡에 입점한 국내 사업자는 한국 외에도 쿠팡 플랫폼을 통해 대만 시장까지 판로 확대가 가능하다. 무신사 역시 무신사 사이트에 입점한 패션 브랜드사를 대상으로 일본 등 해외 시장 진출을 돕기 위해 계속적으로 해외 지역에 물류 배송 공급망을 확충하는 중이다.

다만 한국 커머스 플랫폼의 경우 아직 해외 시장 공략의 성공 사례가 입증되지 않았다. 쿠팡은 2021년 9월 일본 시장에 최초 진출했으나 진출 2년 만에 철수를 결정한 뒤 현재는 대만 시장에만 집중하고 있다. 그리고 2010년 싱가폴에서 설립된 큐텐Qoo10 역시 국내에서 인터파크커머스와 위메프를 잇달아 인수하면서 한국에 진출했으며, 동시에 중국과 대만 등에서 물류센터를 구축해 시장의 경계 없는 글로벌 커머스 시장을 공략 중이다.

현재 벌어지고 있는 디지털 플랫폼과 커머스 플랫폼의 글로벌라이제이션 경쟁 열풍에 대해 한국 기업들은 촉각을 곤두세워야 한다. 해외 시장을 공략할 때 현지에 별도로 해외 법인을 설립하고 투자를 하면서 해당 국가만을 공략하는 예전의 방식이 이제는 더 이상 해법이 아닐 수 있다.

브랜드 특징과 홍보 채널, 타깃 판매 상품 등을 다각도로 고려하면서 유연한 글로벌라이제이션 진출 전략을 병행할 필요가 있다. 이제 우리는 마케팅 채널을 다양하게 운용하고 글로벌까지 확장하면서 브랜드 잠재 소비자와 다양한 채널을 통해 소통해야 한다.

또한 홍보 마케팅과 커머스 판매가 분리되지 않는 추세 역시 고려해야 한다. 예를 들어 신상품을 출시하면서 해당 상품을 특정 국가만이 아닌 전 세계를 동시에 겨냥하고자 할 때 이에 맞는 글로벌 라이브 방송 혹은 글로벌 SNS 채널이 필요할 것이다. 그럴 때 디지털 리테일 플랫폼을 선택한다면 전 세계 소비자를 대상으로 홍보와 판매를 병행하는 매력적인 옵션이 될 수 있다. 앞으로도 글로벌라이제이션 리테일 플랫폼들의 중요성은 더욱 부각될 것이다.

리딩 전략
: 트렌드 변화를
이끌어라

중국을 비롯한 전 세계 시장에서는 이미 리테일 산업이 업그레이드되는 트렌드가 공통적으로 나타나고 있다. 이러한 트렌드는 소비자의 취향과 소비 형태를 재구성하고 구매 환경과 소비 채널을 다각화시킨다. 온라인과 오프라인의 소비 환경이 융합되고 마케팅 홍보 활동과 커머스 판매 활동이 불가분의 관계를 형성한다. 4차 산업혁명에 따른 디지털 첨단 기술을 업고 실제와 가상을 넘나드는 새로운 스마트 쇼핑 환경까지 선보이는 새로운 리테일 시대를 맞이하고 있다.

이 중 우리는 몇 가지 주요한 변화의 움직임을 골라 자세히 살펴보고자 한다. 리테일의 새로운 시대가 개막하는 길목에서 브랜드 기업이든 리테일 사업을 전개하려는 자영업자든 모두 트렌드 변화를 정확히 인지해야 할 시점이다.

중국은 현재 온라인 리테일 산업의 최강 국가로서 글로벌 리테일 트렌드 변화를 주도하고 있다. 중국 통계국 자료에 따르면 중국의 온라인 소비재 제품의 거래액은 2023년 기준 15조 4,000억 위안(한화 약 2,926조 원)을 기록했고 이는 전년 대비 11% 증가한 수치다. 특히 식품과 생필품의 연간 성장률이 각각 20.4%와 5.8%를 기록하며 수위를 차지한다.

동시에 오프라인 매장 소비도 높은 증가세를 보였다. 중국 통계국 자료에 따르면 2021년 오프라인 매장 거래액은 전년 대비 12.7% 증가했다. 이 중 백화점, 전문 매장, 편의점 등 지역 커뮤니티 소비 기반 채널은 10% 이상의 성장률을 보였다. 즉, 중국에서는 온라인 채널과 오프라인 채널이 소비자에게 완결된 쇼핑 경험을 주기 위해 서로 호환되면서 규모의 성장에 있어서도 시너지를 내는 형국이다.

리테일 테크 시대
: 하이테크 기술을 기반으로 한 리테일 산업혁명 시대

리테일 산업에 디지털 첨단 기술의 도입이 가속화되면서 유통의 디지털화와 제조의 디지털화가 계속되고 있다. 유통 채널은 단순히 상품을 늘어놓고 판매하는 방식만으로는 생존할 수 없다. 사물인터넷, 인공지능, RFID, 가상현실, 증강현실, 확장현실 등 다양한 디지털 첨단 기술을 활용해 소비자의 상품 체험과 구매 환경을 업그레이드하며 한층 더 진화된 쇼핑 경험을 제공해야 한다.

예를 들어 미래에는 고객이 달걀을 구매해 냉장고에 넣는 동작을 자동으로 스캔한 뒤 달걀의 유통기한과 고객의 사용 주기에 대한 분석과 예측을 바탕으로 고객이 재주문할 때 주문서가 자동으로 생성돼 생산자에게 전달됨으로써 상품이 즉시 배송될 것이다. 정확한 예측을 통해 소매(주문), 물류, 생산이 통합되는 환경이 도래하는 것이다.

또한 소비자 쇼핑 경험을 향상하기 위해 인공지능과 자동화를 활용한 지능형 고객 서비스를 제공할 수 있다. 자동 채팅봇은 실시간 채팅 기능을 통해 24시간 소비자와 소통하면서 상품 취향에 대한 데이터를 확보함은 물론이고, 흥미를 불러일으키는 서비스 등을 제공해 잠재 소비자를 결국 구매로 유도하는 등 고객을 대상으로 한 맞춤형 프로모션 채널로 작용할 수 있다.

최근 한국의 일부 기업에서도 시범적으로 시도되고 있는데, 메타커머스와 가상현실, 확장현실을 도입함으로써 테크를 기반으로 한 몰입형 커머스라는 구매 환경이 조성되고 있다. 아마존, 알리바바, 월마트 등의 대형 기업들은 2022년부터 점진적으로 구매 환경에 이 기능을 활용하고 있다.

테크 기반의 몰입형 커머스의 의미는 구매 활동이 이제는 어느 특정한 채널에 접속해 일어나지 않는다는 것이다. 자신에게 적합한 상품 스타일을 검색해 가상으로 체험해보고 구매하는 일련의 활동은 현실 세계와 구매 환경이 결합된 새로운 쇼핑 채널에서 이뤄진다는 의미다. 기술이 적용된 몰입형 커머스는 소비자에게 일상생활 전반에 이르는 구매 환경을 무한대로 확장시키면서 일상형 구매 습관을 만들어낸다.

리테일 테크의 개념은 이제 리테일 산업 밸류 체인 전 영역에 적용되고 있다. 테크가 도입된 리테일 산업혁명은 제조, 물류, 창고 관리, 공급망 관리를 디지털화하는 스마트 팩토리부터 시작한다. 주변 지역과 구매 습관에 따른 상품 수요 예측, 공급망 체계의 최적화도 빼놓을 수 없다. 상품 판매는 온라인과 오프라인을 융합한 옴니채널 유통망이 기본이다. 상품 진열과 추천 역시 개인화에 의한 맞춤형, 몰입형 프로모션으로 진행된다. 자동화 기술과 사물인터넷을 도입한 매장 관리에 이르기까지 모든 영역에서 혁신 기술들이 도입되고 있다. 고객의 전 구매 여정상에서 리테일 테크가 하나의 트렌드로 굳어지며 현재는 리테일 산업혁명 시대를 맞이하고 있다고 해도 과언이 아니다.

소셜미디어와 콘텐츠 기반 커머스 마케팅

디지털 리테일 환경에서 소셜미디어는 더없이 중요한 역할을 수행한다. 크게 2가지가 주요한 이유다. 첫째는 개인에게 최적화된 맞춤형 콘텐츠를 제공하고 전방위적인 정보를 제공함으로써 소비자의 감성을 자극하고 구매 전환율을 높일 수 있다. Z세대를 중심으로 한 소셜미디어는 자신을 드러내고 자신의 라이프 스타일을 타인과 공유하는 등 일상과 분리될 수 없는 채널 중 하나다. 개인마다 각자의 취향과 스타일이 다르므로 이에 따라 서로 다른 상품에 대한 수요와 구매 패턴을 보인다. 이들은 상품을 단순히 기능과 품질만으로 선택하지 않는다. 상품 구매에 영향을 끼치는 요소로 감성 요인과 공감 포인트를 중요하게 여긴다.

이는 역으로 보면 리테일 기업에게 어려운 과제로 다가온다. 소비자 개인마다 서로 다른 구매 취향을 만족시키는 상품과 서비스를 제공해야 한다는 말이다. 이럴 때는 단순히 상품을 늘어놓고 판매하는 기존의 구매 환경으로는 더 이상 소비자를 끌어들이기 힘들다. 상품이 지니는 의미, 브랜드가 지니는 철학, 상품 구매를 통해 얻을 수 있는 효과 등 단순한 상품 스펙 소개를 넘어 새로운 구매 동인을 부여해야 한다. 소셜미디어에서 제공하는 다양한 콘텐츠 자원을 통해 소비자별로 최적화된 터치 포인트를 유지하는 것, 이것이 앞으로의 리테일 시대에서도 계속될 것이다.

소셜미디어가 새로운 리테일 환경에서 중요한 두 번째 이유는 구매를 결정하는 것에는 주변 지역 주민, 친구 혹은 친척 등 지인 네트워크, 그리고 자신이 소셜미디어에서 팔로잉하는 사람들의 추천이 크게 작용한다는 점이다.

과거처럼 기업이 일방적으로 홍보 메시지를 전달하는 식으로는 더 이상 구매 전환율을 높이기 어렵다. 일반적인 전자상거래 플랫폼에서 노출된 상품의 판매 전환율이 3% 미만인 것과 비교해보면 중국의 틱톡샵, 샤오홍수샵에서 증명된 판매 전환율은 이미 8% 이상이다. 이는 소셜미디어 채널 내에서 일어나는 유저 간 소통 네트워크와 소셜미디어 환경에서 생산되는 다양한 콘텐츠 자원이 앞으로의 리테일 산업 영역의 활성화를 촉진하고 판매 효율을 높이는 데 중요한 역할을 한다는 의미다.

지역 밀착형 네트워크 커머스

현재 대형 마트들이 직면한 하나의 국면은 커뮤니티형 소비가 가능한 각 로컬 지역 소형 매장의 도전에 직면하고 있다는 점이다. 지역 밀착형 커뮤니티 소비 모델의 부상을 의미한다. 미래의 리테일 시대에는 이 커뮤니티 키워드에 주목할 수밖에 없다. 중국에서는 핀둬둬와 타오차이차이 등 중국의 대형 온라인 사업자를 중심으로 이미 중소도시를 위주로 한 지역 커뮤니티까지 깊숙이 침투한 실정이다.

이는 대도시와 기존 소비자의 포화 상태로 새로운 소비 대상을 개척하려는 노력도 한몫한다. 중국의 4, 5선 도시를 비롯한 농촌지역의 경우 물리적인 거리 이슈로 대도시만큼 주변에서 가까운 매장을 찾기 힘들어 쇼핑 자체가 불편하고 원하는 상품을 얻기 어려웠다. 따라서 리테일 산업 역시 낙후돼 있었다. 그러나 스마트폰의 보급으로 이들이 전자상거래 시장의 새로운 소비자로 떠오르면서 블루오션 시장이 만들어졌다.

그리고 이것을 공략해 새로운 지역형 네트워크 커머스 개념을 만들어낸 기업이 바로 중국의 핀둬둬다. 핀둬둬는 2015년 9월 설립된 생산자 직거래와 공동구매를 주요 콘셉트로 한 중국의 온라인 리테일 플랫폼이다. 설립된 지 3년이 채 되지 않은 2018년 7월 핀둬둬는 미국 나스닥에 상장되면서 고객 수 기준으로는 알리바바를 뛰어넘은 중국 1위 플랫폼으로 급성장했다.

핀둬둬가 빠르게 성장할 수 있었던 배경에는 기존 알리바바나 징둥이 목표하지 않았던 블루오션을 공략했기 때문이다. 월평균 가처분 소득이 2,000위안(한화 약 38만 원) 미만인 저소득층은 중국 전역 가구 수의 60%를 차지하는데, 핀둬둬는 이들을 공략했다. 또한 유저의 65%가 3선 이하의 지방 중소도시에 거주하고 중년과 노인층의 비율도 높은 편이다.

기존 선두 기업인 알리바바와 징둥이 고소득 중산층 유저를 대상으로 고품질 상품의 고가 전략을 구사할 때 핀둬둬는 반대 전략을 구사하면서 성공한 것이다. 미국의 작가 크리스 앤더슨Chris Anderson이 주창한 롱테일 이론을 따른 시장 포지셔닝 전략 덕분이다.

핀둬둬가 지방 중소도시 소비자를 위해 만들어낸 지역 네트워크와 지인 네트워크를 주축으로 한 공동구매 콘셉트는 강력한 구매 파급력을 발휘했다. 소비자는 지인의 추천을 받아 상품을 싸게 구매할 수 있으며 공동구매를 통해 할인을 받을 수도 있다.

또한 지역 주민 타깃으로 네트워크형 구매가 일어나면서 이는 해당 지역 생산 공급자로부터 상품을 직배송받는다. M2C의 일환으로 주변 생산자로부터 상품을 공급받고 배송은 주변 유통 매장에서 스스로 픽업하는 등 해당 커뮤니티 소비자에 맞춰 핀둬둬는 상품의 공급망 체계를 혁신했다.

지인 네트워크를 통한 상품 추천과 바이럴 판촉, 공동구매라는 새로운 커머스 모델, 그리고 상품 공급단의 혁신에 이르기까지 기존에 없던 새로운 리테일 산업을 개척한 것이다. 현재 미국 월마트 역시 인구가 밀집한 소도시에 커뮤니티형 매장을 출점하면서 비슷한 행보를 보이고 있다. 지역 커뮤니티 상황에 맞는 밀착형 네트워크 커머스, 이 트렌드는 앞으로도 이어질 전망이다.

온라인과 오프라인이 융합된
신유통 리테일과 퀵커머스

초반에는 신유통 개념이 실생활에 적용되면서 전통적인 오프라인 리테일 산업에서는 매장 결제가 디지털 소비로 전환되는 것을 일종의 위기로 받아들였다. 그러나 이제는 온라인과 오프라인 간의 융합인 O2O 소비가 하나의 추세로 굳어졌다. 또한 온라인과 오프라인 리테일의 동반 성장을 가져오는 동력으로 간주되고 있다.

신유통 경제로 명명하기 위해서는 재화 생산의 혁신, 유통 구조와 채널의 혁신, 마케팅과 서비스 혁신을 모두 포함한 신유통 비즈니스 구조를 구성해야 한다. 현재 중국은 신유통 경제의 선두 주자다. 중국에서는 2017년부터 온라인과 오프라인 통합 쇼핑 환경 구축, 소비자 중심의 생산 혁신과 직거래 유통, 커뮤니티 공동구매 등에 이르는 기존의 판매 구조와 공급 사슬을 완전히 변화시킨 새로운 모델이 정착됐다.

예를 들어 판매 매장은 빅데이터와 인공지능 기술을 활용해 주변 지역 커뮤니티 특징과 요일별·시간대별 판매량, 날씨 요인 등을 반영한다. 이를 통해 가격을 실시간으로 변동 책정하면서 상품 소진율을 높인다. 알리바바의 허마셴셩, 융후이마트의 차오지우중, 징둥의 치산, 쑤닝의 쑤샨성 등이 이에 해당하는 신유통 리테일 플랫폼이다.

또한 소비자는 오프라인에서 체험한 상품을 모바일로 통합 결제하고 다시 퀵배달 애플리케이션 배달 기사를 통해 30분 내에 집에 도착하는 라스트 마일 배송 서비스를 받는다. 신유통 경제에서 두드러진 특징은 빠른 배송이다. 퀵커머스 형태의 이 리테일 모델은 여전히 소비자들의 큰 호응을 얻고 있다.

〈중국이코노미넷China Economic Net〉의 보도에 따르면 온라인 주문과 동시에 30분 내에 집으로 배달되는 모델은 코로나19 기간 동안 전통적인 리테일 산업과 슈퍼마켓 매장의 매출을 회복하는 중요한 돌파구가 됐다는 설명이다. 30분 만에 모든 상품을 집으로 배달하는 서비스에 대한 소비자의 수요 역시 몇 년간 높은 성장률을 유지할 것이다. 오프라인의 전통적인 상점과 슈퍼마켓이 직면하는 기존의 현실적인 비즈니스 한계를 타파하고 새로운 성장 동력이 될 것이라는 전문가들의 전망이 우세다.

또한 신유통 경제가 구현된 또 다른 모습은 품질과 가격 경쟁력을 위해 중간 유통 대리상 없이 판매자와 소비자를 직거래로 연결하는 모델이다. 소비자가 필요로 하는 상품과 재고량에 따라 생산자가 직접 판매하는 소비자 중심 비즈니스 C2B 방식이다. 디지털 리테일 플랫폼들은 자사 생태계에 더 많은 참여자를 끌어들이기 위해 오픈 생태계 전략을 구사한다. 그리고 소비자들의 수요를 집객해 물량을 만들어내기 위해 지역사회 기반의 커뮤니티 네트워크를 활용한 홍보와 판촉을 가동하기도 한다. 이 커뮤니티 네트워크 홍보의 일환으로 나온 서비스 중 하나가 앞에서도 언급한 커뮤니티 공동구매 서비스다.

앞으로도 계속 새로운 신유통 서비스가 출현할 것이다. 리테일 산업에서 가장 중요한 것은 고객의 쇼핑 경험이기 때문이다. 고객은 점점 더 최적의 상품, 최저가의 상품, 최단 시간 배송을 원한다. 즉, 고객의 동선과 편의성을 중심으로 쇼핑 환경과 채널이 재구성돼야 하는 것이다. 또한 필요하다면 생산과 제조 공정의 변화를 꾀하고 신규 공급망을 구축해야 할 수도 있다.

신유통 경제에서는 데이터 기반 수요 예측과 상품 공급망 체계를 구축하면 특정 매장, 특정 사이트, 특정 채널이란 고정적 개념이 존재하지 않게 된다. 오로지 소비자를 중심으로 최종 구매에 이르기까지 여러 채널을 넘나드는 심리스한 경험과 빠른 배송 등의 고품질의 서비스가 핵심이다. 중국에서 시작된 신유통 플랫폼 모델은 이미 글로벌 유수 플랫폼들이 벤치마킹해야 할 대상이 되면서 하나의 트렌드가 됐다.

█ 데이터 기반 개인화 관리를 통한
█ 고객 충성도 확보

새로운 리테일 산업 시대에서는 소비자 수요가 이전 대비 크게 변화하면서 점점 더 맞춤화와 다양성을 추구하는 것이 새로운 소비 트렌드가 됐다. 체험 중심의 소비와 맞춤형 서비스는 소비자들의 환영을 받고 있다. 업계에서는 미래의 새로운 리테일 시대에는 맞춤형 개인화 서비스가 주류가 될 것으로 전망하고 있다.

과거에는 '사람이 상품을 찾는' 전자상거래 모델이었으므로 검색 논리에 중점을 두고 브랜드 성장을 위한 노출 강화가 주요 관심사였다. 하지만 현재는 '상품이 사람을 찾는' 모델로 변화했고 그에 따라 스마트 매칭과 개인화 맞춤형 노출이 중요한 성공 변수로 떠올랐다.

이를 구현하기 위해 중국은 디지털 플랫폼 기업들이 주축이 되어 그들 내 전자상거래와 엔터테인먼트, 소셜미디어, 지도 검색 등 로컬 서비스를 포괄한 하나의 생태계를 구축해 다각도의 고객 데이터를 취득하는 데 열을 올리고 있다. 1명의 개인이 가진 인적 정보와 구매 데이터부터 스타일과 취향 정보 데이터에 이르는 다각도의 데이터를 포함한다.

다각도의 고객 데이터를 수집한 이후에는 고도화된 인공지능 알고리즘 기술을 활용해 소비자 행동과 수요를 정확히 예측하는 것이 관건이다. 소비자가 스스로 인지하기 전에 미리 필요한 상품을 선제안하고 개별화된 마케팅과 서비스를 통해 고객 충성도를 확보하기 위한 노력이다.

한 조사에 따르면 소비자의 80%는 기업이 더 많은 개인화 서비스를 제공해주길 원한다고 한다. 소비자는 개인화된 상품 추천, 홍보 마케팅, 타깃팅 판촉 할인 등에 관심을 보이고 판매자와 실시간 연락망을 구축해 즉각적인 반응을 얻고 싶어 한다. 팬데믹 기간을 거치면서 소비자의 이러한 요구는 더 분명해졌다.

글로벌 마케팅 기업 커스터머커뮤니케이션그룹Customer Communications Group은 2022년 9월 리테일 산업 고객 브랜드 충성도에 대한 연구보고서를 통해 슈퍼마켓과 소형 식품 매장은 어떻게 하면 고객 충성도를 높일 수 있을지 조사한 바 있다.

조사에 따르면 고객은 모바일 애플리케이션을 통한 구매, 온라인으로 상품을 구매한 뒤 다시 오프라인 주차 서비스를 받는 커브사이드 픽업, 별도의 결제 과정이 필요 없는 셀프 자동 결제 기능 등 쇼핑 편의성을 높이는 서비스들로 인해 충성도를 가지게 된다고 한다.

위의 기능들은 팬데믹 기간 동안 최소한의 접촉을 위해 리테일 업계가 시도한 서비스 방식의 일환이다. 혹자는 이를 두고 '언택트 리테일'이라고 부르기도 한다. 그러나 핵심은 언택트가 아니다. 팬데믹이라는 특수한 기간에 고객이 필요로 하는 수요를 충족시켰다는 점이 핵심이다. 고객이 필요로 하고 고객의 쇼핑 동선을 최적화한 결과로 고객의 충성도가 자연스럽게 만들어진다.

이제는 상품과 서비스의 개인화가 중요해졌다. 기업들은 더 정교한 개인화 설정을 제공할 필요에 직면했다. 데이터 분석에 기반해 개인별로 정확하게 상품을 추천하고 맞춤형 서비스를 제공하는 것은 이제 하나의 대세로 자리 잡았다. 마케팅 역시 마찬가지다. 미래의 마케팅은 더 이상 대중적인 광고 마케팅이 아니라 특정한 세분화

시장을 대상으로 하는 포커스 마케팅이 될 것이다. 소비자에 맞춰 맞춤형 마케팅과 홍보를 하여 고객을 지속 관리하고 활성화하는 게 관건이다.

앞서 챕터2에서 알리바바의 사례를 통해 그들은 어떻게 데이터를 활용해 고객을 관리하고, 개인화 마케팅을 집행하며, 심지어는 신제품 개발에까지 관여하는지 설명한 바 있다. 전 세계 리테일 산업은 이제 정교한 개인화 소비자 운영에 집중하고 있다. 리테일은 결국 소비자로 귀결된다. 한국도 이러한 글로벌 추세에 맞춘 선제적 대응이 필요한 시점이다.

▌에필로그

　한국 전자상거래 시장에 대한 중국의 공습이 시작됐다. 쇼핑 애플리케이션 이용자 수를 살펴보면 2024년 2월 와이즈앱^{Wiseapp} 통계에서 알리익스프레스는 818만 명, 테무는 581만 명, 쉬인은 68만 명으로 나타났다. 한국의 전체 쇼핑 애플리케이션 이용자 수 3,500만 명의 약 40% 수준이다. 온라인 구매액 기준으로 보면 통계청이 발표한 〈2023년 12월 및 연간 온라인 쇼핑 동향〉에서 한국의 전자상거래 쇼핑 거래액은 227조 원으로 집계됐는데, 이 중 온라인 해외 직구 거래액은 6조 7,567억 원으로 시장점유율이 3% 수준으로 급증했다. 이는 2022년 대비 30%가량 증가한 숫자인데, 중국 플랫폼 기업들의 적극적인 한국 시장 공략에 따라 향후 3년 내에 10%를 넘어

설 것으로 전망된다.

이러한 상황에 대해 많은 이들의 걱정과 호기심이 동시에 보인다. 특히 관련 직종 종사자들이 나에게 끊임없이 질문한다. "알테쉬(알리익스프레스, 테무, 쉬인의 줄임말)의 빠른 성장 배경은 뭘까요?" "저렴한 가격으로 판매하면 배송비와 마케팅비도 커버하지 못하는데, 손해 보는 장사 아닌가요?" "이런 상황에서 언제쯤 수익을 내려는 걸까요?" "한국 시장에 진출한 동기와 계획은 뭘까요?" "앞으로 이들이 추구할 방향은 어떻게 될까요?"

24년 이상 중국 관련 비즈니스를 해오고 있고, 약 10년간 알리바바그룹과 쉬인그룹 등 중국 전자상거래 회사에 종사하고 있는 내가 보는 중국 플랫폼 기업들의 이면 전략은 이러하다. 경기 침체를 진작시키려는 중국 정부 차원의 독려에 힘입어, 수년 전부터 중국 영세 중소도시 및 농촌지역으로 진출하는 하침시장 전략과 글로벌 진출 전략 2가지를 병행하고 있다. 하침시장 전략은 앞서 챕터2-7에서 소개했으므로 여기서는 주로 글로벌 진출 전략을 짚어보겠다.

알리익스프레스는 2013년 이후 러시아, 스페인, 프랑스 등지를 중심으로 시장을 확장해갔다. 쉬인은 2015년 이후 현재까지 170개 국가로 진출해 미국, 유럽, 중남미, 중동에서 미국 아마존을 위협하는 플랫폼으로 성장했다. 테무도 2022년 출시 이후 현재까지 50개 국가로 진출했고, 특히 일본 시장에서는 1,500만 명 이상의 유저를 확보해 성장세를 보이고 있다.

이들이 글로벌 시장에서 빠르게 성공할 수 있었던 첫 번째 이유는 해당 국가의 시장 트렌드와 소비 습관 등의 데이터를 철저히 수집하고 분석했기 때문이다. 쉬인은 중국 내 제조 공급망을 이용한 저가 상품에만 의존하지 않고 전 세계 현지 디자이너와 협업해 국가별 트렌드를 반영해 상품을 제공했다. 시즌별로 해외 최신 유행 트렌드를 파악하고 이를 반영해 디자인, 소재, 가격대 등을 지속적으로 개선하는 것이다. 알리익스프레스는 최근 몇몇 한국 기업에 투자 제안을 하면서 선제 조건으로 해당 기업이 확보한 동대문 패션업 관련 산업 동향 데이터와 사용자 데이터를 요구했다. 또한 테무는 매일 한국의 산업 동향과 소비 수요에 대해 조사한다. 예를 들어 지표상 신에너지 자동차 부품 소비가 늘어나면 그 즉시 테무 직원들은 중국의 이우, 선전, 광저우 등 어디든 찾아다니며 해당 부품을 공급할 수 있는 공장에 연락해 입점을 추진한다.

두 번째 이유는 기업을 대상으로 유연한 비즈니스 솔루션을 제공해 입점 문턱을 낮췄기 때문이다. '알테쉬'는 제조 회사가 아닌 유통 플랫폼으로서 다양한 공급 업체를 입점시켜 공급자와 소비자를 중개한다. 따라서 소비자보다 공급 업체에 더 중점을 두는 경향이 있다. 즉, 공급 업체가 대기업, 중소기업, 개인 기업까지 다양하므로 각 업체를 만족시킬 수 있는 다양한 비즈니스 모델을 제공한다. 최근 알리익스프레스와 테무는 '위탁 판매' 형태의 모델을 한국에 도입했다. 업체는 단순히 상품만 공급하고 이후 상품의 판매 운영, 홍보 마케팅, 품질 관리, 배송은 모두 플랫폼이 대행하는 형태다. 이러한 모델을 통해 대기업뿐만 아니라 중소기업, 영세기업과도 협력을 확대할 수 있다. 실제로 알리익스프레스에 입점한 한국 기업의 50% 이상이 이 위탁 판매 모델을 선택했다고 한다. 이와 대조적으로 네이버 스토어, 카카오톡 선물하기, 쿠팡 등의 서비스는 아직까지 단일 비즈니스 모델에 집중하고 있다. 예컨대 네이버 스토어는 입점 업체가 판매 전 과정을 100% 담당하는 마켓플레이스 모델에 주력하며 쿠팡은 직접 매입하고 직접 판매하는 모델 위주다.

세 번째 이유는 해외 시장을 빠르게 선점하면서 일정 규모의 경제를 실현하고 이후 수익화 단계를 앞당기기 때문이다. 공급자와 소비자를 연결하는 중간 플랫폼 역할을 하므로 규모가 커지고 사용자가 늘어날수록 수익 기회가 다양해진다. 이들이 한국에서 강점을 보이는 주요 품목은 의류, 잡화, 완구, 리빙 용품 등으로, 중국의 강력한 제조 공급망을 보유한 입점 업체로부터 낮은 가격에 공급받는다. 내가 중국에서 만난 광저우의 한 제조 공장 대표는 매 분기 재고 떨이 차원에서 원가에 상당하는 공급가로 제품을 제공하며, 이를 통해 제품을 처분할 수 있는 채널 확보뿐만 아니라 해외 수출 판로까지 열린 것이 다행이라고 설명했다. 배송비의 경우도 마찬가지다. 2024년 1분기 기준 중국에서 한국으로 보내는 항공 운송 물량은 알리익스프레스만 월간 400만 개에 달한다. 이 수치는 올해 말까지 연간

5,000만 개를 넘길 것으로 예상된다. 알리익스프레스는 방대만 물량을 바탕으로 운송 업체와 항공 운임비, 통관비, 택배비를 포함한 모든 배송비를 매우 유리한 가격으로 계약하고 이 혜택을 입점한 중국 업체에게 제공한다. 입점 업체는 저렴한 배송비에 자신의 낮은 공급 원가를 더해 스스로 판매가를 결정한다. 플랫폼 입장에서는 수익성을 걱정할 필요가 없다. 알테쉬 플랫폼은 마이너스 사업을 하고 있지 않다. 다만 유저 트래픽을 유치하고 시장을 선점하기 위해 쿠폰 발행과 광고 등의 마케팅 투자 활동을 하고 있을 뿐이다. 따라서 특정 유저 규모에 도달하면 마케팅 전략을 조정해 곧바로 수익을 창출할 수 있는 구조다.

나는 중국 플랫폼 기업들이 글로벌 시장에 진출하는 과정과 준비 자세를 가까이에서 지켜보며 무섭다고 느끼기도 했다. 이미 미국, 유럽 등지에서 온라인 쇼핑 유저의 20%를 확보할 만큼 상당한 성공을 거뒀고, 이제는 한국과 일본 시장을 공략하는 수순 역시 어느 정도 예상된 부분이었다.

이 시점에서 우리는 어떤 자세를 가져야 할까? 분명한 것은 앞으로 국내 시장의 각축전을 넘어 글로벌 트랜잭션transaction의 시기가 도래한다는 것이다. 국경을 허무는 글로벌 무한 경쟁이다. 양질의 제품, 경쟁력 있는 가격, 높은 서비스 품질, 그리고 소비자에 대한 깊은 이해를 가진 기업만이 글로벌 시장에서 살아남을 것이다.

알테쉬 플랫폼이 현재는 저가의 중국 상품을 한국으로 수입하는 형태 중심으로 직구 사업을 하고 있지만 앞으로는 한국 상품을 해외로 수출하는 역직구까지 확대할 것이다. 다시 말해 상품이 중국에서 한국으로 들어오고, 한국에서 다시 중국으로 나가며, 나아가 한국에서 미국이나 유럽으로 가는 경로까지 중국 플랫폼 기업들이 만들어나갈 것이다. 이는 인바운드와 아웃바운드를 모두 포함하는 글로벌 트랜잭션의 시기가 도래한 것을 의미한다.

이와 관련해 네이버와 카카오, 쿠팡 등 국내 대형 온라인 유통사들은 어떠한가. 여전히 국내 시장 각축전에만 매몰돼 있다. 그 사이 중국 플랫폼 기업이 한국 중소기업들의 해외 진출을 돕고 미국, 유럽, 대양주 등 해외 상품의 한국 수입을 중개하는 역할을 할 수 있다. 게다가 알리익스프레스가 CJ제일제당, 삼성전자 등 한국 기업을 입점시키고 있는 것처럼 한국 상품의 내수 판매 유통까지 포함해서 말이다. 이제는 국가와 국적을 떠나 오로지 상품과 소비자에 초점을 맞춰 글로벌 경쟁을 벌여야 한다. 한국 브랜드 기업들도 더욱 열린 자세로 자사 상품을 해외로 진출시키려는 노력을 기울여야 한다. 중국뿐만 아니라 미국, 유럽, 중남미, 중동 등 다양한 해외 시장에 진출하는 가시적 성과를 빨리 내야 할 것이다.

한국 전자상거래 기업도 마찬가지다. 네이버, 카카오, 쿠팡을 비롯해 롯데ON, SSG닷컴 등 국내 온라인 유통 플랫폼들은 국내 시장의 틀을 벗어나 해외 시장에서 경쟁력을 발휘해야 한다. 이를 위해 해외 소비자 데이터, 글로벌 유통 시스템, 상품 공급 체인 등을 구축해 글로벌 진출에 필요한 역량을 확보해야 한다. 현재 이 부분에서 매우 뒤처진 것은 부인할 수 없는 상황이다.

　이미 초시계는 돌아가고 있고 이제는 전자상거래 분야에도 국경을 넘어 진정한 글로벌 경쟁이 시작됐다. 전 세계 소비자들은 더 이상 국적과 국가를 기준으로 소비하지 않는다. 더더욱 경쟁력 있는 상품, 가격, 서비스를 확보하고 제공하기 위한 노력이 필요한 시점이다.

알리 쇼크

초판 1쇄 2024년 4월 20일
초판 2쇄 2024년 5월 10일

지은이 김숙희
펴낸이 허연
편집장 유승현 **편집3팀장** 김민보

책임편집 김민보 장아름
마케팅 김성현 한동우 구민지
경영지원 김민화 오나리
표지 디자인 김보현
본문 디자인 메이크디자인

펴낸곳 매경출판㈜
등록 2003년 4월 24일(No. 2-3759)
주소 (04557) 서울시 중구 충무로 2 (필동1가) 매일경제 별관 2층 매경출판㈜
홈페이지 www.mkpublish.com **스마트스토어** smartstore.naver.com/mkpublish
페이스북 @maekyungpublishing **인스타그램** @mkpublishing
전화 02)2000-2611(기획편집) 02)2000-2646(마케팅) 02)2000-2606(구입문의)
팩스 02)2000-2609 **이메일** publish@mkpublish.co.kr
인쇄 · 제본 ㈜M-print 031)8071-0961
ISBN 979-11-6484-675-7(03320)